U0573157

英国的殖民情报系统
及其在亚洲的扩张

British Colonial Knowledge and
Empire-Building in Asia

"安国之道"

THE IMPERIAL SECURITY STATE

JAMES HEVIA

［美］何伟亚 著　　徐萍 译

社会科学文献出版社
SOCIAL SCIENCES ACADEMIC PRESS (CHINA)

# 目　录

# 插图目录

# 致 谢

这个项目的大部分研究是在六年的时间内完成的，主要工作地 vii 点位于伦敦，具体地点是存有大英帝国官方记录的两个古老资料库，即位于邱园的英国皇家档案馆，以及大英图书馆的印度官方文献室。我要特别感谢这些不可或缺的公共机构中的工作人员和档案人员，感谢他们的慷慨相助和专业素养。明尼苏达大学艾姆斯图书馆的唐纳德·克莱·约翰逊（Donald Clay Johnson）也提供了很大帮助，在那里可以找到许多稀有的印度陆军资料。我也要特别感谢芝加哥大学雷根斯坦图书馆的馆际互借部门，周原（Zhou Yuan）、詹姆斯·奈（James Nye）、布鲁斯·克雷格（Bruce Craig），分别是图书馆东亚部、南亚部和中东部藏书的负责人，非常感谢他们的帮助。

我也要感谢芝加哥大学学院，特别是院长约翰·博耶（John Boyer），因为他提供资金，资助了我的伦敦之行。虽然之前本书只有一小部分已经发表，但是我仍然被邀请在一系列的学术机构中发表演讲，包括四川大学、北京大学、哈佛大学、布里斯托大学，还有波尔州立大学、芝加哥大学、伊利诺伊大学厄巴纳-香槟分校、中国社会科学院，以及 2011 年的亚洲研究协会会议。在这些会场上，与会学者的提问和评论让我受益匪浅。我也非常幸运，芝加哥大学的同事愿意帮我厘清思路。我要特别感谢来自历史系的布鲁斯·卡明斯（Bruce Cumings）、马克·布拉德利（Mark Bradley）、詹姆斯·凯特拉尔（James Ketelaar）、拉蒙·马丁内斯（Ramon Martinez）和莫伊舍·波斯通（Moishe Postone），还有人类学系的约瑟夫·马斯克（Joseph Masco）、朱莉·朱（Julie Chu）和迈克尔·菲什（Michael Fisch）。

同样值得感激的是伯纳德·科恩（Bernard Cohn），他激发了很多人去研究殖民知识。巴尼（Barney）的学生安托瓦妮特·伯顿（Antoinette Burton）给我提供了有益的评论。

史坦西·汉内曼（Stacie Hanneman）对我的初稿进行了校对，他的工作非常出色，找出了打字错误，删除了冗余部分，并且发现了多处错误。

viii　　第 9 章的一部分曾经收录在由约翰·凯利（John Kelly）、比阿特丽斯·豪雷吉（Beatrice Jauregui）、肖恩·米切尔（Sean Mitchel）和杰里米·沃尔顿（Jeremy Walton）主编的《人类学与全球反叛乱》（*Anthropology and Global Counterinsurgency*，University of Chicago Press，2010）一书中，当时标题为"小型战争和反叛乱"。

一如既往，朱迪思·法夸尔（Judith Farquhar）不知疲倦地阅读了本书的草稿，提出了关键性问题，促使我进行修订和重新思考。我非常幸运，简单的"谢谢"不足以表达我的这种心情。

# 第 1 章

# 导　言

## 从大博弈到帝国安全

印度西北部，某天深夜，一名新闻记者正要结束当天的工作，突然有两个男人来到他的办公室，询问他是否可以简短地交谈一会儿。那个高个子、红头发的男人介绍说自己名叫丹尼尔·德拉沃特（Daniel Dravot），另一位是皮奇·卡纳汉（Peachy Carnahan）。在解释他们深夜拜访的原因时，他们说自己已经厌倦了印度的统治阶层，决定前往卡菲里斯坦（Kafiristan）地区担任国王，但是他们对卡菲里斯坦完全缺乏了解，只知道那里有"二三十尊神像"。他们既不知晓那里的具体方位，也不知道如何抵达那里。因此他们才满怀希望地找到了报社，希望获得该地方的自然信息和地理位置。于是，这名新闻记者"从盒子里拿出了一份图上距离 1 英寸表示实际距离 32 英里的地图，还有两幅较小的边境地图，并找出了不列颠百科全书中的卡菲里斯坦卷"。同时，该记者还拿出一份文件，包括了亨利·W. 贝柳（Henry W. Bellew）[1]关于卡菲里斯坦的演讲，

1

而且给他们展示了伍德（Wood）所著的《奥克苏斯河的源头》。[2]德拉沃特和卡纳汉开始研究这些材料，他们很快发现，自己对于前往卡菲里斯坦的部分路线非常熟悉——他们曾经与"罗伯茨的军队"一起参加过该地区的活动。[3]

2　　　这是约瑟夫·鲁德亚德·吉卜林的作品《要做国王的人》开头的关键一幕，暗示出帝国主义和某些知识之间的紧密关系。[4]在这个案例中，所讨论的知识可以从精确的地图（比如印度三角测量局制作的地图）、军事侦察，以及《大不列颠百科全书》等著作中的权威知识摘要（这类著作中的各个国家条目是通过 19 世纪全欧洲范围内的国家统计分类来组织的）中获得。此外，新闻记者认为这两位冒险家所必需的技术资料，正是在 19 世纪 80 年代这个故事创作出来时，对于计划在像卡菲里斯坦这样鲜为人知的地方进行军事行动至关重要的资料。更重要的是，这些作品或类似信息可以在位于西姆拉的情报部门的秘密档案中找到，该部门负责提供印度陆军军事行动计划所需的信息。

印度陆军情报部门及其提供的信息的形式，是本书研究的重点。该部门的记录，它的图书馆、档案和信件，相当清楚地表明了英帝国主义核心认知项目的范围和深度。伯纳德·科恩（Bernard Cohn，1996）和克里斯托弗·贝利（Christopher Bayly，1996）等研究英国在南亚殖民主义的学者指出，在大英帝国中，关于人类和自然资源知识的产生与维持帝国的控制之间有着密切的联系。[5]然而，与此同时，科恩和贝利的作品往往把注意力集中在殖民地行政官员的政治报告上，陆军情报很少成为殖民地研究的调查对象。[6]结果是，关于军事知识呈现形式的批判性研究很少。这在一定程度上可能是因为英国情报部门提供的印度资料分散在印度事务部和陆军部的档案库中。但是，印度陆军的记录并不集中在英国，这并不能完全解释军事知识实践研究的缺乏。相反，像科恩和贝利这样关注帝国认识论问题的学者，倾向于把注意力集中于英国殖民主义的行政管理，或者如吉卜林的作品之类的富有想象力的文学创作上。[7]

　　但或许更有趣的是，即便是军事史学家也很少提及情报（intelligence），更不必说情报的形式。正如克里斯托弗·安德鲁（Christopher Andrew）所观察到的，军事情报作为一个正当的历史研究主题即使没有被完全忽视，也被降级为脚注形式（1992：1）。安德鲁对此提出了很多解释。首先，他指出，即使情报被认为是现代国家外交、军事和制度中"缺失的维度"，要想获取情报记录也并不容易，部分原因在于信息解密仍是一件棘手的事情。前帝国的官员们不愿意放弃秘密。[8]其次，困难在于情报工作不可逆转地与那些广为流传的、耸人听闻的秘密特工、间谍技巧、间谍活动和反间谍活动，当然还有詹姆斯·邦德（James Bond）的形象联系在一起。正如安德鲁与戴维·迪尔克斯（David Dilks）在另一个场合所指出的那样，"大众媒体和出版商对情报的处理似乎经过了精心设计，以说服学术界，它不应该是学者关注的主题"（1984：3）。

　　然而，的确有一些学者在从事情报研究。大量的注意力集中在破译密码、拦截信号以及这两项对战争的影响之上。研究成果的大部分也集中于20世纪的两场世界大战和冷战领域。[9]然而，这样的情报研究是在狭义的情报概念界定之下展开的。例如，安德鲁和迪尔克斯对于情报的定义就是：通过秘密手段获得的信息。如果是这样，19 世纪后期英国和欧洲大陆军队搜集的大量材料就不能称为情报，因为其中大部分都是从已出版的资料中搜集并整理成情报类型的，其中一些已经公开作为官方出版物出版。

4　　　此外，在这些研究中，人们往往很少注意到军事情报单位作为军队的独立组成部分得以建立是多新颖的事情。[10] 大部分这样的单位是军事改革和军事重组的结果，受到了技术变革以及科学思想合理化的影响。就大不列颠而言，英国和印度军队的情报部门是在 1870—1871 年普法战争之后创建的，是科里根（Corrigan）和塞耶斯（Sayers）所说的英国"文化革新"（1985）的结果，即通过统计数据的搜集以及议会创建的新机构，从根本上改变了 19 世纪下半叶英国的国家结构。[11]

对于随后被称为情报的材料，两个发展显得至关重要。其一，建立起以优绩为导向的公务员系统，结果导致 19 世纪末英国陆军出现了一批职业的、受过良好教育的军官。这些"新人"缔造了英国的情报系统。其二，与经验主义和自然科学对英国治理模式的影响有关。19 世纪应用科学的发展对军事情报的直接影响，是将其发展成一门被认为受理性原则支配的学科。情报成了对军事统计数据进行获取、分类、管理、归档、存储和恢复的一套有序实践。虽然情报搜集的一些材料是通过军事侦察获得，但大量的异地材料是"清晰可辨的"[12]。也就是说，情报官员可以利用正在经历文化革新的欧洲国家定期发布的大量统计信息。

军事统计是整个欧洲大陆军队共有的一个类别，使情报官员能够汇编（使用他们的术语）和比较外国军队的情报，衡量军队之间的力量关系。在英国和印度军队，军事统计数据被"打包"成标准化的形式，具体包括路线书、精确地图、手册和军事报告，一直到20 世纪，这些都是情报的核心形式。它们构成了可更新的、极为权威的档案，用来训练情报人员，向文职决策者提供军事信息，并在指挥官接近战场时向他们提供重要信息。战斗结束后，由情报官员，即军事信息的指挥官和控制者书写战争的官方历史。

军事情报也涉及更多方面。情报档案中积累的信息被用来评估竞争对手的能力，并且设想战斗发生后会出现的形势。情报部门成了制订未来战争计划的基地，军官们可以在那里练习作战并获得必要的作战技能。在英国，同时也在欧洲大陆军队中——至少从 1871年开始——出现了永久性的战争计划和训练制度。情报为这些活动提供了基本信息和原始数据材料。

因此，在密码破译、间谍活动和电子监视开始主导所谓的军事情报之前，其他形式的军事知识已经为帝国的运作提供了信息。这项研究的中心论点在于：军事情报是近代国家形成过程新机制的产物，用米歇尔·福柯（Michel Foucault）的话来说，是规训和监管制度令 19 世纪下半叶的欧洲国家政治军事化。[13]我认为，将情报、欧洲军队及军事化从这些进程中分离出来毫无意义。我们会记得，福柯在 18 世纪的军队实践中，发现的不仅仅是一个隐喻。军队纪律，尤其是那些涉及士兵的方面，是一个重新塑造"温顺"身体的规训体制出现的场所，无论是在学校、监狱还是在阅兵场上，都是如此（1979：135-69）。

　　虽然福柯关于纪律在 19 世纪欧洲国家转型中所起的作用的理念因其著作《规训与惩罚》而广为人知，但他对监管体制的理论化却鲜为人知，也许是因为他没有就此写过任何一本书。然而，在 1978 年法兰西学院的演讲中，福柯探讨了关于国家生存（国家理性）优先于法律和传统主权的概念。随着神圣罗马帝国的崩溃，以及认识到所有国家现在都在激烈竞争，"国家理性"作为一项政治理论原则应运而生。福柯认为，国家应该通过"政府理性的监管理念"得以维持，"政府理性"将国家定位为"解读现实的原则"（"可理解性"原则）。政府理性的运用，加之一套实用的技术，就能产生统计数据，并在任何给定的时刻将各种力量和资源置于国家的支配之下。根据国家的统计知识，官员们可以制定出"战术"来处理或安排"事情，以便通过一定的手段达到这个或那个目的"。福柯把设定和达到既定目标的战术应用称为"治理艺术"或"治理术"，其重要的历史影响是导致了国家的治理化（2007：98-109）。[14]

　　在新的欧洲国家秩序中，目标是制止或修改任何可能破坏个别国家顺利运行的内部进程，并在外部加强其对抗竞争对手的能力。与神授权利等经典主权概念不同，治理艺术关注的是维护国家作为主权实体的地位，而不是君主谱系的延续（2007：262-89）。正是这种维持的理念——维持国家的完整性，尤其是抵御外部威胁作为其本身的目的的理念——在这里引起了人们的关注。

　　面对其他国家，任何一国的官员都必须能够估计竞争对手可能构成的潜在威胁。他们通过分析其他国家的统计数据来实现这一目标。他们没有依赖"通过王朝联盟实现遗产的组合"，而是寻求在

"临时的联盟"（通过外交）中安排"国家力量的组合"，以抵消某一单独大国的力量或小国联合的威胁。人们期望这样的联盟能维持一种力量关系，一种动态的"力量合理化"，产生临时或因情况而异的"权力平衡"。

那些负责评估他方力量和形成战略联盟的人，组成了福柯所说的、负责管理对外关系的集合体或"安全机构"。[15]他把这种集合称为"军事外交机构"。根据吉奥乔·阿甘本（Giorgio Agamben）的说法，在这个系列中，关键的战略术语是机构，阿甘本关于它在福柯思想中的中心地位的论述值得进行简单思考。机构是法语单词"装置"（dispositif）的英文翻译，它首先是在话语、法律、警察措施、哲学命题、建筑和制度等一系列异质要素之间建立的网络。其次，机构总是有明确的战略目标，并且始终是权力关系的一部分。最后，机构出现在"权力关系与知识体系的交汇处"（2009：2-3）。[16]

因此，军事外交机构是由一系列异质要素组成的。这个特殊的集合包括人类行为理论、外交规则、弹道学和后勤的技术知识、专门的写作形式、军营和训练场地、行为规范、地图和图表等等，所有这些都可以遵循命令，采取临时或应急处置措施。这种安全机构建立在国家与他国结盟保卫自己的能力，国家官员对自身力量以及对于"敌人"和"朋友"的了解的交叉点上。

从此以后，战争不再被认为是对错误进行纠正，也不再被认为是王朝野心的表现，而是一种以其他方式追求的国家间政治（interstate politics）。人们认为，当外交官的说服力和修辞能力不足以维持欧洲国家间关系的平衡时，战争就爆发了。战争说服其他国家改变它们的方式，甚至可能给了我们一个教训：破坏国际均衡是有后果的。但在战争成为修辞或教导之前，军队必须做好开战的准备。

福柯认为，为战争做准备需要"在和平体系内建立一个永久、昂贵、庞大和科学的军事机构"。该机构的元素具体如何？首先，它由职业军人组成，他们将军队视为自己的职业。其次，它由一个永久性的武装机构组成，在战争时期，它也可以用来招募更多的参与者。再次，它包括仓库、据点和运输网络等组成的基础设施；换句话说，就是供给和后勤能力。最后，它是一种关于战争的战略和战术的知识形式以及"对军事问题和可能发生的战争的自主思考"（2007：300-305）。它的形成产生了一系列的影响，其中最为主要的一点是为战争进行永久性的准备，这在 19 世纪显得颇为新颖。安全机构导致了军事化国家甚至兵营国家，这些国家毫无疑义地认可滋养这一机构的必要性，因为只有这样才能实现力量的平衡，国家的安全才能得到保障。

本研究是关于安全机构的军事部分，特别是福柯所认定的第四部分，由军事问题的具体细节和情报相关的知识构成。就像我们即将在第 3 章探讨的，大约从 19 世纪中期开始，通过对后勤学的科学和技术反思，机构的这一部分开始出现新的维度——动员、集中和保存行动中的人员和物资的计算方法。安排军队及其物资需要计划，但要规划、合理组织后勤物流，需要分类、处理、存储和检索此类知识所需的专业信息和方法。在欧洲军队中，这些职能最初由军需部负责。在 19 世纪，它们越来越多地处于中央集权的指挥机构（总参谋部）之下。在许多情况下，负责组织规划所需信息的机构被称为情报部门。在这种分类中，自然地理和"国家军事统计"两种信息集中在一起。这两种形式的情报，一种是关于潜在敌手所处的地形，另一种是关于其他国家的开战倾向，它们构成了和平时期的军事情报，支持常设机构准备和规划战争。

以这种形式重新定义军事情报，产生了几个重要的结果。首先，或许最明显的是，它提供了一套新的标准，以理解情报在任何时候对情报官员可能意味着什么；它还有助于避免目的论的陷阱，即认为 19 世纪的军事情报不如 20 世纪的军事情报成熟。其次，它将人们的注意力引向特定时刻的各种技术，并探究它们的存在如何与情报的广泛任务相互作用。例如，在 19 世纪，军队的运动方式主要是步行（兵马未动，粮草先行）。他们依靠驮畜运送食物和设备。虽然电报在某些情况下是可用的，但大多数通信是通过视线（反光通信法和信号旗）或信使进行的，如果幸运的话，信使还能有一匹坐骑。最重要的是，地形往往不是很便利，[17]它决定了军队行进的速度。这些异质的元素构成了一个组合，如果情报单位想要制订合理有序的行动计划，他们必须考虑这些因素的影响。[18]

最后，将情报作为安全机构的一部分进行探索，从本质上讲是去浪漫化的，因此，这样就对讨论欧洲在亚洲的活动（如野蛮战争、文明使命、发展）的一些最神圣的比喻提出了质疑。这里最令人担忧的是将英俄在中亚的对抗描述为一场"大博弈"。在接下来的章节中，当我们讨论情报的内涵时，我们会更清楚为什么这个博弈的隐喻是有问题的。在这里，我们不妨回顾一下这个冒险和竞争的故事，并注意一下它可能会掩盖什么。

回想一下丹尼尔·德拉沃特和皮奇·卡纳汉在记者办公室的画面，那个记者很像文章的作者鲁德亚德·吉卜林。我的论述从这个场景开始，目的是说明知识和帝国权力的交叉点。但另一个因素也在起作用，那就是对帝国的幻想。在这个故事中，幻想就在于白人要去以前没有去过的地方，以超凡的魅力指挥当地人，成为国王。吉卜林的故事之所以意义重大，恰恰是因为它们围绕着这种幻想形成了对于亚洲的认识。类似这样的故事将这片大陆固定为一个不那么因循守旧的男人一展身手的空间，在那里，勇敢的人在每个角落进行浪漫冒险，或者，就像这个故事一样，越过下一座山脉。在这个新兴的亚洲，白人可以实现自我，维护自己的男子气概，并以此达到高尚的目的。

《基姆》（*Kim*，1901）中展现的"大博弈"，也许是帝国中最持久的幻想和最浪漫的冒险例证之一。就像吉卜林在该书中展示的那样，大博弈由阴谋、秘密行动、伪装、两面派和大量的乐趣构10 成。拙著《英国的课业》中虽然没有用这些术语来讨论，但我发现"大博弈"是应对泛亚洲威胁的一个有用的简写。英国人，尤其是在印度的英国人，认为俄国对他们的帝国构成了威胁。然而，有很多理由可以质疑吉卜林和我的博弈说法。首先，尽管众所周知，英国人会用博弈隐喻来谈论国际政治，但这个词在一些著名公众人物的作品中明显缺失，这些公众人物写的是俄国对英帝国在亚洲利益的威胁。这些分析家包括亨利·罗林森（Henry Rawlinson，1875），阿明·万贝里（Armin Vambery，1885）和阿奇博尔德·科洪

（Archibald Colquhon，1901）。据我所知，这个术语也没有出现在陆军部或印度事务部关于俄国在亚洲推进的记录中。

其次，正如杰拉尔德·摩根（Gerald Morgan）所指出的那样，博弈这个隐喻给人的印象是，英俄之间的竞争是一个"轻松事件"，这一切都与事实相去甚远（1981：16）。除此之外，我们还不清楚这个大博弈应该是什么类型的博弈。当然，鉴于吉卜林的描述，人们会联想到象棋。但有一次，《俄国在中亚》的作者、1898～1905年担任印度总督的乔治·寇松（George Curzon）似乎使用过这个词，他显然指的是一种有一系列牌的纸牌游戏（1889a：297）。无论如何，摩根可能都会坚持认为这是一个错误的比喻，掩盖了实际发生的大量暴力事件，包括英国对阿富汗的三次入侵，以及被查尔斯·卡尔韦尔（Charles Callwell）委婉地称为"小型战争"（1906）的在印度西北边境省反复发生的冲突。

最后，问题与这个词的起源有关。正如许多人指出的那样，吉卜林并没有发明这个短语，但他通常因为推广这个短语而受到赞誉。大多数写大博弈的人把它的起源归于阿瑟·康诺利（Arthur Conolly），他是任职于东印度公司的年轻官员，富有冒险精神。他在 19 世纪 40 年代早期一次对浩罕（Kokand）埃米尔的任务失败后被囚禁在布哈拉（Bokhara），并死在那里。早在 1829～1830 年，康诺利通过陆路穿越波斯和阿富汗前往印度时就受到了广泛的关注。据他的传记作者约翰·凯（John Kaye）说，到达印度后，康诺利撰写了自己旅行的报告，并最终于 1834 年在英国出版了《印度北部之旅》（*Journey to the North of India*，1867：74）一书。四年后的第2版中有一段很长的章节，康诺利在其中推测俄国人可能会在阿富汗发动入侵，但他当时没有使用这个词。事实上，它只在两卷本的书中出现过一次，那是康诺利在中亚一个小镇观察到的"当地土著"，他们的"大博弈"就是互相扔泥巴（1838，V.1：173）。然而，康诺利的确在另一个语境中使用了这个词。它出现在一封给他朋友亨利·罗林森的信中，约翰·凯在他撰写的康诺利传记中引用了其中的一部分。

11

> 如果我想在锡尔河给我发烫干燥的面颊降温，我就会喝一杯河里的水。水面上，你的影子向各个方向散开。你们面前有一项伟大的博弈，一项**崇高**的博弈，我强烈希望你们能够克服所有的嫉妒、任性和迟缓，直到阿富汗人与你们的同胞团结起来，感谢你们为这个美好的国家的复兴和进步所做的努力。这些都不是伟大的话语，只是根据发音和句点来排列。我不知道如何能够更简洁地表达，尤其是当我为了赶在邮箱关闭前把信投递到邮袋里。（Kaye，1867：101）

这里应该暂停。康诺利在使用这个词时（其中也包括加黑的"崇高"），似乎并不是在想象中亚地区的一些地缘政治/地缘战略阴谋，而是罗林森所从事的某些特殊工作。这是他"简洁"地表达赞美的方式。那么罗林森从事的伟大而崇高的工作究竟是什么？

罗林森是位经验丰富的波斯政治代理人，他刚刚被任命在沙阿·舒贾（Shah Shujah）领导下的阿富汗政府中担任类似职位，沙阿是英国在 1838 年推翻多斯特·穆罕默德（Dost Muhammed）后在喀布尔扶植的傀儡国王。罗林森的"伟大"和"高尚"的博弈是管理从东南部坎大哈到西北赫拉特的所有事务。罗林森在试图完成他的工作时陷入了困境，尤其是税赋征收，以及英国努力将阿富汗改造成顺从的保护国的灾难性结局，这些细节无需在此赘述（见 G. Rawlinson，1898：74-79）。重要的是，康诺利提到的是罗林森当时所从事的特别任务。因此，这个大博弈如何从这一事件提升到整个中亚的斗智斗勇和秘密行动，仍然是个未知的谜。

一种可能的解释是，凯在他的康诺利传记中使用了这个短语。尽管他只是引用了康诺利使用这个词的一个例子，但凯不止一次地暗示，康诺利认为英国和俄国在中亚的竞争是一场大博弈（1867：70，90，113）。因此，我们似乎有理由认为，这表明凯不仅传达了这个概念，而且以这样一种方式构建了它，给人的印象是，除了康诺利在给罗林森的信息中实际表达的内容之外，还有其他意义。我相信正是吉卜林的解读，使它在《基姆》中得到了进一步的发展，从而将康诺利在当地特有的伟大而高尚的游戏变成了整个中亚和印度的一场竞赛。后来的作家，如彼得·霍普柯克（Peter Hopkirk，1994），从吉卜林那里得到了这个概念，在他们的通俗历史中，把大博弈追溯到《基姆》出版前的 60 年，并一直写到苏联和后苏联时代。[19]

如果"大博弈"实际上是对一系列事件的投射，而这些事件是相关历史人物以其他方式思考的，那么我们如何在既不浪漫也不歪曲叙述的情况下看待英国和俄国在中亚的活动呢？这样一种方法会不会仅仅为了维持隐喻而屏蔽帝国的认识论方面？一种方法是，承认19世纪30年代大博弈开始时的英属印度已经不是1857年后的那个实体了。同其他部分一样，陆军也进行了重组，并开始招募新的人员类别，即印度的"尚武种族"，加入军队。此外，直到19世纪70年代末，陆军情报作为一门连贯的军事学科才在英属印度出现。

对帝国安全的看法也并非一直不变。1857年的印度兵变（也叫印度民族大起义）是一个转折点，一旦国王和议会获得对印度的主权，东印度公司的安全机制就会发生变化。1860年以后出现的技术革新也改变了人们对安全的看法，包括新的通信形式（如电报和印刷技术）、交通、信息管理和科学测量仪器。当它们在空间和时间上扩展时，这些技术装置和知识的形式改变了帝国的权力关系，形成了对战略和政治现实的新看法。然而，并非所有人都欢迎这种创新。事实上，吉卜林提供了一个极好的例子，表明他对《基姆》里面的技术变革怀有矛盾心理，当时他让年轻的"间谍"抛弃了经纬仪和棱镜指南针，这些精确绘制地图的工具是从法国和俄国特工那里偷来的，但他保留了他们的笔记本。因此，这部小说可以被解读为对一个更简单时代的怀念，当时知识和权力之间存在着一种不那么复杂的关系，这种关系很少或根本不需要科学知识；那时吉卜林可能会把英俄之间的竞争想象成一场博弈（1901：402-3）。

13　　　除了模糊科学和帝国之间的关系之外，这个博弈隐喻还简化了至少从19世纪中叶开始的两种对亚洲帝国截然不同的看法。其中一个从地缘政治的角度看待"东方"，也就是说，它是一个涉及力量平衡的问题。地缘政治的组织和概念化被称为"东方问题"，或者更恰当地说，是一系列东方问题，所有这些问题最终都是指欧洲的权力平衡！奥斯曼帝国的衰落会对欧洲产生什么影响？波斯和中亚汗国的衰落将如何影响奥斯曼帝国，进而影响欧洲的力量平衡？清帝国在远东的衰落对英法两国的商业会产生什么影响？欧洲在亚洲的殖民地的获得或扩张会在哪些方面改变欧洲诸帝国之间的关系？对许多人来说，这些都是当时的问题，而且都与外交部和军事外交机构的长官息息相关。

对亚洲帝国的另一种看法是从地缘战略的角度来看待它所面临的挑战。在军事机构中，地缘战略问题涉及殖民地内部和殖民地之间的交通线。这是一个安全问题，它首先涉及人员和物资沿着连接帝国大都会与其外围地区的路线畅通无阻地流动，以及维持外围地区内部通信的完整性。其次，地缘战略问题还涉及了解可能的入侵路径，而这些路径可能不在帝国的直接控制范围之内。正如阿瑟·康诺利早在 1838 年（2：324）就认识到的那样，真正需要的，尤其在亚洲，是对亚洲大陆的地理和统计知识。如果没有这种信息和维护这种信息的手段，亚洲具有战略重要性的地区将被排除在由地图、路线书和统计档案组成的信息系统之外。

在南亚，当地对这些地缘战略关切的表述被组织在"印度的防御"的标题下，这也是评估俄国扩张所构成威胁的期刊文章和官方备忘录的标题。[20]1878 年后，印度陆军情报部门负责提供必要的实证知识，以保护进出印度的交通线，并规划印度的国防。该部门的大部分军官都受过工程师和炮兵军官的教育，他们从广泛的地理角　14

度来定义印度的安全。他们认识到了交通线的重要性，因此充分关注从东北亚的中国东北一直延伸到美索不达米亚的安全地带。从埃及到西方，伦敦的情报部门负责策划帝国防御。在整个亚洲，情报官员们把这片大陆想象成一个充满事实信息（factual information）的地方，这些信息可以通过科学的"知识实践"得以获取（Poovey，1998：19）。这些实践包括侦察，搜集军事统计数据和有关亚洲陆地路线的信息；从位于亚洲各地区公使馆、领事馆和战略前哨的通信员网络搜集数据；三角绘图；图书馆和档案馆相关资料的系统组织和分类；等等。[21]情报官员创建的信息系统旨在指挥和控制亚洲的空间。他们的努力产生了蒂莫西·米切尔（Timothy Mitchell）所说的"专家统治"（2002）——一种权力/知识的形式——在大多数关于中亚英俄关系的历史研究中，由于对博弈的强调而被模糊或误解。

在某种程度上，这个帝国信息系统的起源和存在都充满了个人对浪漫冒险的幻想，但它也被特定的帝国权力迷恋所困扰。这种支配欲也扭曲或扰乱了军事和行政理性的顺利运用。在以前的工作中，我注意到在帝国领域产生全面知识的强迫性会引发非理性的恐惧，这些因素破坏了系统化生产实用知识本应具有的确定性（Hevia，1998）。正如在第7和第8章中所提出的讨论中显示的那样，这种破坏也出现在情报项目的来源中。但它们以新颖的方式做到了这一点，有时用华丽的辞令消解了地形和后勤方面的严酷事实，有时又召唤出对手，后者的"原始性"赋予了它们超越理性的力量。

　　为了将英国殖民主义的这些维度、它的军事知识形式和它对权　　15
力的幻想置于语境之中来理解，我首先观察到的是，19 世纪英国
发生的变化是整个欧洲现象的一部分。在德国、法国、俄国和奥地
利，军队改革和职业化，以及随之而来的对军事情报的重新定义是
很常见的（参见第 2 章）。一些英国军事领导人将欧洲大陆军队的
一些元素纳入他们的改革计划中，并最终重新获得与知识生产相关
的情报，以实施培训和规划制度。第 3 章探讨了这些人在 19 世纪
下半叶是如何通过新的制度结构来招募、培养和训练军官。这种变
化产生了一种新的帝国男子气概，一种受过科学和数学训练的专业
精英。英国和印度的情报部门就是由这批军官组成的。第 4 章讨论
了英国和印度情报部门的创建，探讨了它们的结构，并介绍了它们
产生的知识形式。这些形式包括管理亚洲空间的路线书和军事地
图，以及规范亚洲事实的手册和军事报告。

　　为了更好地解释每一种情报类型的相关特征，对这些情报类型
的探索被置于特定的历史事件中。对于旨在约束或控制亚洲空间的
认识论项目，划定阿富汗北部边界的英俄联合委员会予以处理（第
5 章）。相比之下，军事报告和手册可以被理解为“政府理性的监
管理念”的一部分，亚洲事实就是依据这一理念进行编纂的（第 6
章）。为了探索这些种类，我关注了 1901～1910 年英国印度情报军
事部门在阿富汗、印度西北边境和中国北部的行动。在确定了情报
是如何产生的之后，我就把注意力放在了它的用途上。第 7 章涉及
三个实例：伦敦的情报部门和印度分支机构之间关于印度防御的辩
论；印度尚武种族的形成，作为部落每个都有其独有的特征；以及

一种规划和培训制度，其中情报产品被用作演习和评估的原材料。第8章讨论了基于情报的安全制度在亚洲和英国的影响。我从中国和日本的军事变革开始，然后探讨了印度西北边境战争的性质，英国关于安全制度形式的辩论，以及出现在媒体上的帝国形象并以浪漫和感伤的比喻重新传播，这些比喻有助于激发对帝国的热爱并使冲突正常化。

**16** 　　有些因素虽然相关，但没有包含在这项研究之内。虽然我关注沙皇俄国总参谋部的发展，但我不涉及俄国在亚洲各地的"科学"考察活动，也不涉及与之相关的知识生产形式，除非它们被英国情报机构占有。[22] 要研究俄国扩张方面的问题，还需要对俄国在清朝边境的活动进行探索，这是我在此前《英国的课业》一书中一定程度上讨论过的话题。事实上，清朝的统治者非常担心俄国对新疆的侵占。新疆是中国清朝西部的大片地区，那里的人民多数信仰伊斯兰教。当这些区域在19世纪60年代落入阿古柏（Yakub Beg）的手中并发起叛乱后，清朝发起了一系列的军事行动，部分资金来自欧洲银行的贷款，使用了德国制造的野战炮，重新夺回了该地区，害怕其最终落入俄国人手中。[23] 换句话说，清朝统治者和英国统治者一样对俄国在亚洲的扩张感到担忧。

　　因此，这本书和《英国的课业》一书存在一定的联系。先前的研究中提出的一个主要论点是，有必要了解英国在中国的活动与对印度的战略关切有关。我倾向于认为，这本书中出现的内容为这一论点增加了分量，并且比之前的工作更深入，延伸到英国陆军领域。我希望在这项研究中有一件事是清楚的，那就是英国陆军，尤其是它的情报部门，在塑造 20 世纪亚洲的过程中所扮演的重要角色。在英国和美国，我们倾向于认为军队仅仅是文官执政者的工具，执政者要么是民主选举产生的，要么是由民选官员任命的。因此，我们倾向于忽视军队在发起、影响和执行政策方面的作用。我希望这项研究至少会对如此简单的假设提出质疑。此外，这本书的论点是，军事情报不仅界定了帝国战略对东方殖民地的影响，而且产生了干预的目标：亚洲本身。

第 2 章

# 19 世纪的军事变革

　　19 世纪，欧洲军队经历了根本性的、不可逆转的变化。部分原因在于技术的发展，部分原因在于专业精英的出现，他们重组了组织和机构，使其更加合理，并对最新的科学思想作出响应。专业管理人员将官僚机构的工作组织成类似于工业制造的过程。在这一过程中，对于时间和行动的管理带来效率，效率转化为利润。军队的组织结构也发生了类似变化，现在的运作基于一种理想化的领导理念，这种理念重视精神力量和技术培训。大陆军队的变化，就像其他政府机构的变化一样，并不是一夜之间发生的。它们跨越了整个世纪，欧洲国家的变革时间不同，力度也存在差异。这一章是对欧洲军事组织从 19 世纪中期开始发生的各种变化进行归类，意在提供一个更广泛的背景，让人们了解英国军队的变化，进而了解英国驻印陆军的变化。

## 军事外交机构的重新布置

　　到了 18 世纪，外交使团和军队正成为欧洲新兴民族国家外部安全机制的两个公认分支。自 1648 年《威斯特伐利亚和约》以后，对安全作出贡献的外交部分已经形成一套惯例，并得到包括英国在内的大多数欧洲政权公认的规则的支持。主权被理解为与领土所属国相一致，相互承认主权被认为是开启国家间新的、正规化的外交关系的必要条件。各国的边界不是毫无争议地固定下来的，在各国外交官的领导下，起草了一套被称为万国法（后来的国际法）的规则和协议，以促进跨国界的和平互动。从 18 世纪开始，欧洲各国首都均设立了外交使团。有了这些大使馆，就有可能使国家之间的外交成为一个持续过程。这些新的主权实践所促进和要求的大使和外交部长（外交大臣）之间的互动，开始受到一套全欧洲范围的议定书的管辖，这些议定书被认为将外交置于坚实和明确的基础上。[1]

　　这些努力的最终目标，即外交的自觉目的是防止或缓解欧洲各国之间的矛盾。人们认为，实现这一目标的理想方式是在民族国家之间建立和维持一种平衡，一种力量的均衡状态。这种平衡的目标被认为是确保一个国家不会企图损害另一国家的主权。然而，如果一个国家变得如此强大，以致威胁到权力平衡，那么其他国家也会受到刺激建立互助联盟，以维持理想的平衡。大家也都同意这样的观点，一旦外交偶尔运转失灵，那就会触发国家安全机制的军事层面，战争或者战争威胁随之而来。

　　然而，威斯特伐利亚之后出现的外交和军事部门之间的关系并不对称。与外交机构不同，欧洲军队缺乏一套共同的国际机构和相互商定的行为规则。当然，战争部门和训练机构是存在的，但一个国家的军事机构和其他国家的几乎没有相似之处。此外，军队通常只有在被需要的时候才集结和训练，战争结束后，军人的复员也不是有序进行的。与 18 世纪的外交机构不同，那时的议定书和法律作为先例传承给后代；而战争的经验教训只能以有限的方式整理成易于获取和传播的材料。换句话说，那种鼓励军队领导人从过去吸取教训，并将吸取的教训纳入未来计划的"记忆实践"是非常不健

19　全的。[2]19 世纪中叶，随着新军事机构的建立和已有军事机构的改革，形势开始发生变化。重要的变化包括：军事学院课程的修改，军事技术期刊的创办，驻外大使馆中引入军事人员，以及在欧洲大部分地区建立总参谋部。[3]

　　欧洲大陆的合理化进程极为缓慢。但到 19 世纪末，出现了一种军事结构，它有自己的行为规则和规程，与外交使团并行并相互补充。军队的专业化在很大程度上可以归因于人们普遍认识到，工业革命已经改变了战争形态。[4]技术驱动的变化显而易见，即便不是发生在美国南北战争之前，那么肯定也是在美国南北战争期间。大多数欧洲军队在 19 世纪 60 年代派遣观察员到美国，在那里他们能够记录新的交通、通信和武器技术对陆战战略和战术的影响（Luvaas，1959）。大体是在同一时间，普鲁士政府派出第一批军事人员进驻伦敦、圣彼得堡、维也纳和巴黎的大使馆，搜集有关军队力量、军事哨所、地形和当地作战思想的信息。到了 1872 年，这些军事人员的作用被进一步明确，他们是搜集"军事统计数字"的角色之一，不仅仅是数字，还有定量和定性的数据，这些数据可以说明外国军队的状况和他们的作战能力（Vagts，1967：11 - 13，

31~32）。1870~1914 年，军事人员在欧洲各国大使馆中随处可见，并开始出现在中国、日本和世界其他地方。与此同时，这些军事人员和情报部门的成员承担了额外的任务，观察甚至有时还会参与其他欧洲军队的年度演习。[5]

作为其他国家军事机构的观察员，军事人员不仅面临着外国军队的结构和部署问题，而且还面临着新发明的军事应用问题，诸如无烟火药、后膛火炮、铁路和电报以及地图制作设备等技术。但是，考虑到技术创新对战争的实际影响，需要一名训练有素的观察员，一名对科学和数学有相当了解的官员，这些科学和数学是新技术的基础。培养和支持这类人的一个途径是在军事院校中纳入和扩展科学和数学训练课程。另一种方法是在军事和地理杂志上传播技术信息。前一种出版物经常载有关于新技术军事应用的文章，包括武器及其在战斗中使用的弹道学报告。后一种期刊刊登了欧洲人对相对陌生的领土探索的最新报告，并分析了最新的科学仪器在地理上的应用。[6]

不过，对新技术的评估及其对战争可能产生的战术影响，只是在军队中创建技术管理精英的部分理由。同样重要的是，因为技术变革并不是停滞不前的，所以需要一个常设实体来监测、处理、传播和应用技术和信息管理方面的最新科学成果。这个常设实体是一个中央数据处理和计划机构，即总参谋部，其功能是将新技术纳入军事机构中，并为未来的战争进行规划。战争规划机制，以及相应的一套重新评估和重新设计规划的工具，从大约 1871 年开始成为欧洲许多地区治理中的一个永久组成部分，并因此成为一种重要的

20

国家利益。规划机构的内容和组织、复杂程度及业务规模因国家而异——普鲁士在 1870 年之前就已经具备完善的机制，英国是在 1904 年伊舍（Esher）改革之后才建立的。

然而，无论计划制度何时建立，这些新机构在形式上都有明显的相似之处。它们中的大多数脱胎于类似军需司（Quartermaster General's Corps，简称 QMG）的机构，各国叫法不一。在许多国家，这是一直负责后勤的部门。19 世纪，欧洲的军需司任务越来越繁杂，它们已经不堪重负，因此出现了机构重组。改革集中在三项职能——人员的管理，搜集有关潜在对手（情报）的信息和行动，这三项后来都被认为是军队应该具备的合理职能。理想的情况是，这三项职能都集中在具有指挥权和控制权的总参谋部手中，由它控制军队的各个部分及其训练计划。

新的总参谋部下属的情报单位参与信息的生产和管理，以解决部队和物资的动员和调动问题，测试和采购新的进攻和防御武器，分析技术对交通线路的影响，评估其他国家的军事能力。总参谋部下辖的情报机构负责数据的生产、搜集和分类，储存和恢复数据的档案，图书馆内藏有供受过技术训练的军事人员使用的参考资料，并配置印刷机，可以廉价复制有用的情报机构生成的资料，其中一些资料是公开发行的。[7]

情报所产生的作战计划信息被视为工具性知识，它由两种不同的表现形式组成——军事地理学和"统计学"，两者都建立在实证主义认识论的基础上。它们都坚信，语言和科学产生的视觉意象（例如，地图、表格、图形和示意图），如果组织得当，可以一目了然。地理和统计数据的产生部分是通过整理已出版的原始材料（国家统计数据），部分是通过和平时期的侦察——通过训练有素的眼睛进行系统有序的观察，以清楚地了解潜在敌对国家的人文和自然军事环境。不仅搜集到的信息，还包括成功侦察所涉及的程序，都被系统地评估、记录下来，成为高级军事训练的一部分，既适用于自己的国家，也适用于敌对国家。[8]这一点值得强调——战争计划总是包含着对于国家军事能力的比较。因此，国内和国际信息的类别相同，能形成视觉一致，并适用共同的计算和估测框架。

22

　　这种战争计划制度是如何产生的，它对 19 世纪后半叶欧洲军事化的影响是什么？为了回答这些问题，我首先从普鲁士说起，很大程度上，正是因为普鲁士成功地建立了一种新型军事机构，才促使欧洲的大部分地区，并最终使日本和中国等其他国家进行军事思维的变革。观察普鲁士的军事发展也是一个良好开端，因为这有助于阐明其他欧洲军队领导人所面临的挑战。

## 普鲁士的战争机器

　　早在 19 世纪 20 年代，普鲁士就为将贵族军队转变为有薪专业人员奠定了基础。[9]促成这一变化的关键因素是总参谋部。由于 1821 年脱离战争部独立，直接听命于普鲁士王室，总参谋部完全负责训练军官的制度，指挥普鲁士军队的所有部队，并制定了系统处理资料的复杂程序。参谋人员全部来自 1810 年在柏林成立的普鲁士参谋学院（Kriegsacademie）①。进入学院必须经过竞争性考试。学员一旦被录取，就会接受通识教育，包括学习数学、物理、化学、德国文学和通史等课程；同时，通过军事历史、射击、围城战、应用战术和人员职责等课程进行专业教育。学生也接受外语培训。毕业生被分配到总参谋部的某个职能部门，他们将在那里工作 3~4 年。然后他们会被分配到战地兵团，但要定期返回总参谋部服役于不同的部门。这种轮换制使中央的工作人员充满了新鲜血液，而部队中则配备了训练有素的军官。此外，该制度还建立了奖励机制，以加速提拔最优秀的人员和自愿继续接受当代军事科学教育的人员。

参谋部由三个基本部分构成：情报科、土地测量科和军事历史科。情报科负责搜集关于潜在敌人的军事统计数据，它被细分为负责不同国家的部门，并对军官进行适当的语言培训。当时德国所理解的统计类别有特定含义。这个概念可以追溯到 18 世纪的"国势学"（staatenkunde）思想，也可以理解为对国家力量和能力的计算，这建立在对其属性和能力科学评估的基础上。[10]作为这一基本形式的一种变体，军事统计可以包括国家发动战争能力的记录，以及对其可能有助于进攻或防御的特定物理特征的描述。普鲁士情报官员搜集了来自国外的军事统计资料，从欧洲国家的侦察旅行，到驻扎在外国首都的军事人员提供的信息，这些手段都包括在内。

土地测量科对军官进行技术培训，使土地可用于军事目的。军

①  也叫作普鲁士战争学院，是普鲁士王国培养参谋军官的最高学府，在此学院毕业是在普鲁士总参谋部任职的先决条件。——译者注

官们通常在总参谋部开始他们的职业生涯，在那里他们学习基本的视觉技术，如三角测量、地形分析和制图。布霍尔茨（Bucholz）认为，该部门的目的是创造"空间精度"，为动员和调动部队做准备（1991：28）。第三个部分是军事历史科，它的理念是"从过去吸取教训"，为未来制订更合理的计划。大约从 1820 年到第二次世界大战爆发，该科的参谋们在总参谋部的《军事周刊》（*Militär-Wochenblatt*）上发表了大量的详细研究成果。该部门的官员也成为教育工作者，参加定期讲座和与总参谋部人员的讨论。

1857 年，赫尔穆特·冯·毛奇（Helmuth von Moltke）被任命为普鲁士总参谋部的负责人，随后普鲁士总参谋部进一步革新。在他被任命的时候，毛奇已经在总参谋部工作了 20 年，曾经在奥斯曼帝国进行侦察，并完成了在各团的轮换。他的独特贡献是将一种已经存在的训练工具，即战棋推演（war game），转变为总参谋部培训和计划的核心。1810~1824 年，两名普鲁士军官发明了德国战棋推演。正如推演最初展示的那样，它是对某场著名战役的历史重建，这场战役是在桌面地图上组织的，每一方都有各自的棋子。部队的移动根据陆地上的实际速度来调整，并重新解释和执行了一套管理游戏的规则。毛奇的创新是将游戏从桌面转移到实地，以"参谋乘骑作业"① 和机动的形式，并以当前或潜在的未来为背景。乘骑作业每半年举行一次，分别设在春秋两季，24 名军官被分为两组。官员们被要求解决问题，被要求书写命令，并接受上级的口头

① Staff rides，参谋人员乘骑到现场进行战术作业，并无实兵参加。——译者注

和书面评价（Bucholz，1991：89）。夏天，在团级和师级进行同样程序的小规模练习。秋天，在普鲁士国王在场的情况下，整个军队进行大规模的军事演习（Bucholz，2001：33-34）。

在重新塑造战棋推演的过程中，毛奇补充了风险管理的概念。风险包括对部队在战斗中暴露的时间范围的估计，由"如果……会怎样"问题激发的场景构建，以及根据预设基准对演习的评估。时间范围是根据时间限制作出估计，即普鲁士军队和其对手动员和集中部队所需的时间，以及在空间中移动所需的时间。对风险的时间范围理解还考虑了过去不交战的国家何时以及是否可能选择加入战斗并改变部队的部署。

战棋推演的场景是基于对普鲁士军队及其潜在对手未来军事能力的评估。这些估计是根据关于外国军队的情报报告和以前搜集的对其运输和通信系统的评估得出的。然后，通过提出"如果……会怎样"的问题，这些结果被付诸实施。通过把注意力集中在近期和长远的未来，战棋推演被重新定位，从对过去的独家研究转向对未来的理性规划。因此，虽然战场战术作为历史事件仍然重要，但它们被重新定位在一个广泛的面向未来的战略思维中。

基准测试本质上是一种记忆实践形式，它提供了一种对比以前25 标准来衡量当前性能的方法。这种测量方法可能是根据历史情况制定的，也可能是在推演中发展出来的，也可能是演习本身。例如，1867 年，普鲁士现役和预备役部队的调动需要 32 天。1868 年降至24 天，1870 年降至 20 天，每年都在创造新的基准，新的比较参考点（Bucholz，1991：51）。其他比较框架可能会将动员数据视为交通质量的产物。例如，改进的铁路交通可以提升战争指挥和控制的效率。反过来，指挥和控制也可以根据一个参谋人员骑乘或机动到下一个人员的表现进行评估。因此，基准作为战棋推演中使用的标准，提供了一种在不同时间点确定军事力量虚拟能力的方法，同时指出可以改进的地方。

毛奇还将交通的概念进行扩展，不仅仅是将新科技和新技术整合到军事机器中。交通涉及标准化军事术语以及书面命令的合理化格式的创建和传播。在普鲁士军队中，命令通过将信息按友军和敌军的当前状态、任务和指挥官的意图、命令的目标以及是否包含特别指示等规则分组来实现统一（Bucholz，2001：58）。形式结构所隐含的规则化只是冰山一角；整个军队都在进行合理的系统化，从军官和士兵的标准化教育经历和军队从上到下的改组就可以看出这一点。这种形式的一致性旨在产生冗余，以减少风险，并提供可替换部件，以实现性能的可预测性，同时保持足够的灵活性。一个精心设计的军队也应该准备好利用计划外的机会（Bucholz，2001：57）。规划制度的总目标似乎是减少甚至消除战争的不确定性。[11]

在毛奇的计划体制中，最重要的因素也许是通过铁路的运用使军队的动员和部署机械化。在美国南北战争期间，普鲁士观察员们已经了解铁路作为战争工具的重要性，并把这种经验带回祖国。联邦铁路的使用给他们留下了深刻的印象——80000 名联邦士兵在一个星期内从弗吉尼亚州被运送到 1200 英里以外的田纳西州（Bucholz，2001：73），同时伴随的还有物资的运输。观察员们向柏林的总参谋部提交的报告清楚地表明，联邦的胜利不仅仅是因为

26

其强大的工业力量，而且也因为铁路的战略利用，它首先确保了密西西比河上维克斯堡的安全，而且把南部一分为二。1864 年，普鲁士的总参谋部增加了一个铁路部门，两年后，模仿联邦军建设兵团引入野战铁路部门（Luvaas，1959：120-22）。

铁路成为普鲁士战胜丹麦（1864 年）、奥地利（1866 年）和法国（1870~1871 年）的重要因素。到 1880 年，战棋推演围绕铁路沿线展开，它提供了主要的运输方式，用于动员、推进和集中兵力和物资。随着时间的推移，铁路线进一步扩大，在德国统一后，军队增加了预备役人员。到世纪末，战争动员力量为 270 万人，他们在普遍兵役制下服役三年，并接受了定期的预备役训练（Bucholz，1991：125-37）。

以铁路为中心的新系统还有其他一些影响。铁路时刻表变得和地形图一样重要，新的地图出现了，地点之间用时间来表示，而不是距离。由于规划者开始假设"时间、空间和尺寸的紧密公差"，这种时间取向减少了系统各部分之间的影响。规划者还将地形的自然不规则性纳入铁路系统的机械规律性，正如布霍尔茨所说，将战争转变为一项伟大的"技术学科"。铁路也改变了战略思维——关键是对铁路网络的掌握，以及指挥和控制铁路枢纽的能力。19 世纪最后 25 年的普鲁士战争计划就像"工业流程图"，把场景中的"如果……会怎样"问题转换成几何问题，这样就能用数学方法测量和表示力的运动和强度（Bucholz，2001：249，319-20）。

普鲁士的创新，即战争计划和执行的工业机械化，产生了深远的影响，影响了整个欧洲大陆的军事思想，也影响了从奥斯曼帝国到日本的广大区域。普鲁士成功地制造了以教育和大规模动员男性人口为基础的高度一体化的战争机器，这重新定义了和平：和平时期成了战争计划和战争演习的时期。计划体制力图使战争 27 具有可预见性，减少偶发事件和变化的影响，或许最重要的是，用一个实体取代个体伟人，诸如战争中的拿破仑等。这个实体体现为总参谋部，就像所有的公司一样，它是集体记忆和实践的守护者，超越个体，跨越时代。[12]战略思维可以通过总参谋部的机构预见未来，并且随着时间的推移进行调整。1871 年，普鲁士人这种组织军队的方式产生了效果，以惊人的速度打败了法国。从那时起，欧洲军队的领导人开始关注普鲁士的战争机器，而不是拿破仑的战役。[13]

## 俄国军队的改革

和普鲁士军队一样，俄国军队在拿破仑战争后开始进行自我转型。在许多方面，至少在参谋人员方面，俄国的进展与普鲁士是一致的。只有一个主要例外，俄国人从未实现军队的自上而下的整合，而统一的语言、程序和技能是普鲁士体制的标志。除此之外，俄国军队改革中有很多内容看起来与普鲁士非常相像。

早在英国和印度建立情报单位之前，俄国军队就采用定性的统计类别作为组织军事情报的手段。与普鲁士一样，这些类别本身也被用来重组俄国军事学校的课程。最近对俄国军队的大量研究有助于厘清这些进程。[14]俄国军事学校改革的关键人物是德米特里·A.

**28**　米柳京（Dimitrii A. Miliutin），他是圣彼得堡帝国战争学院的教官。19 世纪 40 年代中期访问中欧和西欧之后，米柳京得出结论，一个地区的地理知识只是军事规划所需信息的一个组成部分。米柳京认为，对一个国家的政治发展（包括其资源、人口、政府结构和财政）进行同样仔细的科学分析，也适用于了解一个国家的军事能力。

　　米柳京将这种能力称为"军事统计"。就像普鲁士版本一样，统计数据包括国家军队的组成，交通线路的质量和性质，以及其动员和集中力量开展进攻或防御作战的能力。搜集到的任何一个国家的军事力量的信息都应按类别汇编以供分析。汇编的成果与精确地图和战争历史结合在一起，包括具有历史意义的战役的战略和战术。正如米柳京所设想的那样，这些因素结合在一起，统一理论和实践以制订全面的战争计划（Rich，2004：173；Van Dyke，1990：20-22）。

　　在战争规划方面，军事统计具有双重效用。首先，统计数据是培训课程的组成部分。在圣彼得堡的帝国战争学院，米柳京和志趣相投的同事将军事统计数据转化为课程，为军官候选人的培训提供作战计划所需的工具。除了战略、战术和数学（代数、几何、三角学），军校学员还接受地图制作、军事史、军事管理和欧洲国家军队组织等方面的训练。他们还学习欧洲和亚洲的语言，包括阿拉伯语、波斯语、土耳其语等。毕业考试包括一篇使用第一手资料的军事战役的论文，论文的口头答辩，战略和战术的应用。实操包括对战区的统计评估，军团层面上的战略和战术调动，从行政和后勤的角度看战略和战术。

关于俄国军事统计的第二个重点是，它们有助于培养军官参加总参谋部战棋推演所需的技能（Van Dyke，1990：4，65－66；Rich，1996：629）。普法战争结束后，俄国军队也采用了普鲁士模式的参谋轮换和年度演习（Rich，1998：105，108-12）。同样重要的是，到 19 世纪 70 年代，历史研究已经从拿破仑战争转向美国南北战争和普鲁士战争。戴维·里奇（David Rich）认为，学院和总参谋部以他们对实证主义科学的高度重视，产生了一类新型的参谋人员，他是一位专业精英，一位建筑师，一位"不是设计空间或结构，而是信息和知识的建筑师"（1998：38）。

从这一摘要中应该可以清楚地看到，俄国军官培训的重新定位及其与参谋规划的联系，与普鲁士正在发生的情况十分相似。和那里的同行一样，受过军事统计训练的俄国参谋人员也以全新的方式关注围绕着他们的世界。在考虑俄国面临的军事挑战时，他们看到了什么？也许最重要的是，俄国军队与欧洲其他列强相比的整体弱点，尤其是在克里米亚战争之后。

总参谋部的军官们承认俄国军队的缺点，这一缺点存在于俄国和它强大的西方邻国之间的"动员鸿沟"，该鸿沟在德国统一战争中得到了充分体现。无论是俄国的铁路系统，还是它的工厂，完全无法与德国相提并论；此外，德国人正在迅速地、不怀好意地修建通往俄国的铁路线。因此，计划的研究方向不是进攻——这是德国计划的标志——而是削弱和拖延德国入侵的方法，在1879 年与奥匈帝国结盟之后，是德奥同盟带来的联合威胁

29

（Rich，1998：163-65）。

对俄国军官来说，同样明显的是，他们与德国军队所处的环境截然不同。由于普遍征兵制，再加上自 19 世纪中期以后军队一直强调通过教育获得功绩和奖励，德国军队得到了广泛的公众支持和尊重（Persson，2004：164）。相比之下，在俄国，大部分人口是没有受过教育的农民，他们在 1861 年才从农奴制中解放出来。在沙皇贵族的统治下，军队的定位与大多数其他欧洲国家不同：沙皇所指挥的军队一直以来都是俄国境内镇压农民的重要力量。退一步说，如果全体人民都不支持俄国军队，那么新任官员也会面临贵族和没有受过帝国战争学院训练的军官的反对。在后一种情况下，新上任的参谋官员通常被认为不过是一名光荣的办事员，而贵族们则被自己的好胜心和嫉妒所刺激，阻止参谋人员对重要职位的任命建议（Rich，1998：113）。

30　　如下文所述，贵族和普通军官对受过技术训练的军官团的类似态度也出现在英国，导致了英国直到布尔战争结束后不久才设立总参谋部。在俄国，这些反对力量的最终效果是参谋人员无法融入实地行动，阻碍了广泛的战略思考和对未来的规划。因此，尽管俄国的总参谋部能够制订可能的战争计划，在中欧对抗德奥联盟，在中亚对抗英国（在波斯的阿什哈巴德和马什哈德进行实地侦察任务），以及与土耳其、波斯、阿富汗和布哈拉的可能战争（Rich，1998：177），但参谋部人员的努力仅仅是停留在纸面上的计划，而不是通过反复解决问题的参谋乘骑作业和机动实践灌输到军队中。简而言之，在沙皇俄国，参谋部官员为使用军事统计而开发的复杂技术与战场上的俄国部队之间没有持久的制度化联系。

## 法国的改革与重组

类似的问题在法国军队中也很明显，法国军队的总参谋部（Dépôt de la Guerre）可以追溯到旧政权时期。1833 年，法国保守的《新参谋法》通过后，法国参谋学院的毕业生被永久任命为总参谋部官员。此外，军队的大多数晋升是根据资历而定的，没有为继续教育编列经费。参谋部变成了一个严格封闭的俱乐部，它基本上忘记了拿破仑时代的实用参谋知识（Hittle，1961：117-18）。

此外，参谋学院的学员所接受的教育似乎很少涉及德国和俄国在军事统计方面的创新思维。取而代之的是，学员们接受了参谋人员的"半机械任务"和绘制地图与防御工事的培训。没有战棋推演，没有参谋乘骑作业，也没有大规模的演习，且战争部严格管理军官发表作品。因此，法国军官团并没有把军队的领导能力看作是通过训练和教育而获得的，而是继续以拿破仑为榜样。也就是说，领导力被认为是天才的个人天赋，而战争的成功则被认为是一种激情（Irvine，1938a：199-201）。此外，对"普鲁士式"军国主义的恐惧，在法国议会中产生了巨大的阻力，他们反对普遍兵役制和包括预备役在内的常规训练制度（Kovacs，1946：229-30）。 31

普鲁士打败了丹麦和奥地利之后，一些法国军官警告说，普鲁士现在对法国构成了威胁，尼埃尔元帅（Marshal Niel）试图恢复法国军队总参谋部（Irvine，1938a：202-203）。然而，这些努力的效果极为有限，法国对1870~1871年的战争几乎没有准备。普法战争的惨败引发了对军队的内部评估，其结果之一是全面地恢复总参谋部。

批评见诸大量的出版物，其中一些涉及参谋思想和军事组织。不久之后，诸多改革通过立法实施，以人才为基础，向所有军官开放参谋队伍，并在参谋人员和部队之间建立了一种轮换制度。随后进行的是教育改革。到了1878年，参谋部采用普鲁士模式，管理新成立的高等战争学院（École Supérieur de Guerre），入学需通过竞争性考试。大约在世纪之交，总参谋部被改组为三个局。第一局涉及人员和后勤；第二局涉及外国及其军队的军事情报，还有地形测绘；第三局负责为军队的行动制定命令和指令。到20世纪初，法国参谋理论的改革已经发展到通过参谋部的体制结构实现行政、情报和行动之间的职能分工。[15]

从组织的角度来看，参谋重组很可能是成功的，但法国仍然难以与德国后备队的规模和训练相比。[16]此外，法国总参谋部更多是作为战争部附属机构发挥作用，而德国总参谋部作为独立战争计划实体发挥作用。尽管如此，法国政界普遍认为，必须努力与德国训练有素的士兵数量相当。但共和的法国和帝国的德国之间的差异仍然存在——在德国，军队只对皇帝负责，并享有军事胜利所带来的声望，尤其是对法国的胜利带来的声望（Mitchell，1984：107）。

法国陆军领导层还发现自己处于武器系统快速技术变革的边缘。德国人开发了新的远程火炮，其威力足以压制当时建造的防御工事。只有对钢筋混凝土结构的大规模投资才能充分抵御这些新火炮带来的风险。面对人力和技术上的差距，法国的文职领导人试图用其他方式抵消德国的优势。1892 年，法国和俄国外交官通过谈判达成了一个联盟，解决了一旦与德国爆发战争的足够的人力储备问题。法俄同盟也意味着，德国现在必须为两线作战的可能性做好准备。随后，法国外交官转而与英国签订了第二套协议，即所谓的"英法协约"（Entente Cordiale）。法国和英国政府解决了有关其殖民地财产和进入苏伊士运河的若干悬而未决的问题。尽管协约不是一个军事联盟，但它确实为英国军队在欧洲大陆上支持法国创造了可能性。

欧洲列强之间的军事思想革命在英国和印度产生了独特的影响。查尔斯·布拉肯伯里（Charles Brackenbury）和他的兄弟亨利（Henry）等军官，曾在 1874 年拜访几个欧洲总参谋部的情报部门，他们完全了解欧洲大陆的情报机构和情报部门的组织结构发生了变化，并敦促英国进行改革。其他的情报官员，如詹姆斯·格里尔森（James Grierson），模仿欧洲大陆的做法，编写了大量关于欧洲国家武装力量的军事统计数据的手册。[17] 这些英国军官和一些平民（Wilkinson，1891 年）认识到，在欧洲大陆，新的安全体系掌握在受过技术训练的军官团手中。

诸如布拉肯伯里和格里尔森这样的军官，能够在 19 世纪的最后 20 年里，对战争部的情报部门进行一些结构性的变革，使它看起来像大陆上的类似单位，并引进了总参谋部的一些职能。其中一

33

人还参与了情报部门在 1893 年将德国总参谋部手册翻译成英语的决定。[18]然而，在布尔战争暴露了英国陆军的不足之前，他们无法影响进一步的改革。1905 年，诞生了集权的总参谋部。如同德国的总参谋部一样，其主要职责是规划战争。此外，军队行政、情报和行动的基本职能在结构上也有差别。总参谋部的不同部门开始引进参谋和战地操作手册，这些手册是按照德国做法制作的。与此同时，新成立的军事行动局正式实施了战棋推演和参谋骑乘作业，在为欧洲大陆可能发生的战争做准备。

我将在接下来的章节中解释为什么英国陆军的变革如此缓慢。然而，首先有必要说明的是，上面提到的英国军官究竟如何看待欧洲大陆的事态发展。换句话说，像詹姆斯·格里尔森这样的人，理解普鲁士的举措对未来战争的影响吗？在回答这个问题时，第 3 章记录了英国从 19 世纪中期开始的一系列改革，它们改变了英国陆军的招募和训练，确立了评估军官能力的新标准。第 4 章将探讨这些新官员在改变英国和印度的安全机制方面发挥的重要作用。在行政中心和殖民地外围都关键的是建立情报部门，首先是在陆军部，后来是在西姆拉的印度陆军总部。军事地理和统计数据可以被组织成军事机制，就像欧洲大陆一样，产生了全新的知识和实践形式。

# 帝国的形成、军队的职业化和专家的培养

19 世纪下半叶英国发生的变革直接导致情报作为一门军事
学科和特定形式的知识而产生，并与新帝国的形成直接相关。
改革者认为该帝国应建立在理性原则的基础上，这些原则试图
使政府和行政管理合理化，反对"传统"的任人唯亲制度，那
种制度纵容根深蒂固的特权。本章论述了国家形成的合理化过
程与军队军官的选拔和训练之间的联系。一个重要的变革领域
是"科学军团"学校，在那里工兵和炮兵军官接受教育。这些
军官具有在技术学校学到的基本技能，被认为特别适合在新兴
的军事情报领域服役。但不管他们所处的职位如何，在经过改
革的军事学校受训的英国军官开创了蒂莫西·米切尔所称的
"专家统治"（2002），这是一种建立在技术专长和理性实践基
础上的新型军事男子气概。

正如科里根（Corrigan）和塞耶（Sayer）（1985）所指出的，
推动这些变化的最明显的机制是皇家和议会的调查委员会。这些委
员会审查了从皇家手稿到矿业等各个领域，生成建设性的知识（以
统计数字表述的事实），然后作为改革立法基础被采纳。为了监测

立法的效果，设立了第二种机制，即检查机制。检查专员在审查行政执行情况时得出了新的事实，这些事实被反馈到立法程序中。从这些重要的政治活动中，并且随着英国殖民主义形式的重要变化，19 世纪中期出现了一种新型国家，它被认为集"中立的、合理的、透明的……机制"于一体，垄断了国家行政手段。他们认为，这种治理形式的影响不仅是产生一种新的官僚秩序，而且是一场产生新身份和新主体的"文化革新"（1985：123-41）。在这一章中，我将追溯这场相对不被注意的文化革新的一些要素，具体来说就是军队改革。作为描述英国陆军这些变化的一种方式，我从 19 世纪早期的公共行政状况与刺激行政和公务员制度改革的条件说起。

**公共行政和公务员制度改革**

19 世纪初，英国的治理有两个主要特征。政府部门的招聘完全是通过任免或出售制度进行，而各个单位的行政结构各有不同，就像独立的领地一样运作。正如布鲁尔（Brewer）所指出的，各部门已经变得"封闭起来"，反对任何形式的程序创新或公开披露其运作（1988：84）。政府单位除了按照自己的规则和传统运作外，没有关于招聘、汇报、晋升、薪金、等级或养恤金的统一标准。外部机构的监督和评估根本不存在，这使得财政部很难（如果不是不可能的话）计算管理成本。行政单位收取的费用经常用来补贴薪金，因此在某些情况下，公共资金很容易变成私人利润。总之，政府部门的运作是基于习俗和个人关系，而非通过"理性"、公正的程序（Cohen，1965：24-34）。

几个议会委员会尖锐地强调了这些问题，到了 19 世纪 30 年代，开始逐步实施一系列的改革。改革所产生的总体效果是使政府机构对议会更负责，更能接受国家监督。财政部采取了中央集权的方式，实行了一套统一的会计程序。审计成为标准，至少在理论上取消了闲职。政府部门开始由领取薪金和退休金的官员组成，他们被禁止从政府合同或费用中获利。财政部采用了最新的簿记方法。总的来说，这些变化似乎减少了政府办公室的数量和总成本。[1]

虽然改革的最初阶段有效地消除了一些主要的腐败领域，但仍保留了一些传统的招聘程序，几乎没有改变现有部门的特殊结构。受边沁实用主义的启发，一群激进的改革者，包括斯塔福德·诺思科特（Stafford Northcote）和查尔斯·特里维廉（Charles Trevelyan）爵士，他们得到了威廉·格莱斯顿（William Gladstone）的支持，开始于 1850 年代解决问题，这将导致深远的变化，公务员将变得专业化，并建立一套统一的规则和程序来管理政府各机构的业务。改革者们从 1853 年的《印度法案》中找到了灵感，该法案的主要特点之一是引入了竞争考试的理念，将其作为在印度招募公务员的一种手段。次年，一些议会委员会调查了十几个部门的组织结构，希望在英国推行类似的改革。特里维廉是所有这些委员会的成员，诺思科特加入了其中的八个委员会。他们的调查结果汇集在《公职机构调查委员会的报告》（*Reports of the Committees of Inquiry in Public Offices*）里面，特里维廉和诺思科特分别撰写了一份题为

36

《关于永久公务员制度的组织报告》的报告，这两份报告于 1854 年由议会发布（Reader，1966：85-87）。

这两份报告指出了公务员制度普遍存在的一系列问题，包括存在弊端的招聘方式、薪酬方案和部门内工作分配效率低下。这两份报告都注意到了通常看起来比较特殊的劳动分工，即高级职员所做的工作与最缺乏经验的办事员所做的工作相同。除了建议按照技能/经验的等级来重新组织工作之外，报告还呼吁建立统一的招聘考试制度、公务员制度，并由一个管理委员会监督。这样一个委员会将免除各部门主管的人事权，从而消除由于私人任命而造成的滥用职权现象。委员会的职责不仅包括监督考试制度，还包括建立统一的薪酬等级，制定晋升标准，确保候选人在可接受的年龄范围内就业，并为公务员制定和维持较高的道德标准。关于建议的评价人才的方法，符合当时教育制度中正在进行的改革，特别是牛津和剑桥等主要大学正在进行的改革，改革者们也从中得到了启发。虽然阶级特权没有从舞台上消失，但对统一标准的呼吁最终起到了向更广泛的英国民众开放公共服务的作用（Montgomery，1965：20-24；Cohen，1965：93-97）。

37　　1855 年，帕默斯顿勋爵（Lord Palmerston）采纳了该建议的核心内容，通过枢密院令创建了文官事务委员会（Civil Service Commission）。委员会率先采取的行动之一是确立公开竞争的考试制度。虽然最初的影响极为有限，但委员会最终从部门领导手中获得了越来越多的任命权，并进行公开选拔（Montgomery，1965：24-25）。但是，有一些部门抵制考试，包括内政部和外交部。然而，在接下来的 15 年里，考试成为一种常态。1870 年，威廉·格莱斯顿的内阁发布了一项枢密院令，要求所有空缺，除了内政部和外交部，都要通过考试来填补（Reader，1966：93 - 96；Cohen，1965：119-22）。这个从根本上改变了英国文官治理的改革进程也影响了军队。

## 英国陆军和卡德韦尔改革

克里米亚战争中英军的崩溃，暴露出巨大的后勤问题和对受伤和生病士兵的糟糕护理，于是英国陆军进行了改革。改革者面临的挑战和障碍与文职政府遇到的挑战类似：根深蒂固的特权和错综复杂的行政权力结构。就像内政部和外交部的贵族精英们抵制变革一样，维多利亚时代的军队也有自己根深蒂固的世袭特权，那里到处都是有头衔的军官，他们宣扬军队和王室之间的特殊关系。这种说法的依据是，军队的指挥官剑桥公爵乔治王子是王室成员。职业化，以其评价人才、品格和能力的新方式，让人对公爵和其他高级官员所主张的唯一评价标准——绅士气质产生了怀疑。

与特权在征兵和晋升方面造成的问题平行的是军队的特殊指挥结构，这种结构将权力在文职人员和军事指挥之间划分，使改革努力难以继续下去。在文职方面，军队的经费依赖于议会拨款，然后由一名军队以外的内阁成员，即负责战争问题的国务大臣监督。然而，军队总司令是由王室任命的，也是上议院议员，这在一定程度上抵消了文职人员对最高军事预算的控制。由于这一事实，财权和

38

指挥权的划分更加复杂，剑桥公爵是军队传统的坚定捍卫者，从1856 年到 1895 年，他长期担任总司令。如果公爵不支持某项改革提议，他只提供极少的合作，等待政府部门发生变化；在他的任期内，这种变化频繁发生。[2]

如果公爵热衷于改革，事情的结果可能会截然不同，但他并不是这样的人。他的基本目标是在任命军官时保留王室特权，在议会的财权之外抵制文官对军队的控制，并在可行的范围内保持军队成员的多样化传统。他将这些目标转变为使军队远离政治的政策，这至少在两方面使军队改革问题进一步政治化。首先，公爵坚持认为赞助和购买实际上是任命军官的理想方式。这一立场使总司令与倡导合理化和文官录用制度的人对立起来。其次，公爵可以召集军官团成员，反对平民和通常地位较低的改革者。这些军官团中的许多人与贵族阶层有联系，在上议院有很深的根基。然而，尽管公爵和他的支持者们设置了巨大障碍，变化还是发生了，部分是由于外部压力，部分是由于军队内部的压力。

第一个重大突破是 1868 年至 1874 年爱德华·卡德韦尔（Edward Cardwell）被任命为陆军大臣。卡德韦尔最初的改革集中在三项关键立法。第一项是 1870 年 2 月的《陆军部法案》，试图解决分权问题。该法案将陆军改组为军事部、军需部和财务部三个部门，都处于陆军大臣的领导之下。军事部由总司令领导，这意味着剑桥公爵从他的骑兵卫队总部调到陆军部办公。军事部负责纪律、训练、储备、征聘、教育、晋升、任用、牧师部、医疗部和新设立的地形部。军需部由军需总监领导，全权负责采购工作。财务部负责编制预算、记账和审计工作（Spiers，1992：6-7）。虽然这些变化意义重大，但军队结构并没有效仿当时欧洲大陆上的行政、情报和作战的三权分立。

第二项重要的立法是同年晚些时候通过的《陆军征兵法案》。它取代了以前要求新兵服役12年的规定，规定6年为正式服役期，6年为后备服役期。该法案的目的是建立一个类似于欧洲大陆军队的陆军预备役，并增加征兵激励。第三项法案是1873年的《本地化法案》，在英国各地建立了旅区，建立招募和训练的基地，并组织步兵营互补配对。目的是建立一个轮换计划，其中一个营将在殖民地服役，而另一个营训练新兵，并为海外服役做好准备。[3]

除了这些新法律，卡德韦尔还发起了其他一些重要变革。在1871年的王家授权令中，废除军官职位授予和晋升的买卖制度。他还引入了一种有限的进入军队军事院校的考试制度，并废除了军事教育委员会，取而代之的是一位教育总干事。然而，与此同时，总司令——仍然是剑桥公爵，保留决定"绅士"是否适合侍奉女王的权利。正如塔克所指出的，最后这一条款的效果是削弱卡德韦尔改革的影响。直到19世纪90年代，对大多数英国军官来说，功绩、教育和正规培训似乎都还是个别现象，而不是惯例（Tucker，1963：125-28）。改革似乎只在炮兵和工兵部队，以及在坎伯利高级培训学校或参谋学院就读的人数有限的军官中发挥了积极作用。[4]在这些案例中，改革进程是由另一个议会委员会开始的，该委员会专门研究如何为科学军团训练军官。

## 科学军团军官培训委员会

40      对克里米亚远征军各方面表现不佳的调查包括对位于伍尔维奇的皇家军事学院（Royal Military Academy in Woolwich）的科学军团进行的详细调查，那里训练了工兵和炮兵的军官。1856 年初，战争大臣潘缪尔勋爵（Lord Panmure）任命了一个委员会，该委员会权力宽泛，负责对学院进行全面调查。以当时的标准来看，该委员会规模较小，由三名成员组成，其中包括两名军官，即上校 W. 约兰德（W. Yolland）和上校 W. J. 斯迈思（W. J. Smythe），以及来自牛津的 W. C. 莱克牧师（Rev. W. C. Lake）。委员们首先访问了伍尔维奇，然后参观了欧洲大陆的军事技术学校。他们在完成对欧洲的实地考察后回到学院进行比较，最终提交一份给国务大臣的报告。报告长达 797 页，并于 1857 年由议会印刷。

    该报告最重要的内容可能是科学培训的比较框架。委员会成员访问了法国、普鲁士、奥地利和撒丁岛的军事学校，报告不仅评价了这些学校及其课程，而且评价了它们与每个国家其他技术培训系统的关系，得出以下结论：

      我们的确无法充分表达出我们的印象，这些印象建立在对这份报告所涉及学校的仔细研究的基础之上。我们必须立即表明我们的信念，即在我们访问的所有国家中，至少有相当一部分陆军军官所接受的高度科学的训练比我们自己所接受的训练更有价值。（与英国的军校相比）这里的学校不仅受到更多的重视，每一所学校的教学水平都更高，纪律明显更严格，教师人数普遍更多，而且整个教育是在一个更完整的体系中进行的。为了达到这个目的，投入的资金要多得多，而且最重要的是，对学生或军官来说，术业专攻获得的优势变得更加确定和明显。[5]

这几句话强调了报告的要点。如果英国政府认为，在当今世界，拥有一支训练有素的技术专家骨干队伍是至关重要的——欧洲大陆的军队显然一直在按照这种信念行事——那么，在为培养这种人才创造条件方面，英国远远落后于欧洲的竞争对手。

委员会提出了下列建议。第一也是最重要的，必须分配资金，以便聘请具备必要技能的教师在伍尔维奇授课。第二，需要达成一项普遍协议，即所有军官在开始其职业生涯时都应该接受一定程度的教育，同样重要的是，他们的教育不应止步于此。第三，一所好的"参谋学院"是维持一流军官团的必要条件，军官可以在职业生涯的不同阶段轮流学习最新的军事科学。第四，应提高学院的入学年龄，采用法国的模式——通识教育至 17 岁，然后作为一般参谋人员学习 2 年，再技术培训 4 年。第五，除了一般技能以外，不应该指望公学系统为候选人提供其他任何方面的培训。即使在法国，数学教育的总体水平比英国高，课程也只是为理工学院的培训做准备，而不是后者的替代品。第六，学院录取采用竞争性考试制度，并定期在军队中对"科学"部门的人员进行考核。第七，为了保证军事训练的专业化，报告建议在战争大臣的监督下，成立一个监督

41

军事教育的机构。[6]

在为这些和其他一些调整辩护时，委员们认为——也许是考虑到改革后的公务员制度——军队应该被当作其他职业来对待。他们认为，高等教育是所有职业的标准；只有通过持续的高等教育，才能把医学或法律等特定领域的专业知识传授给学生，但教育的作用远远不止于此。培训所采用的形式使学生树立了"优秀将得到回报"的原则。委员们认为，正是这一原则保证了任何职业都能吸引到最优秀的人才。素质教育和考绩制度也是培养熟练工兵和炮兵的唯一途径。

42　然而，英国的问题不在于法律和其他行业不理解这一原则，而在于尚未将其应用于军队。委员们总结道：

> 如果军事教育是一个重要的课题，它确实值得关注，就像其他国家对它的关注一样。反之，如果这是不重要的，那么最好就像一些人建议的那样，把它完全抛在一边，只相信公学的教育。在英国，我们到目前为止都没有采取任何行动；我们对我们军官的教育，国家几乎没有任何资金投入，而且没有实行统一的制度或原则。我们认为，无论基于何种理论［补充强调］，这样的课程都是站不住脚的。[7]

虽然报告中有些含糊其词，但提到机构的运作没有"统一的制度或原则"，与其他委员会的调查结果中的类似意见是一致的。当改革者将原则、制度和理性的概念应用于英国现有的结构时，人们发现，这些机构不仅存在缺陷，而且似乎没有任何的教育理论或理性理论作为运作依据。[8]因此，在皇家军事学院这样的项目中，要找到连贯性是不可能的。简而言之，没有方法或手段来评估项目的质量或衡量其结果。

科学军团军官培训委员会指出的机构没有统一的制度的问题，很可能是布鲁尔指出的政府部门参与的结果。但委员们的观察也暗示了一些别的东西。就军队而言，只有在欧洲大陆发展的比较框架内，英国政府的代理人才发现联合王国与敌对国家之间"管理艺术"的质量存在差异，而且这种差异令人深感不安。然而，即使有了比较带来的批判性认识，变化也不会轻易发生。直到 1863 年之后，皇家军事学院通过入学考试招生才成为一种常态，又过了十年，课程改革才真正开始。

然而，科学军团军官培训委员会的报告提供了一个变革模板。它还凸显了英国和欧洲大陆竞争对手之间在为未来战争备军方面的根本分歧——如果德国人是对的，那么战争已经被新的科学、技术和军事管理技术所改变。军官需要了解当代武器的机械部件、通信和运输技术，以及如何部署和监控复杂的大规模组织的活动。在欧洲大陆，正如我们在上一章所看到的，为了应对这些挑战，德国、俄国，以及最后的法国采取了两种基本举措：一是通过改变入门级培训计划培养技术—军事精英，二是通过绩效体系来鼓励学习。后一种情况部分是通过奖励和晋升成绩优异的人，以及设立培训机构和相应的出版机构，使军官们能够跟上变化的步伐。

## 军事技术精英的出现

与欧洲大陆诸强一样，英国长期以来都有专门培训技术人员的学校。然而，正如 1857 年科学军团军官培训委员会的报告所指出的那样，欧洲大陆和英国的选拔和培训的形式几乎没有什么相似之处。委员会的报告发表时，军官学校的候选人仍然主要是通过个人推荐。到了 19 世纪 70 年代，这种情况开始改变，进入陆军学校的途径逐渐转向由文官委员会监督的公开考试。

新设立的军事教育总干事的 1873 年的报告概述了伍尔维奇皇家军事学院入学考试的内容。每年在 1 月和 7 月举行两次考试，考试前首先要进行下列科目的资格测试：数学，包括全面的算术知识以及对数、代数和几何的运用；用法语、德语或其他现代语言翻译一段文字；用清晰、易读的英文书写；几何制图；地理。通过测试的学生将接受如下考试：高等代数、平面三角、力学、微积分，英语作文，拉丁语和希腊语，高级法语或德语，实验科学，自然地理和地质，还有手绘和几何制图。考生被要求必须参加数学和制图部分的考试，还可以选择其他四个方面进行考试。他们是根据得到的分数总和来进行排名的，分数按重要性进行加权，数学权重最高，绘图权重最低。[9]

关于入学考试的形式，至少有两点需要说明。其一，参加考试的前提是候选人足够富有，能够获得参加考试的必要教育。其二，考试的目的是确定那些在身心两方面都能够得到很好发展的人。前者因为数学、拉丁语和希腊语更受重视而得到保障，而这些学科被认为能培养出训练有素、专注的头脑。后者通过书写和绘画的水平来测试。正如我们将看到的那样，这些都是必备的技能，因为军官必须写出清晰易读的报告，并且能够绘制地图和勾画地形的细节。

在伍尔维奇，学员们开始了为期 30 个月的课程，重点是数学。除了平面几何课程外，学员们还学会了将数学应用到伍尔维奇兵工厂的机械设备上。他们还学习了防御工事、炮兵、绘图、野外素描和侦察、军事历史和地理、法语或德语、基础化学和物理、演习。对于那些选择接受通识教育的人来说，补充课程还包括高等数学和防御工事课程、第二现代语言、手绘和高等化学（FRDME，53 - 54）。军事教育总干事和伍尔维奇调查委员会的报告都显示，上面列出的项目在 19 世纪 80 年代末基本保持不变，只有细微的变化。当时决定将工兵学员和炮兵学员的训练分开，理由是每个小组都学了许多与他们专业无关的知识。结果是，工兵学员获得了额外的高等数学课程，而炮兵学员则专注于炮兵的实际应用（Smyth，1961：118）。

新服役的军官们从皇家军事学院毕业后，可能会被送去接受高级训练。工兵军官被要求在查塔姆皇家工程学院完成为期两年的军事和土木工程强化课程，而炮兵军官则被派往舒伯里内斯（Shoeburyness）的皇家炮兵学校。这里主要关注的是在皇家工程学院接受的高级培训。调查军事教育现状的皇家委员会记录提供了对查塔姆课程较详细的概述。该报告于 1870 年发表，指出强制性教

45

学课程分为测量、施工与估算和野外工作三个部分，还有其他一些杂项的课程。[10]

在第 5 章和第 6 章中，我更详细地研究了这个领域知识生产形式的实践。这里的问题是工兵在到达那里之前所知道的。这些课程中的第一门是测量，教学生如何从战术和后勤角度观察、评估和记录地形。训练内容包括使用天文仪器来确定"时间、经纬度、子午线的方向和指南针的变化"。一旦他们确定了观察点，军官们就会根据一般测量的指导进行操作，包括确定和测量基线、三角测量、导线测量和用等高线在纸上绘制结果。这类教学与地形测量中的精确制图技能相关联，为了在这些任务中表现出色，需要具备一定的几何、三角学和微积分知识（MMEV，ciii）。

一旦学员们学会了测量的基本原理，他们就被教导要使这些技能适应军事侦察、防御工事的建造以及铁路、公路或水路交通线路的铺设。每一项任务都附有书面报告。在进行侦察演习时，受训人员必须提供经过地面的地形图，包括"关于其总体特征、资源和军事能力的详细报告"，以及对经过的国土和道路条件的全面描述（MMEC，ciii）。

与侦察报告中的描述性要素相反，军官们还被要求解释其防御工事设计的特点，并详细说明其防御工事的近距离和远距离防御计划。这些计划还将附有图表，说明如何"经济"地使用土地来建造防御工事。第三类报告是关于交通线路的，要求军官们描述所调查国家的梯度、曲线等，并提供计算结果，以帮助他们做出建立通畅交通线路的决定。在这些计算中，军官们将"估计每条试验线路所需的建造成本、按假定的日常交通情况运送重型货物的费用，以及每条试验线路快速通过所占用的时间"（MMEC，ciii-iv）。换句话说，通过这种报告，正在进行训练的军官不仅要规划交通线路，而且要学习军事行动中后勤运作所需的基本技能。

　　如果我们把重点放在工兵的高级培训计划上，很明显的是，军官们准备做的不仅仅是建造和摧毁防御工事和建立防御阵地。正如W. L. 伯恩（W. L. Burn）所指出的，陆军训练项目的毕业生利用政府在裁减军队期间实行的半薪政策，提供了大量土木工程师的服务（1964：224）。然而，在这里最重要的是，一些工兵和炮兵军官进入了军队中一个全新的单位——陆军部的情报部门，它的建立是改革的一个组成部分。

　　考虑到上述的培训内容，伍尔维奇的毕业生在文职部门和公共工程领域受到追捧的原因可能是显而易见的。但他们在情报机构的存在需要一些解释。工兵接受的何种培训使他们成为有吸引力的情报官员？换句话说，在英国，情报搜集的哪些方面使得工兵和炮兵接受的训练在一定程度上在招募情报官员时占优势？

　　一个答案可能与两种培训课程的严格程度有关，尤其是在数学方面。[11]对数学的关注强化了一种普遍持有的信念，即这种研究培养了人的高级思维能力，教会人以系统、有序和逻辑的方式思考。但是，如果数学能够训练思维，它的许多实际应用也有吸引力，无论是工程数学、测量数学还是炮兵数学，都是如此。虽然情报的组织方式并不是为了充分发挥工兵的建筑施工能力，但工兵所接受的观察建筑物和地形的特殊训练，无论是人造的还是自然的地形，都被认为是侦察工作中令人满意的技能。测量、制图和绘图方面的训练也是如此。但或许最重要的是学生们接受过以清晰有序的方式编写、组织和提交报告的指导。这种技能不仅对于生产被定义为情报的信息很重要，而且对于履行许多有关职责也很重要，包括将与军事有关的信息编入档案系统、调动部队和后勤规划。

然而，在培养情报部门所需技能的官员方面，伍尔维奇并非居于垄断地位。提供高级军事训练的第二个重要机构是坎伯利陆军参谋学院。它创办于 1857 年，是为了更好地组织海外远征，这是克里米亚战争中明显暴露出来的英国军事缺陷。但它也是让没有上过科学军团学校的人接受与参谋人员职责相关的高级培训（如后勤、书面命令的适当形式、情报的搜集和评价、军队的动员和集中）的机构。最初的课程并没有超出伍尔维奇学院的教学范围；和伍尔维奇一样，学校非常重视数学。

1868 年，皇家军事教育委员会提出了一些改进陆军参谋学院的建议，大部分是 1870 年 4 月第 41 号通令实施的（Bond，1972：109）。这些建议包括以下内容：在通过入学考试并得到一位高级军官的推荐后，应征者将参加一个为期两年的培训，包括防御工事、野外工程、炮兵、侦察和法语、德语或印度斯坦语的语言培训课程。此外，有关军事艺术、行政、历史、地理、法律的课程——所有这些课程都有额外的时间专门学习——以及野外电报，都将增加到课程中。所有这些课程的重点都是该领域的实际应用。[12]而且，由于委员们认为伍尔维奇和查塔姆学院的培训缺乏对参谋职责的了解，他们建议在参谋学院为科学军团设立专门的培训地点（RMEC，49-54）。然而，委员会并没有规定参谋人员必须参加坎伯利的培训，很大程度上是因为一些高级将领和军队总司令剑桥公爵反对这样的要求（Bond，1972：104-6）。然而，从陆军部情报处的观点来看，参谋学院已经成为另一个进行情报工作高级培训和准备的重要机构。[13]

## 联合军种研究院和专业化

虽然新的培训制度为军官从事技术职业做好了准备，但因为新的机械加工设备和更高等级的钢材开始出现，战争技术从 19 世纪 60 年代起迅速改变。如同其他专业领域一样，专业期刊开始让官员了解最新的发展情况。这些出版物，包括从 1870 年开始出版的《皇家工兵杂志》（*Royal Engineers Journal*）到涉及各军种的刊物，其中最重要的是《皇家联合军种研究院杂志》（*Journal of the Royal United Services Institute*）。[14]这个研究院并不是新鲜事物，它成立于 1844 年，目的是促进英国军队各部门之间的对话。它的期刊是在考察科学服务的委员会的报告发布后首次出版的。第一期出版于 1858 年，其宗旨是：

其他所有职业都有传授专业知识和一般信息的机构。但在这个国家的学术和科学团体中，海军和军事科学迄今没有代表，也没有取得承认。该机构的职责是填补这一空缺，使其成为服务机构，就像杰明街的博物馆对地质学、邱园对植物学的意义一样。我们的成员中有最有才华和能力的官员，他们非常有能力传授他们所获得的知识，并利用他们的经验为军队服务。皇家工兵的专业论文是最高级别的。（1858：4-5）

**49**    随后，杂志发表了一系列文章，其中包括关于军事测量、法国兵团学校、幼发拉底河与印度的战略关系等主题的报道。为了表明该杂志不仅关注技术和战略问题，而且关注民族问题，编辑们发表了亨利·罗林森爵士关于波斯和波斯人的文章，以及另一篇关于中国和中国人的文章。在随后的几年里，新技术的贡献频繁出现，如照相机和电报，以及将它们"应用于军事目的"。对新武器和武器系统的调查，如安装在铁轨上的加农炮，通常有现场试验结果，连同关于这些新技术对战场战术的影响的推测一起发表。也有许多关于军事素描和制图的文章，以及美国南北战争期间最新的战役和战斗的报道。军官训练是另一个受欢迎的话题，还有关于联合王国防御以及英国军队最近在非洲和亚洲军事行动的讨论。俄国在亚洲的扩张，以及它对英属印度构成的特殊挑战都受到了密切关注。还有文章推测使用石油作为燃料产生蒸汽，也有文章提出了改善帝国交通系统的建议。这些文章中有许多是由第一手观察员撰写的，包括前军官亨利·罗林森，平民阿明·万贝里和阿奇博尔德·科洪等著名的"东方问题"作家。但大部分贡献来自皇家工兵和炮兵军官。

从这篇评论中可以清楚地看到，该研究所的期刊既是一个专业场所，又有着更多的意义。在许多情况下，它提供了一个论坛，类似于皇家地理学会的期刊，让军事专家就当时与大英帝国防御，尤其是对印度的防御有关的紧迫战略问题发表意见。该杂志在印度推出了自己的一个版本——《印度联合军种研究院公报》（*Proceedings of the United Services Institution of India*）。

　　该杂志创刊于 1871 年，探讨了类似的主题——技术创新及其军事应用、测绘和测量——但重点是印度和次大陆周边地区，特别是西北边境及其"部落"居民。和它在伦敦的同行一样，它也满是关于培训和专业化的文章。印度的这份期刊成为印度陆军重组和重建的发声器，因为它不仅准备应对英国统治的内部威胁，也准备应对外部威胁。在印度，专业化意味着提高军队的后勤和情报能力，并引入新的专业标准。我们将在下面看到，这些改变最终是由军官们做出的，他们与英国的军官不同，他们经常积极参加军事活动，这些报告在印度和伦敦的联合军种研究院的会议记录中散发。通过这种方式，军事期刊既为军官建立了新的绩效标准，又让军官了解这些变化的影响。 50

## 重塑帝国男子气概

　　如上所述，招募、训练和指派工兵和炮兵军官执行情报任务，不仅在社会合理化方面具有吸引力，而且在更微妙的变革层面也是如此。首先，这样的任务给军官们提出了一套全新的标准，其中最基本的就是他们应该接受教育。然而，这并不意味着以前的评价标准消失了。受过工兵训练的人也被要求在训练场上表演出色，成为马背上的专家，并在战场上展示勇敢和卓越的领导能力。人们对他们的期望是，既要当军官，也要做绅士。

然而，与此同时，他们也体现了一种新型的帝国男子气概，一种与紧张学习和熟练掌握复杂技术能力相联系的男子气概。如果说旧的男子气概是围绕着战场上勇敢无私的行为以及阶级的特权和责任来组织其价值观的话，那么新的男子气概则是建立在思维敏捷和可预测、规范、自律的表现之上的。因此，委员会发起的改革标志着一种独特的文化转变。皇家工兵少将惠特沃思·波特（Whitworth Porter）在 1889 年关于皇家工兵部队历史的作品中指出，迄今为止，人们一直认为"大量的科学研究，或任何专心致志的智力活动"都会导致身体虚弱。他认为，这一观点遭到了乔治·特里维廉等人的彻底驳斥，后者认为工兵是"优秀人群中的佼佼者"。波特进一步援引特里维廉的话说，作为一名军官，这位工兵"经历了几乎无休止的智力竞赛的考验"，没有表现出"身体虚弱"、"缺乏勇气"，"动物精神"也没有减弱的迹象（1889，1：6）。波特和特里维廉的观点说明了我提到的新形式的男子气概，一种将精神和身体优势作为一个整体的互补部分结合起来的男子气概。

这种新的男子气概的第二个方面使伍尔维奇的毕业生进入了一个新的专业阶层。回想一下之前提到的一些训练有素的陆军工兵所
**51** 从事的除严格意义上的军事任务外的其他任务。波特列举了工兵在英国和其他国家的电报扩张和发展中所起的重要作用。工兵还在殖民地、外交和印度办事处担任重要职务，在监狱系统和警察局任职，帮助设计了 1851 年国际博览会的水晶宫，并参与了重要的考

古项目。[15]其他人，如弗朗西斯·皮戈特（Francis Piggott），学习外语并成为英国大使馆的军事参赞。[16]在这些不同的领域，工兵不仅对维多利亚和爱德华七世时代的国家形成产生了重大影响，也在印度和其他殖民地扮演了同样重要的角色，他们参与道路、铁路、港口、桥梁和电报建设项目，是印度三角测量的关键人物和印度政府的管理者。[17]参与这些活动的人之所以能在世界上立足，不是因为他们继承了特权，而是因为他们在高技术领域的技能和知识——也可以说是他们的功绩。最重要的是，这些专业军官是由一个规训机构培训和考核的，这个机构提供了一套清晰、可衡量和可验证的标准，根据这些标准，可以对他们职业生涯的每个阶段进行评估。

最后，新的男子气概也与当代的知识技术相关联。英国皇家军事学院（伍尔维奇）和查塔姆的高级培训课程为学生提供了搜集、组织和管理信息的综合技能。他们还学习如何使用各种仪器来测量和绘制地形，并将地形与经纬度的通用网格相结合。这些技术和其他技术涉及基础力学，以及建造桥梁、道路、防御工事和部署火炮所需的数学。在使用测量和计算装置的同时，还涉及系统地组织观测结果的技术。这种专业知识的组织反过来又涉及学习专门的写作形式，包括日志和田野调查、备忘录和报告，或图表和图解，通过这些表格可以存储、传输和共享信息。换句话说，他们学会了如何产生持续清晰的信息，以及如何将这些信息组织成一种永久档案——记忆库（memory bank）。

1850 年以后，随着技术变革产生了更有效的通信、运输和武器系统——工业生产的影响从根本上改变了战争和军事科学——与信

52

息系统相关的各种技能成为英国军事现代化辩论的关键焦点。由于数据管理的应用远远超出了军事领域，这一信息在很大程度上具有重要意义。但即使是在军队内部，这些技能的作用也不仅仅是产生关于英国军事能力和需求的有用的经验知识，它们也可以用来了解和评估其他国家的军事力量。在 19 世纪 60 年代或 70 年代的某个时候，英国和殖民地的新技术军事精英们搜集的信息被称为军事情报，随后产生了创建一个机构的想法，在那里可以集中战略上有用的系统性信息。由此产生的新机构，即情报单位，是一个重新形成的、帝国男性主体可以找到自己表达技术专长的场所，它是一种工具知识的形式，定义了 20 世纪的情报结构及其内容。

# 第 4 章

# 生成情报，制作档案

19 世纪 70 年代，在英国陆军中，情报学作为一门显性学科出 53
现。本章将以两种方式探讨这一过程。首先探讨陆军部情报部门及其
在印度的对应部门是如何形成的，重点放在体制改革和新的行政结构
的发展。[1]第 2 章和第 3 章中指出的比较项目显示了军队备战的缺点。
19 世纪晚期，英国对军事情报的理解部分源于对欧洲大陆军队军事
信息管理系统组织的调查。这些调查让人们意识到大陆军队和大不列
颠军队之间存在着严重的制度差距，这一差距令许多军官明显感到后
勤和安全问题，对不列颠群岛和英属印度都是如此。

其次探讨情报概念的含义。在某种程度上，部分原因是情报部
门设立在负责军事后勤的英国和印度军队的军需司内部。但情报的
含义也与信息管理原则的应用有关，这些知识技术旨在对各种形式
的数据进行排序、索引和存储。换句话说，"情报"开始被视为国
家形成的机制和帝国的工具。

## 从地形到情报

1924 年，少将乔治·麦克蒙爵士（Sir George McMunn）在伦 54

敦联合军种研究院的一次讲话中指出，19 世纪中期，军需司更像
是一个总参谋部，而不是今天看来的"万能管家"（1924：
102）。少将提到的参谋人员职能主要集中在军需司的情报部门。
这个单位最初被称为地形和统计部（Topographical and Statistical
Department），成立于克里米亚战争之后不久。该单位的第一位负责
人是孟买工兵部队的托马斯·杰维斯（Thomas Jervis）少校。1857
年他去世后，继任者是艾尔默·卡梅伦（Aylmer Cameron）上尉，
此人是一位皇家工兵，随后被派往英国军械测量局（Ordnance
Survey of Great Britain）。在随后的几年里，一连串的皇家工兵、皇
家炮兵军官和士官在地形和统计部轮流任职，许多工兵军官的第一
次任职也是在这个部门，这种情况并不少见。[2]

该单位于 19 世纪 60 年代初成形，消息通过三个区域部门组
织，重点是欧洲。这些部门搜集与军事有关的统计数字，并制作分
配给每个部门的国家的地图。进一步的组织改革一直持续到 19 世
纪 70 年代初，当时增加了一个图书馆，其职责包括编制陆军部财
产目录和创建军事档案。情报机构将成为军队的记忆机构。

在普法战争之后，地形和统计部成为上一章讨论的卡德韦尔改
革的目标。陆军大臣和他的顾问们认为，情报部门的结构不能满足
当代的军事需要。他们尤其担心的是，英国是欧洲唯一没有国防计
划或任何军队动员计划的大国。1873 年 4 月 1 日，情报部门成立，
扩大了职责范围，并于次年被纳入军需司。除了搜集地形和统计资
料外，该部门负责处理"此类信息……和平时期需要考虑和确定的
战争中应采取的措施，以免因不确定性或犹豫而造成延误"（CR，

6）。为了确定需要什么样的信息才能做到这一点，该部门的第一任首长麦克杜格尔将军（Gen. P. J. MacDougall）要求他的助理查尔斯·威尔逊（Charles Wilson）少校明确该部门的职责和目标。威尔逊的计划包括：　55

　　1. 编制一份关于各外国军队的力量、组织、装备、战术等的完整、准确的报告，供出版；

　　2. 从报纸等来源搜集所有可能的信息，并按照分类顺序排列；

　　3. 根据具体国家准备并定期修订"作战序列"（Ordre de Bataille）；

　　4. 准备一份关于军队实力的报告，并附一份示意图；

　　5. 准备外国将军的简短传记；

　　6. 搜集要塞的信息，特别是海岸要塞的信息；

　　7. 编制沿海地区的地理和统计报表；

　　8. 更新外国地图信息；

　　9. 准备一些特殊问题的答案，如当比利时、荷兰等国的独立受到威胁时，向它们提供援助的最佳方式；在各种情况下，如果与俄国发生战争，最好的选择是什么。（CR，8）

　　最后一项职责，实质上是授权情报部门考虑"如果……会怎样"的情况，并制订"应急计划"来应对这些情况。最后，正如我们将在下面看到的，这种准备超越了防御和动员计划，开始包括战棋推演和参谋乘骑作业，部分模仿了第 2 章中讨论的普鲁士的模型。

除了指导威尔逊为该部门设定目标外，麦克杜格尔还委派查尔斯·布拉肯伯里少校访问普鲁士、法国和奥地利，从而确定这些国家军队中情报部门的组织结构，查明每个武官的职务，并就如何改进情报部门与英国武官之间的合作提出建议。在这份调查报告中，布拉肯伯里得出结论，欧洲大陆军队的情报能力远远优于英国。他特别指出，以下三个关键领域的改进至关重要（1874）。

第一，搜集有关潜在对手及其组织的军事相关信息，形成正式报告。布拉肯伯里指出，他在奥地利看到的道路或路线报告是

**56** 适合英国的非常有用的格式。[3] 第二，就像大陆军队一样，英国不得不将这些数据用于制订动员和防御计划。第三，英国领导人需要认识到，欧洲大陆军队之所以能够以这种方式集结和计划，是因为各国军队都有一个集中的总参谋部。参谋部负责搜集、评价、规划、后勤和动员，包括与各国铁路公司保持密切的工作关系，并且配有充足的人员完成这些任务。所有这些活动都需要个体和集体受过高水平的培训。面对那些批评军方重视情报的人，布拉肯伯里的结论是："在学习领域，没有什么新的东西，完全是英式的。"[4]

1876 年，布拉肯伯里进一步阐述了情报单位作为总参谋部的一个分支的作用。在联合军种研究院的一次演讲中，他表示，情报官员的职责是搜集、筛选和整理信息，以便"迅速开始并有力地进行国内外的任何战争"（1876：242）。然后，他概述了普鲁士、奥地

利和法国的总参谋部的行动，并得出结论：

> 总参谋部为备战发挥的作用被认为和提供武器或训练人员一样必要。它确保了没有延迟和混乱……一个军事大国在和平时期忽视总参谋部的职责，无异于把脖子放在敌人的脚下。（1876：21）

很明显，至少布拉肯伯里的一些建议得到了采纳，因为当印度陆军的埃德温·科伦（Edwin Collen）于 1877 年抵达伦敦调研陆军部情报部门时，组织结构已经开始发生变化。科伦发现情报部门的长官有上将军衔且头衔是情报副军需官。在他之下，是一名助理军需官，负责一个监督其他六个部门的中央单位。在其监督能力范围内，对收发通讯进行登记。信息不仅向中央单位流动，而且"在传递到其他部门后，又以一种成型的形式返回到中央单位"（CR，39）。换句话说，中央单位必须知道该如何处理收集到的"广泛而多样化"的材料，以便将原始数据加工成有用的军事情报。

该中央单位的登记处是管理的节点。它将收到的信件记录在"中转登记簿"中，并将信息发送到相应部门。它还跟踪情报部门与外交部、殖民地部和印度办事处等具体政府机构之间的信息流动，并保存该处制作的文件登记册。此外，与其他次级部门一样，该中央单位也将原材料加工成可用信息（CR，35）。它的主要任务被定义为"特殊科目"，包括评估军队组织、规划军队动员、监督铁路和电报通信的军事使用，这些都是布拉肯伯里确定的大陆参谋人员的主要职责。该中央单位承担的各种职责基本上使它成为情报部门内部的主要后勤和规划单位。因此，它与情报部门以外的单位建立了联系——该中央单位的主任是许多军队和政府委员会的成员（CR，18）。

中央单位下辖的六个部门中有五个可以称为区域研究中心。每个部门都负责提供指定民族国家和大英帝国领土的军事能力和资源相关的大量信息。A 部门负责法国、法国殖民地和比利时，该部门还负责机构的知识库，它编纂了军事历史和战役记录；B 部门负责搜集有关英国殖民地的军事情报；C 部门负责德国、荷兰和荷兰殖民地、丹麦、瑞士、美国、墨西哥和中美洲、巴西和南美洲以及秋季演习；D 部门负责俄国、西班牙和西班牙殖民地、葡萄牙和葡萄牙殖民地、亚洲（尤其是印度、日本）和太平洋岛屿；E 部门负责搜集奥地利、意大利、土耳其和希腊、瑞典和挪威，以及非洲的数据。第六部门，即 F 部门包括旧机构的地形处，以及一个图书馆和一个平版印刷厂，以便刊印该部门的报告。

尽管科伦对各个部门的管理方式特别上心，但他也关心信息的
**58** 结构次序。这个过程的关键是把东西写在纸上。制表和绘图可以让人们看到手头有什么，以及可能需要补充哪些信息。此外，优先级排序落实在纸上产生了效果，其中最重要的是可以合乎逻辑地推进"现实中的组织"的创建。对于那些在纸面上嘲笑军队的批评家，他指出，军队组织图与铁路公司的时间表和交通管理规则之间没有根本区别，这句话可能出自普鲁士总参谋部的一名官员之口。考虑到科伦对结构、流程和各部分的连通性的关注，这里提到铁路可能

不仅仅是类比。在他对各个分支结构的详细描述中，我们可以看出他试图把军队想象成一台巨大的机器，它的安排完全是由情报部门来完成的。

这种安排看起来如何？一方面，它涉及一套将下级单位与上级单位联系起来的纪律，以及同级单位之间的横向联系。另一方面，它涉及用可恢复的形式对说明性数据和统计数据进行管理，也就是说，使搜集、分类和归档创建交互式文档系统化。情报部门通过在纸上制订计划来完成规训命令的功能，这些计划是通过规则序列的渐进逻辑来组织的。这些序列将"孤立的"单元或"事实"转化为整体的一部分，然后将整体暂时视作任何给定时刻的知识总和。

根据科伦的说法，这个过程的关键是概要，这是一种进行中的汇总形式。在令人担忧或面临危机的时刻，概要必须要从手稿转向印刷，它们是对当时已知情况的逻辑上有序的总结。然而，通常情况下，概要仍以手稿的形式存在，因为"必须不断地进行修订"，以便随时更新。在这方面，对概要进行严格监督至关重要。科伦告诉我们，概要的第一页就已经提到缺陷和不足，这使得部门负责人能够"了解所需完善信息的内容，并采取步骤来弥补缺陷"（CR，53）。

科伦在涉及信息管理和情报生成的步骤的表述中，或许有两件事值得注意。首先是印刷技术在及时修正现有知识状态方面的核心作用。印刷术是 19 世纪信息存储的一项关键技术，是从开始就融入情报过程的生产方式。毫无疑问，一切都是手写的，但保存、流通和储存的是机械复制生产出来的东西。这种重要情况也有助于解释情报档案的一个显著特征——清晰易读。即使是"原件"

59

上手写的批注，后来再版时也可能排在页边空白处。构成情报的是将治理艺术与新信息技术相结合，形成安全机制的多样化元素网络。同样重要的是，正是通过搜集、汇编和标记，情报才获得了权威。

科伦关于概要原则的讨论需要指出的第二点是，拉图尔（Latour）的"计算中心"的概念可能在这里比在其他任何地方都更引人注目（1990）。在就日常工作的讨论中，拉图尔指出，搜集、整理、汇总和更新来自遥远地区的数据使越来越少的人能够指挥和控制庞大的信息，并能够远距离规划庞大的项目。在这种情况下，所讨论的计划包括制订英国陆军动员计划，在不列颠群岛以外部署远征部队，以及保卫大英帝国。在这个过程中，计算本身产生了确凿的事实，这些事实同时是计划的组成部分和帝国庞大档案中特定节点的专门内容。情报部门生成的原始资料是在帝国领域发展综合知识的更一般的过程的一部分，这些知识又可以用来复制其创造过程中的规训体系。

如果上述规训体系的常规实践可以被理解为一种历时现象，那么信息本身就通过分类方案进行同步管理。其中最简单的是上面讨论的关于情报部门自身结构的方案。但在构成情报处的每个单位中，都存在更复杂或更简化形式的分类规定，这些形式促成了归档系统的产生和编辑/更新程序的发展。调整情报处的分类方案旨在使受过适当训练的对象易于理解或辨认。情报各部门采用统一的标题和副标题，横向相互连接，为编制索引、归档、交叉引用和检索信息提供了冗余结构（redundant structure）。

科伦在他对殖民地部分的描述中提供了最完整的分类顺序。信 **60**
息被分为下列几类：地理；港口和登陆点；道路和铁路；城镇；堡
垒，军火库，营房；船坞和海军设施；影响生产和健康的气候；贸
易、农业和运输；居民，包括性格、爱好和语言；历史；行政；财
政，货币，度量衡；军事；以及用来填写分类的参考资料。在每一
个主要标题下都是小标题，它们进一步区分和细化了特定类别
（CR，47-50）[5]。

　　这里列出的是 19 世纪的军事统计数据，需要考虑它们呈现的
顺序。情报文件本身几乎没有提及顺序，这些文件中，信息提交的
顺序看起来相当自然。然而，如果我们把这种分类方案理解为反映
了一个有序的序列，那么它就从所讨论地方的物理地形转移到运输
和通信，再到当地的治理形式。在这个秩序中，人类构建的世界、
物理的通信方式以及这种通信的潜在障碍（即堡垒、防御）优先于
其他人类实践及其社会、经济和政治组织形式。我们所看到的不仅
仅是根据军事相关性排列信息，而是将军事相关性定义为从后勤角
度来看具有重要意义的内容，也就是军队有效移动和补给。这种格
式的变化极其有限，在大英帝国广泛流传，并成为我们将在下面看
到的情报领域特有的一种文体——军事报告的基础。

　　第二件需要注意的事是，监管制度的分类秩序不仅仅是简单地
将信息分配到预先设定的类别中，它也是存储和恢复数据的示意
图。也就是说，我们可以把类别的结构图看作是文件柜（存储）和 **61**
索引（恢复）。事实上，正如科伦所观察到的，有可能有多个索引。
文件本身自带一个；文件外部可能还有索引，为存储文件夹或盒子

中的特定元素提供方向。外部索引还可以用于将特定主题的多个文件组合在一起，或者用作索引的索引。第三种索引能提供在档案中定位资料的计划（CR，47-53）。最后这种形式还可以用于图书馆编目和对情报处图书馆的便捷访问。以图书馆馆藏为例，分类系统由三位数组成。第一个数字表示主题标题，第二个数字表示地理区域，第三个数字表示国家。例如，关于中国民政管理书籍的编号是648：6，民政管理；4，亚洲；8，中国。书籍和情报报告不是按字母顺序存储的，而是按数字顺序存储的。

　　然而，比搜集和分类军事信息更重要的是如何利用这些信息。1876年，查尔斯·布拉肯伯里在皇家联合军种研究院的演讲中谈到了情报处的生产能力，指出当加尼特·沃尔斯利（Garnet Wolseley）爵士要率领一支军事探险队去往纳塔尔（Natal）时，该处就准备了一份关于该殖民地的概要。手稿当即便交到印刷工的手里，正如布拉肯伯里所解释的：

> 　　当加尼特爵士周一开始工作，他和他手下的每一个官员手里都会有90或者100页的八开卷册，包含所有可能会对他有价值的主题的系统化信息，包括历史、地理、殖民地的统计数据，甚至连使用的货币、度量衡这样的小细节，也没有遗漏他可能要对付的土著民族的本性（1876：262）。

布拉肯伯里在此不仅提请注意该处的搜集和开列清单能力，而且提请注意该处的动员能力。它基本上可以在两周之内印刷和传播战场情报，以满足特定的战略需要。

如果科伦报告中所讨论的部分内容能看出情报处的纪律和监管结构，那么布拉肯伯里的评论将会引起人们对该部门业务范围的关注。正如科伦所说，作为"国家军备所需一切信息"的保管人，情报处首次以全面和协调的方式，搜集与不列颠群岛防御有关的信息，以及英国以外潜在战区的信息。对于防御战，搜集的数据包括可能的登陆地点、可用来抵抗登陆和阻止向伦敦进军的兵力数量和构成，以及防御，尤其是防御伦敦的有利位置。此外，还编制了清单，列明"谷物、牛羊、马匹、车辆、磨坊、面包店，以及城镇和村庄的住宿能力"等信息。交通线路也有类似的清单，包括铁路车辆和用于部队运输的车站基础设施。英国殖民地也搜集和保存军事资源清单。此外，该部门还负责规划防御阵地的准备工作，与防御工事监察长合作执行这些计划，并监督将部队调往不列颠群岛防御阵地的动员计划（CR，20-28）。

对于大不列颠以外的地区，该部门将为可能的海外战区制订应急计划，为远征军的组成编制目录，为其登船制订计划，包括所需船只的详细清单和此类船只的可用性，搜集"远征军可能需要登陆的不同地点的详细信息"，以及有关邻国地形的信息，并为部队撤离制订计划。最后，该部门负责维护目前关于"外国列强的军事力量、资源和系统"的最新信息，并作为军事附属机构报告的档案。在危机时期，情报官员将以简要形式汇编相关信息，并提供给军事指挥部。

为了进一步说明情报处掌握情报信息的能力，科伦列出了情报官员在 1877 年进行的一系列活动。他的调查结果值得审视，因为这些调查结果使人们对该部门在历史上这一时期所开展活动的范围和水平有所了解。这些活动包括：陆军部图书馆建成和地图目录定稿，完成了苏格兰东海岸详细侦察，为战地部队起草了通信条例，动员方案进一步细化。保加利亚和罗马尼亚、土耳其和亚美尼亚、跨高加索地区和埃及的部分地区的地图已完成。关于法国军队的全面报告发表了，科伦补充说，这份报告从来没有以任何语言发表过。关于荷兰和法国海岸的报告是访问官员制作的，一份关于比利时防御的报告也以类似方式完成。随着俄土战争（1877~1878 年）

63 的进行，编纂和印刷了一本俄语-土耳其语-英语军事术语词典；一本关于战争的最新杂志出版了；编写和出版了一份关于奥斯曼帝国军事力量的报告；汇编了关于战区和邻近地区的资料；汇编了一份关于俄国在亚洲进展的最新报告。情报处官员访问了土耳其和俄国，其他人则在德国和法国参观夏季演习。[6]德国人论普法战争的英文版几乎与柏林的最初版本同时被印刷出来。发表了关于南非的新报告，并完成了许多翻译项目。根据科伦的报告，这一大批工作是由二十至三十名军官、书记员和绘图员在五个部门的领导下进行的（CR，11-12）。更重要的是，科伦记录的活动规模为情报部门令人印象深刻的信息处理能力提供了一个相当好的指标。毋庸赘言，到19 世纪 70 年代，情报工作已经远远超出了它赖以发展的地形和统计部门的工作范围。

　　尽管科伦的报告中有许多积极进展，但很明显，一些问题仍然没有得到解决。虽然卡德韦尔及其继任者进行的军事改革解决了克里米亚战争期间暴露出来的一些明显问题，军队和财政部仍在抵制进一步的改革，后者拒绝为计划和协调帝国所有陆战能力的中央陆军司令部拨款。[7]改革者和各种抵抗力量之间的紧张关系在军队指挥的频繁改组中很明显，每一次重组都影响到情报处。[8]第一次是在1896 年，剑桥公爵退休后不久。其他的相继发生于 1901 年、1904年和 1907 年，与布尔战争期间军队遇到的困难有关，也与持续不断的专业化压力和军队体制结构改革有关。

关键的变化发生在 1904 年，当时英国陆军的总参谋部成立，军事行动总局重组了情报部门，由詹姆斯·M. 格里尔森（James M. Grierson）将军负责。格里尔森任这个职位经验丰富。除了在陆军部情报部门工作过几年，他还在西姆拉的情报部门工作过，曾就读于坎伯利参谋学院，于 1896 年至 1900 年在柏林担任武官，1901年八国联军侵华期间，在瓦德西伯爵（Count Waldersee）的联军参谋部任英国陆军代表，并参与了在埃及、苏丹和南非的战役。在格里尔森的领导下，该部门由四个单位组成，其中三个与早期的类似，看起来很熟悉。战略科（MO1）负责规划帝国防御和编制帝国的军事信息。外国情报科（MO2）搜集世界其他地区的军事情报。它像过去一样被组织成区域分部，1907 年又被分为欧洲分部和"亚洲分部"（奇怪的是，亚洲分部包括北美和南美）。MO4 由地形科组成。[9]然而，MO3（后来的 MO5）是一个全新的实体。该科被称为行政和特别事务科，负责土地和无线通信，以及审查和密码。在MO3 中，我们看到了在 20 世纪大部分时间里成为最重要的情报分支的雏形，即代码的制定和破解，以及越来越复杂的电子通信和监

64

视系统的部署和保护。正如引言中提到的，许多后续的学术研究都将注意力集中在情报的这一方面。

　　然而，对当时的人和至少一个后来的观察者来说，设立总参谋部和结构改组的重要性意味着，情报是军事行动的一个关键组成部分。根据1957年受陆军部委托撰写情报部门历史的陆军中校威廉·艾萨克（William Isaac）的说法，在作战助理主任威廉·R. 罗伯逊（William R. Robertson）上校的积极领导下，开始了一段密集的"搜集、整理和传播"情报的时期。和格里尔森一样，罗伯逊也曾在西姆拉的情报部门工作，毕业于参谋学院。

　　　　艾萨克提到从现在开始为世界上每一支重要的陆军编写了手册。为东南欧、亚洲或非洲的任何一个有可能需要派遣英国军队的国家或地区编制军事报告……对主要国家及其发动战争的力量进行了战略研究，印刷和发行了"××军事资源"……

65　　　　增加了翻译经费……并对外国军事刊物上的重要文章进行翻译和传阅，目的是使军队了解外国的军事思想……指挥部的官员做报告……关于外国军队和事务的演讲……每年都印发和传阅军官参加外国军事演习的报告。"最近的军事出版物"每季度出版一次，对寄给"陆军季刊"的书籍进行评论。"与情报部门、陆军司令部、印度以及开罗的情报部门保持着密切的联系。"[10]

　　虽然艾萨克提到的许多做法在早期的情报行动中都有先例，[11]但在20世纪的头十年中，它们的密集程度是空前的。不仅更多的军官和士兵参与了与情报有关的活动，[12]还有系统的流程用于更新和升级各种各样的信息，且出现的组织结构与欧洲大陆的非常相似，特别是与德国非常相似。这种"改进"之所以成为可能，部分原因在于设立了总参谋部，还在于伦敦的行动与更广泛的帝国结构有关，与开罗和印度的类似部门有关。这里最令人感兴趣的是西姆拉的印度陆军情报部门。

## 西姆拉的情报部门

　　科伦的文件与议会和皇家委员会关于英国陆军改革的报告有一些相似之处。事实上，陆军部情报处是这些改革努力和军队专业化总趋势的产物。正如我们所看到的，对英国陆军质量的担忧还受到一种感觉的刺激，即英国陆军正在落后于大陆陆军，特别是在行政组织和知识技术方面。因为印度陆军的军官在去印度之前经常在英国接受培训，到 19 世纪 60 年代末，印度也出现了对专业培训和组织问题的类似担忧。科伦的伦敦之行就是这种担忧的一个体现。他曾被印度陆军军需官弗雷德里克·罗伯茨派去考察陆军部情报部门，并建议在印度组建类似的机构。

　　多年来，印度陆军军需司关于建立情报机构的讨论一直在进行。早在 1871 年，印度情报部门（1878）的首位负责人查尔斯·麦格雷戈，也是 1880 年到 1885 年的军需官，在《印度联合军种研究院学报》中指出，情报官员所需的技能超出了当时在英国参谋学院教授的技能。他认为，除了通过军事法律和行政、步兵、骑兵、

66

炮兵战术以及野战防御工事方面的考试之外，情报官员还应具备"测绘侦察、防御工事、语言、电报、摄影、军事历史和地理、战略和战术"的广博知识（1871C：64-65）。换句话说，麦格雷戈是在呼吁炮兵和工兵军官应当拥有皇家军事学院以及上一章所讨论的高级训练计划所教授的技能。

虽然当时印度还没有情报部门，但在罗伯茨的支持下，麦格雷戈已经承担了与情报有关的任务，并开始组建一个影子情报机构。1868年，麦格雷戈和一小组精心挑选的军官开始编纂中亚地名词典。5年后，非官方情报人员出版了7卷本的作品，标题是"为更好地了解西北边境、阿富汗、波斯、奥斯曼亚洲省份和高加索、希瓦汗国、布哈拉以及拉达克的地形、民族学、资源和历史而做出的贡献"。[13]这些书卷汇集了各种已经出版和尚未出版的英语、俄语、德语和法语材料，总结了这些地区的当代知识。在多卷本地名词典之后，1877~1878年出版了6卷本的《亚洲线路汇编》（*Routes in Asia*）。

地名词典项目第一强调了印度和英国在军事问题上的一些根本区别。在伦敦陆军部，情报活动主要集中在欧洲大陆的军队，他们的能力是可知的，因为英国军官可以通过各种方式与欧洲大陆的军官交流。人们可以通过搜集信息的方式获得接触，比如1874年由布拉肯伯里组织的探险活动，或者通过武官与外国军队军官的日常交流。此外，正如布拉肯伯里所指出的，可以从官方出版物中搜集军事统计数字，也可以通过国际专业组织的出版物、报纸和其他新闻媒介加以补充。还可以参观德国、法国和其他国家的武器制造工厂，观察大陆陆军每年的军事演习。同样重要的是，欧洲的语言被认为是熟悉的，而且易于翻译。换句话说，在公众的视野中，这块大陆清晰可见。因此，伦敦情报部门面临的挑战不是缺乏数据，而是需要足够的资源来处理随手可得的大量信息。

相比之下，在印度，尽管麦格雷戈和他的同事们显然有图书馆和档案可以利用，但主要的原始资料和对印度边境地区的第一手观察资料却极为有限。在波斯、中国或中亚诸国，没有类似的国家统计数据。即使有，在军队中，训练有素的能使用这些国家书面语言的语言学家也是罕见的。地名词典项目主要依赖于英属印度的官方记录、百科全书、旅行记录和非英国观察员的著作，但这些资料都没有包括来自阿富汗、波斯和中亚等地的当代第一手资料。此外，印度陆军军官很少能对感兴趣的地区的现状进行直接观察，而具有麦格雷戈所列举的技能的军官进行实地研究的情况就更少。[14]

第二，地名词典所涉及的大片地区，实际上都没有可以与英属印度和欧洲部分地区常见的三角测量制图相媲美的地图。除了这些缺点之外，进入印度边界沿线的一些领土也有障碍。例如，在中国西藏，欧洲人被禁止入内。另一些地区，如印度西北边境的山区或中缅边境地区，存在着令人生畏的物理障碍和敌对的土著居民。此外，印度政府曾在不同时期禁止英国官员进入旁遮普边界的山区或在边界以外进行侦察行动，不论他们是文职官员还是军人。

68

第三个问题与印度陆军被期望参加的不同类型的战争有关。军队必须保卫北方和西北边境，抵御山区"部落"的游击战，而为此所需要的知识基础就是熟悉山脉。印度陆军还将维持印度的稳定，并在必要时向阿比西尼亚、南非、中国北部和中部等地派遣部队。正如许多人预测的那样，如果俄国入侵印度，印度陆军也必须准备好在印度打一场传统的欧洲式战争。这些不同种类的战争提出了不同的战略、战术和后勤挑战，所有这些挑战都需要关于潜在冲突地区和对手的军事实力和弱点的资料。对印度陆军的要求也产生了对语言能力的要求，这远远超出了欧洲大陆战争的要求。

然而，与此同时，执行这些完全不同任务的资料有限。此外，手头的情报材料被分散到几个政府部门。到 19 世纪 70 年代，罗伯茨、麦格雷戈和其他人都认为，需要的是成立一个机构，其唯一目的是产生知识，可用于规划上述不同战争形式下的兵力部署。但为了设置这样一个单位，他们必须说明建立它的必要性，以说服印度政府。

在麦格雷戈的地名词典出版后不久，《印度联合军种研究院学报》连续刊登了两篇文章，呼吁建立一个印度情报部门。第一篇是 J. A. S. 科洪上尉（Capt. J. A. S. Colquhoun）写的，主要阐述了罗伯茨和麦格雷戈的观点，也反映了那些为陆军部设立情报部门辩护的人的观点。除了照搬上面讨论的情报职责外，科洪还提出了一项新颖的观察，即俄国地理学会和沙皇的总参谋部之间有着密切而富有成效的工作关系（1874：64）。在指出这一点时，科洪不仅提出了俄国向印度扩张的威胁，而且暗示地理知识和俄国军队与民间机构之间的合作是扩张过程的一部分。论文集中 G. T. 帕克特上尉（Capt. G. T. Puckett）的文章提供了更多的支持论据。他认为，散

布在书籍、期刊和报纸上的大量材料对印度陆军有用。帕克特坚持 **69**
认为，现在需要的是"一个搜集、消化和系统地记录政府官员、传
教士、冒险家或士兵所观察到的任何东西的组织，而且要以易于获
取的形式进行记录"（1874：124）。对于科洪和帕克特来说，适合
设置他们呼吁的这个单位的部门正是军需部。

　　在伦敦之行前，科伦也对这个问题发表了看法。在一份引用布
拉肯伯里关于情报部门重要性的备忘录中，他强调，印度应有一个
类似的单位，负责搜集、筛选和安排"所需的资料……以便在任何
方向上都能迅速投入和有力地应对战争"，并向印度军队散发有用
的军事资料（CR，115）。与科洪和帕克特一样，科伦坚称，监管
和教学这两项职能应设在西姆拉陆军总部的军需部，在那里，可以
随时向陆军总司令和印度政府提出建议。为了完成任务，科伦建议
该处至少由 3 名军官、2 名绘图员、2 名办事员以及当地向导组成。
最后提到的向导可以从当地的向导团获得，向导团在孟加拉管辖区
（Bengal Presidency）接受过测量师、翻译和信息搜集员的培训。一
旦部署到位，该部门的初步工作应集中在两个领域：搜集和制作地
图，特别是边界地区的地图，以及搜集与印度接壤地区的军事统计
数据（CR，116-21）。

　　在确定了该部门的宗旨和优先事项后，科伦随后就如何与其他
部门进行互动提出了一套建议，这些部门包括军需司司长、测绘
师、印度政府的军事和外交部门以及伦敦的情报部门。这些建议的
细节主要集中在协调和交流方面，但他就测量部提出的两项建议因
为其长期影响而显得非常重要。第一项涉及在测量部内部以及它与

情报部门之间建立统一的制图方法。第二项，他建议测量员接受情报工作培训。他建议，如果情报部门编制一份手册，指导其他人在进行调查考察时搜集各种信息，这一目标就可以实现。如果从 19 世纪 70 年代末、80 年代中期和 90 年代印度陆军在阿富汗的军事调查结果来看，情况确实如此，情报和地图制作之间的合作关系很快就实现了，并在阿富汗的情报档案中产生了大量的经验数据，这些数据在英国地图上曾经都是空白。[15]

70

科伦的备忘录是发给印度陆军司令内皮尔勋爵（Lord Napier）的，内皮尔勋爵将备忘录转发给罗伯茨将军，请他发表评论。罗伯茨满腔热情地支持科伦的建议，并补充说，情报搜集实际上是本世纪初在印度成立的军需司的职责之一。从那之后，这样的工作就陷于停顿。然而，考虑到俄国在中亚的扩张，以及维护印度和英国之间通信线路安全的必要性，国防部必须重新履行其情报职责。罗伯茨指出，他已开始朝这个方向采取措施，但需要投入更多的资源，并按照科伦的建议，在军需司内设立正式机构。一旦这个部门就位，罗伯茨建议它开始系统的侦察，搜集波斯、土耳其、埃及和中亚的新资料（CR，126-28）。

第二年，科伦从印度去了英国，在那次旅行中，根据他的备忘录和罗伯茨的回复，他奉命前往伦敦的情报部门。他在那里的临时工作的成果便是上面讨论的报告。1878 年，他回到印度后，他的报告被发表并被传播。那年年底，印度军需司成立了情报部门，将所有情报行动集中在西姆拉的陆军总部。查尔斯·麦格雷戈上校被任命为指挥官。该部门一成立，麦格雷戈就迎来了《亚洲线路汇编》

最后几卷的出版。就实用性而言，过去七年出版的地名词典和路线书在情报部门成立时便确立了其知识状态，并为今后的所有情报行动提供了基准。

随着情报机构的成立，西姆拉在亚洲战略思维中发挥了重要作用。这部分是由于该部门在该地区的侦察行动和军事干预，部分是由于该机构庞大的通信员网络，其中包括英国驻北京、东京、德黑兰和曼谷的公使馆，驻中国、波斯、亚丁湾、波斯湾等地的总领事，以及在新加坡和英占香港的军事指挥部。印度情报部门从这些来源搜集了一些信息，这些信息形成了地区性的"日记"——从东京到伊斯坦布尔的重大时事目录——然后通过通信网络传播。[16]

这个网络的发展令人非常感兴趣。当科伦在 1877 年考虑伦敦和西姆拉之间的互动时，他设想印度方面的行动范围更有限。伦敦将继续垄断欧洲大陆的信息搜集，但科伦认为，鉴于当时的结构，伦敦还应处理俄国和土耳其在亚洲、中亚、东亚和东南亚的领土问题。如果这一计划得到严格执行，印度情报部门将只负责印度、波斯、俾路支和阿富汗周边的边境地区（CR，109–11）。然而，到 1880 年代中期，西姆拉的业务领域得以扩展，远远超出科伦界定的地理范围，侦察行动涉及中国北方、沿海地区、新疆和云南，美索不达米亚以及俄占中亚、波斯东北部和阿富汗地区。

由于行动领域不断扩大，分配给该处的人员数量也相应增加，并重新思考其在更广泛的印度陆军中的地位。这一重大变化发生在 1906 年，当时情报部门从军需司分离出来，重新安置在参谋部的军事行动部门。当时，该部门改名为情报、动员和战略处，下辖五个

71

代表。[17]

　　大约在机构重组的同时，该部门与伦敦的陆军部合作，在中国北方设立了一个情报部门。1903 年至 1910 年，在华北野战司令部（North China Field Command）的管辖下，以天津为基地，该部门由一小组军官和一个测量小队组成，军官似乎在北京公使馆的语言培训项目中学习了一些中文。正如我们将在第 6 章看到的，通过该部门的努力，通过使用欧洲国家和英属印度毗邻地区相同的情报手段——搜集军事数据和绘制地图，中国变得清晰可辨。情报部门视野的增长和扩张远远超出了科伦设想的手段和机制，这表明亚洲正在形成地缘战略空间，该空间日益被中亚和远东问题所主导。从 19 世纪 70 年代开始，保卫印度的主要责任，以及由此而来的连接英国和亚洲的交通线路，都完全落在情报部门的肩上。正是从这里，情报部门的两大主要产品——路线书和军事报告诞生了。我们将在第 5 章和第 6 章讨论它们。

# 规范亚洲空间：三角测量和路线书

福柯在谈到 18 世纪后期的军事科学时指出，步枪射程和精度 73
的提高使得大批部队容易成为攻击的目标。为了解决这一问题，战
略家们建议将部队和人员分配在延伸、灵活和流动的线路上。

> 按这种方式分配需要依次统筹个体和集体的部署、成组或
> 独立元素的运动、位置的变化、从一种部署转向另一种部署的
> 移动；简而言之，需要新建一种体系，其原理不再是运动或不
> 运动的整体，而是可切分的几何图形，其基本单元是机动的士
> 兵和他的步枪；毫无疑问，在士兵本人之下是最小的手势、基
> 本的行动阶段、占据和穿越的空间碎片。（1979：163）

福柯在这里提请注意的那种运动，如果有效的话，需要对地形
的了解。和军队的单位一样，空间能被分割成若干几何部分，每一
部分都可以进一步划分为距离段和穿越每一阶段所需要的时间段。
然而，在 19 世纪欧洲出现的知识实践中，身体在空间中的布置和
空间本身的布置是相互关联和一致的，而不是"在士兵本人之下"

084 "安国之道"：英国的殖民情报系统及其在亚洲的扩张

的等级关系。

实现身体和地形的关联和排列的机制，涉及两种技术知识的产生，一种是通过地理测量产生的，另一种是通过平时侦察产生的。前者包括各种测量及表示地形和地势的方法。后者，正如一位实践者所说，是由一位受过训练的军官直接观察，产生"军事地理"。[1]测量和侦察都涉及一系列技术实践，这些技术实践以某种方式将地形规范为信息从而促进人员和物资有效和及时的流动。然而，这两种实践的方式却截然不同。地理测量的各个部分是用能够进行空间三角测量的测量仪器进行的。利用几何学，距离可以计算，实际上不需要步行穿越所有地形。相比之下，侦察的结果是路线报告，它通常是沿着两个定居点之间的一条路线将运动划分为时间段和距离段，技术术语称为行进阶段。行进阶段通过详细的地形描述进一步丰富。

本章的第一部分讨论了军事情报如何界定空间。重点是军事测量员和情报官员的技术和机制，他们是负责进行地理调查和侦察的人员。虽然这两者的功能在文献中有明显区分，但是同时胜任调查和侦察任务的军官并不罕见。正如科伦的报告所指出的那样，参与印度三角测量的个体被要求执行侦察任务，而情报官员由于受过训练，也能将测量技术纳入侦察之中。在本章的后半部分，我们通过一个具有典型意义的事件来分析测量和情报之间的关系，在划定阿富汗北部边界的项目中，测量和侦察紧密联系在一起，这一项目开始于 1885 年，持续了 10 多年。

## 路线书、侦察和测绘

计算可分割地形的几何学，是生成、表示和存储有关领土信息所必需的技术。这些都是路线书和测绘需要完成的任务。这些任务的各个方面都由训练有素的人员进行。就路线书而言，需要仔细和系统地遍历地形，在实地记录簿中进行记录，并将这些发现转换成表格形式。在测绘方面，它涉及对精密仪器的掌握，其中最重要的是训练有素的人员。在本节的第一部分，我关注的是侦察以及它的产物路线书。在第二部分，我探讨了测绘以及将精密测绘转化为军事情报的仪器。

### 路线书及侦察

19 世纪 90 年代，亚洲路线书是西姆拉印度陆军情报部门的 **75** 主要产品。在大多数情况下，这些路线书是由该机构自己的情报官员执行侦察任务之后形成的。因此首先考虑一下当时对侦察的理解可能会有所帮助。印度陆军情报部门官员马克·贝尔（Mark Bell）上校写道，和平时期或一般侦察具有战略性的特点；侦察将有助于在可能的战区内进行行动规划和开展相关准备（1899）。[2]根据贝尔的说法，在潜在对手的领土上进行的一般侦察，在某些情况下涉及一定程度的隐蔽行动，会产生一种军事形式的知识。

>它涉及行军的部署及精确性，这种精确性包括合理的营地、宿营地、征用（粮食、运输等）、驻扎、建立仓库、使用基地、采用交通线、选择作战季节可以在多大程度上**减少路上的摩擦**（强调部分为原文所有）。（1899：605）

他总结说，所有这些因素加在一起，对于"保存力量和行动成功"至关重要。贝尔在这里提出的行军的热力学性质对于确保充足的交通线有关，这是为什么掌握足够的行军路线信息很重要的原因。他认为，交通线非常敏感，"一个错误的选择是无法纠正的，它可能会使一次行动瘫痪或彻底失败；而一条强有力的、经过精心挑选的路线，会使敌人的行动符合你的主观选择"（1899：605-6）。

在贝尔关于侦察重要性的讨论中，有几点值得注意。首先，路76 线报告不仅仅是对地形的中性描述。相反，它们被认为会选择并系统地提供保障部队调度并减少"摩擦"的信息。好的宿营地在哪里？哪里的地形适合建立临时防御工事以保护营地？在战场上，沿途补给军队的物资和运输工具都在哪里？通往基地的交通线路是否安全：它们是否可以避免被敌对势力切断？由这些问题生成的路线书提供了大量的信息，是确保行动成功的关键。换句话说，这些路线书对军事规划至关重要。[3]

路线书组织的一个基本原则是有序，即每日行军的各个阶段。路线书是多栏的表格，表上面是起点和终点的名称（图5.1）。第一列是从一天开始的编号阶段。接下来的列可能包括一天中的时间，经过的城镇、村庄和河流的名称，分时距离以及累积距离。备注栏可包括关于水、食物供应、饲料和驮畜的信息。这些元素在所有英国路线书中都很常见，与查尔斯·布拉肯伯里所讨论的奥地利路线报告中发现的元素非常相似。

然而，就贝尔制作的路线书而言，除了上面列举的基本要素之外，还有其他信息。例如，在他对奥斯曼帝国东部的侦察（1889）中，贝尔提供了指南针测量值，旅程各阶段的时间/步幅，与已知经度、气压读数和海拔高度的相关性。他还记录了六分仪和计时器的读数，在全球定位系统中校准路线，最终确定了从南亚经波斯到格林尼治子午线的路线。与我见过的其他路线书不同，贝尔的路线书还指出了他用来计算的仪器的性质。他在序言中解释了这一点：

> 他在所穿越的路线上使用袖珍罗盘记录方向、时间和步幅。这些数据又通过 6″ 六分仪和人工地平仪天文观测证实，人们可以相当精准地绘制路线，在路线上已知经度的点测定钟表误差（半精密）。

在这组测量和交叉核验的仪器读数中，贝尔添加了一张地图，将他的个人观察与"所有可用的资料"结合起来。这种精确性似乎是该类型的理想形式。 78

这种形式的效果是将空间组织成一系列可分割的高度结构化的时间/距离片段，从而产生了一系列"基本行动阶段"，旨在使战地指挥官能够战略性地减少交通线路上的摩擦。从战役规划和后勤的

## SECTION II.

### Route No. 1.

SAKANDARÚN, *viá* AINTÁB AND SEVEREK, TO DIARBEKR.

*Authority.*—LIEUTENANT-COLONEL BELL.

| No. of Stages. | Time. | Names of towns, villages, rivers, &c., &c. | Distance, in Miles. | | Remarks. |
|---|---|---|---|---|---|
| | | | Inter-mediate. | Total. | |
| | | Bar. 30″ (*taken for comparison as far as Kharpút*). | ... | ... | Carriage road to Aleppo. |
| | P.M. | 29th October 1885. | | | *Pace, 3½ miles an hour.* |
| | 2-45 | SAKANDARÚN. Traverse the slippery roads of the town, 10′ wide, paved with small boulders, and gain the carriage road, 18′ to 20′ wide, metalled, with side paths 5′ wide, and side ditches 5′ wide and 2′ deep. Beyond the town the hills to the left are ½ mile to 1 mile distant; the coast plain is cultivated; soil, a sandy clay. For a few hundred yards the plain is swampy. The telegraph posts (12′) along the road carry two wires. The buffaloes of the vicinity are more powerful than the oxen, do the heaviest ploughing, and draw the greatest loads. | | | |
| | 3-30 | The road ascends very gradually. Pass a plantation of vines and mulberry trees; cross a wooden bridge, about 20′ span, over a watercourse (trickle only) running in a bed 15′ to 20′ deep. | | | |
| | 3-40 | Scrub, fit for charcoal, covers the slopes of the Gaur-dágh. Soil now stony. | | | |
| | 3-45 | Bar. 29·65″; elev. 425′ or white clay. | 3½ | 3½ | Cross a choppy country by long zigzags; gradient, 1 in 20 to 1 in 30; soil, chalky |
| | 4-10 | Bar. 29·15″. Descend slightly, then level over low uncultivated undulations, fronting the Gaur-dágh. | | | |
| | 4-25 | Bar. 29·05″ (830′). Skirting the left side of the ravine, crossed lower down. | | | |
| | 4-40 | The road keeps along the right slope of the ravine leading up to the Bailán neck; its slopes average 5°. Vineyards plentiful on slopes to either hand; soil, a white clay. | | | |
| | 4-45 | Bar. 28·85″ | ... | 3½ | 7 |
| | 5-5 | Bar. 28·6″. Road cut out of the hillside; more rocky here, but still nothing solid. | | | |
| | 5-10 | Passing through a short cutting through rock, descend into the town of Bailán, crossing a narrow masonry arched bridge. | | | |
| | 5-20 | Bar. 28·3″; temp. 75°; elev. 1,500′. | | | |
| 1 | 5-30 | BAILÁN contains about 700 houses. The inhabitants were said to number 3,000 Turks and 300 Armenians. | ... | 2 | 9 | The village is built on both sides of the ravine in the form of an amphitheatre, and |

图 5.1　贝尔的《亚洲的土耳其》（1889）中的一页

角度来看，路线书被想象成能精确地管理人员和物资从一个地点到另一个地点的移动，这样就可以计算出在任何理想地点集中兵力和补给所需要的时间和精力。在贝尔等训练有素的情报人员的努力下，在亚洲各地为捍卫英国利益而建立的军事安全机构中，路线书成了重要的资源。

到 19 世纪末，位于西姆拉的情报部门已经把帝国特工在亚洲广大地区的实际行动——从北京到旁遮普，从阿富汗到奥斯曼帝国的边界，并通过缅甸进入中国西南——转换成为带着结构化信息的路线报告。编制和编辑路线书的人也定期更新路线书，试图确保其中所载的资料保持可靠和最新。因此，这些路线书的序言常常邀请"军官和其他有能力指出错误或提供额外信息的人进行交流"（Fenton，1894）。

## 测绘

以结构化格式对空间进行管理除了印刷好的路线书，还有地图，其中最复杂的形式模仿了三角测量部制作的地图。三角测量部最初设在东印度公司军队的军需司。马修·埃德尼（Matthew Edney）在对印度调查的研究中指出，19 世纪上半叶英国工兵开展的测绘项目不仅仅是将殖民时期印度的地形转印在纸上（1997）。测绘使用的技术最初是 18 世纪晚期在英国发展起来的，最终产生了英国地形测量局（Ordnance Survey of the United Kingdom）。[4] 这些做法随后被传到印度以及其他英国的殖民地，在那里它们被用来加强对地形、定居点和人造建筑位置的精确理解，就像英国地形测量局所做的那样。在殖民地，按照这一规则绘制地图部分是为了产生对征税有用的信息，并支持与发展国家和殖民地秩序相关的政治经济项目。蒂莫西·米切尔（Timothy Mitchell）也同样讨论了英国在19世纪80年代（2002）占领埃及后在埃及所做的调查。正如埃德尼和米切尔所展示的那样，精确测绘与其他铭文技术相比，无论在象征意义还是字面意义上都致力于全面了解帝国领域内的自然地理和人口分布。

虽然军事情报可以包括与三角测量有关的测绘，虽然情报官员和测量人员经常密切合作，但在表示领土的状况方面，为情报目的而进行的精确测绘不如国家和殖民地的三角测量那样详尽。造成这种差异的原因与军方对这条路线本身的战略关注有关。此外，调查人员受到测量时间的限制，有时也受限于测量所在国家的艰苦条件。在某些情况下，人们对测量员的存在怀有敌意。正如马克·贝尔所指出的那样，在其他国家，即使在没有明显敌意的地方，也最好进行秘密调查。不过，贝尔还明确表示，即使在困难的条件下，至少在部分路线报告中，得到三角测量的实践结果也是有用的。他在1899年的文章中建议将三角测量的适当仪器作为侦察装备的标准部件。[5]因此，测绘与一般侦察相结合的技术值得注意。

80　　　三角测量的基本单位是三角形，因此，将这种地图制作称作三角测量。[6]测量员从一个固定点（A）或站开始工作，这个点由经度、纬度、高度和方位角计算组成。从这个固定点选取第二个可观测点（B）。在点（A）和（B）之间画一条线成为三角形的基线，然后进行测量，通常使用测距仪。然后确立第三点（C）来完成三角形。三角形的三个角和三个边的距离明确了，则 B 点和 C 点的经度和纬度固定了测量员可以使用三角形的任意一边作为基线，并选择一个点 D 来制作另一个三角形。然后，这些点被绘制在纸上，并按所需的比例进行标注，并以三角形为指南绘制地形特征。这样，人们就可以利用各种仪器和设备，在原始点的基础上绘制一系列三角形，从而在广阔的领土上延伸出一系列的固定点。用于进行这项工作的各种仪器通常是串联操作的，用于检查和交叉检查其他仪器的计算。

　　使用的最复杂的仪器是经纬仪，它是一种由三脚架、望远镜和刻度圈组成的装置，用于计算远处具有突出地形特征的观测点的水平角和垂直角。经纬仪还被用来同助手照准，助手会举着旗子或杆子，在很短的距离上标记一个点，用精确长度的链子或测距仪来测量。测量员可以将近距离观察的景象与望远镜对突出地形特征的观察图像结合起来。一旦经纬仪显示测出的三角形的相对角度，那么三角公式就可以确定从测量员的仪器到山顶或瀑布的距离。

　　除了经纬仪之外，棱镜罗盘（图 5.2）用于确定两条视线之间的角度，而天文钟和六分仪则被用来确定经度和纬度。在晚上，天文观测被用来检查和复核每天的计算。在 19 世纪下半叶，这些设备都经过了微调，它们变得更容易移动和精确。

　　这些三角形通常是在一个叫作平面工作台的装置上制作的（图 5.3）。工作台由一块 16～20 英寸见方的光滑木板组成，可以安装在三脚架上，三脚架可以折叠，可以调节。工作台可以以枢轴旋

**图 5.2　棱镜罗盘的使用，来自莫克勒-费里曼**
**（Mockler-Ferryman）**

转，与远处的点对齐，然后拧紧。它可以和视距尺或照准仪及指南针配合使用。视距尺的前后观测器都是用金属制成的，与尺子相连，并在尺子上方 6 英寸处。后瞄准器有一条细缝可以透过，而前瞄准器上有一根用来对准物体的马鬃。木板上放着一张纸和一个指南针，还有一个箭头表示磁北。然后在纸的底部中心做一个标记，表示三脚架所在的点，它与之前测绘的点位距离已知。在 A 点上插了一根大头针。然后把尺子靠在大头针上，指向远处的一个物体 B。随后，测量员在固定点上通过瞄准器观察，对齐，沿着尺子画一条线。然后计算到点 B 的距离，建立一个三角形的基线。第三个物体被选中，这就是点 C，计算出角度和距离，用三角公式将 B 和 C 确立为不动点，然后再做三角形。其他三角形可以从原点 A 向其他方向构建，围绕它建立一系列三角形。

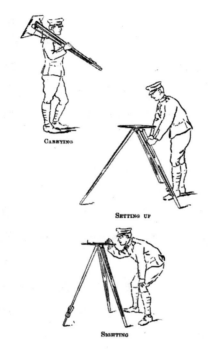

**图 5.3　平面工作台及对其的恰当使用，来自莫克勒-费里曼**

阿富汗边界委员会测量部主任托马斯·霍尔迪奇（Thomas　82
Holdich）描述了测量员和平面工作台的工作情况，具体如下：

通常，［测量员］必须首先为自己做一个三角测量的底图
（也就是说，他必须通过经纬仪观测和计算来确定大量突出点
的位置），以便助手使用平面工作台进行绘图。这包括环境允
许他攀登的最高山峰（1901a：352-53）。

除了提供一套实用的步骤之外，霍尔迪奇还请人们注意这样一个事实，即在制图中存在着劳动分工，这一分工似乎是以操作经纬仪的人和操作平面工作台的人来区别的。下面我将对此展开论述。在这里，我们只需注意到，在霍尔迪奇的描述中，这种划分基本上是"种族划分"。英国人操作经纬仪，印度人协助操作平面工作台。[7]一旦经纬仪确定了一组固定点之间的距离，平面工作台的操作者就可以在任何一个点上进行设置，并在工作台的一张纸上进一步生成可计算长度的三角形。三角形就位后（在任何一张纸上都可能有几个重叠和相交的部分），平面工作台的技术人员就按照需要的比例绘制地形特征图，包括海拔高度、轮廓、道路、河流和指南针的方向。

霍尔迪奇对测量的描述，以及那些可以在指导手册中找到的描述表明，同样的方法可以用于处理大面积的地形或狭窄地带，比如道路。这种操作机制的一致性和规律性，使得平面制表法绘制的草图可以作为完成其他工作的原材料。结果随后被交给一名绘图员，他将各部分对齐并按比例缩放，然后将其平版印刷到其他纸张上，以便储存和传播至搜集地点。霍尔迪奇曾在皇家地理学会的一次会议上说过，最终的成果是一张由地图本身和所有的精确计算组成的双重记录。两者的结合产生了一个通用的、不可变的对象，它不仅将音译名的不确定性转化为纯粹的经纬度数字，而且让三角地图在任何地方都意味着同样的东西，成为一个没有中介的真实物理空间的移动图像，这就是重点。测绘技术为"计算中心"的远距离规划提供了一个关键的资源。或者，用霍尔迪奇的话来说：

　　边界线上的每一个点，山脉中的每一个山峰，乡村中每一个重要的地标，都有其价值，其正确性在伦敦的办公室和在野外一样容易得到证明。(1899：472 – 73)

　　然而，不是每个人都能参与制造这些双重记录。需要在英国陆军科学军团的学校经过特殊训练才能制作霍尔迪奇所讨论的那种地图且保证其权威。代数、几何和三角学知识对于三角测量中确定点和设置值是必不可少的。测量装置和平面工作台的使用也需要训练。到 19 世纪 70 年代，不仅皇家工兵学院和炮兵学院的课程教授了必要的数学技能，而且新成立的参谋学院还培训了制图和侦察的基本技术。这些技能也在《皇家工兵野外服务手册》等出版物中得到了重申。对于需要更新技能的人来说，手册提供使用 5″测微经纬仪的参考，以及如何用经纬仪定位，利用平面工作台进行三角测量，利用六分仪等设备进行经纬度估算。[8]同样重要的是，到 19 世纪 80 年代，关于军事侦察和测绘的低成本"操作指南"变得司空见惯，在某些情况下，这些指南经历了许多版本，其内容表明，随着测量和计算技术的变化，经常更新。[9]此外，关于侦察和测绘的文章出现在诸如《皇家联合军种研究院杂志》等军事出版物上。

　　然而，精密仪器并不能保证成功地完成实地调查和侦察工作。同样重要的是，测量员必须严格遵守技术操作中的规范要求。把人体作为测量和计算的专用设备来训练的最有趣的例子，可能是英国在喜马拉雅山脉和南疆雇佣的印度专家进行的。在对这些测绘行动的研究中，卡皮尔·拉杰（Kapil Raj）观察到，与印度边界上的其

84

他类似行动一样，对喜马拉雅地区的测绘预示着这样一个事实：纪律严明的机构提供了真实可靠的知识，可以用于军事战略目的（2006）。

在1857年的印度民族大起义之后，英国人不仅对稳定印度边界感兴趣，而且如上所述他们担心俄国会入侵这些地区。英国人面临的问题是白人在喜马拉雅山脉和新疆等地旅行的困难。即使没有被当地统治者禁止进入山区王国，他们也经常是强盗或村民暴力的目标，后者对陌生人通常抱有怀疑的态度。托马斯·蒙哥马利（Thomas Montgomerie）是一名皇家工兵，也是印度三角测量局的成员。他们想到了让印度人伪装成圣人和朝圣者来进行调查。但是，由于测量仪器本身与当地人对朝圣者简单朴素的生活方式的判断不符，蒙哥马利和他的合作者不得不想出各种方法来掩盖这些仪器，同时训练专家的身形举止。一种方法是让测量员步幅大体一定，步速有节奏和规律。当他们以这样的速度移动时，测量员可以用藏在长袍里的表来计时，从而计算他们的移动距离。他们还可以通过固定距离步幅恒定来计算距离，用佛珠来给他们计步数。然后，他们用隐藏在衣服、步行的拐杖和特制行李中的其他仪器来验证这些积累起来的原始数据。在没有人看到的时候，测量员会读取指南针、六分仪和温度计的读数，用它们来确定所经过的距离以及纬度和经度，并将它们都记在脑子里。随后，印度调查局的绘图员将这些探险的结果转化为纸上的记录。随着时间的推移，各个专家的考察被整合进一张综合地图中，再通过第二轮的组合、比较和有序呈现来确保地图的真实性。

　　蒙哥马利将专家们的研究结果汇总成报告，然后发表在皇家地理学会的出版物上（例如，1867~1868 年和 1869 年）。正如拉杰所言，这类出版物能够发挥三倍的作用。首先，它表明专业协会作为集体机构认可专家的测量符合测量标准。按照拉杰的解释，这些标准是通过"培养极端的耐心和对特别设计的仪器的使用、保养和日常校准的完美掌握"建立的（2006：211）。蒙哥马利将专家们的调查结果翻译成地理报告的语言，这意味着调查的所有方面都经过了官方校准，从而明确固定。其次确立了合适的验证和官方校准的顺序。这项工作从原始数据开始，通过与其他仪器进行多次核对，这些仪器本身在监督下及时校准，通过能胜任和受认可的权威人士（例如，皇家工兵蒙哥马利的眼睛）为皇家地理学会所用。这一核查和接受过程的影响使专家成为"可靠的证人"，调查结果也成为普遍的证据（2006：215-16）。最后，由于方法合理，结果科学，蒙哥马利和他的后继者可以考虑将印度测量员的管理体系扩展到其他地区。我们很快就会看到，这恰恰发生在那些地形像喜马拉雅山一样难以穿越的地区——阿富汗的兴都库什山脉和帕米尔山脉。不同的是，在印度陆军士兵的保护下，测量员——印度人和英国人——可以公开执行任务。

　　虽然对专家们来说蒙哥马利的组织管理似乎是对肉体的极端训练，但它并非独一无二。许多资料来源，特别是训练手册，详细说明了身体配重与计算仪器质量的关系，并叙述了使用罗盘、平面工作台等的最佳身体方位和姿势。例如，H. D. 哈钦森（H. D. Hutchinson）在他的"军事测量野外指南"中解释了正确使用棱镜罗盘的步骤。

86

> 观测者应该站在需要测量方位的物体面前，把指南针举到身体前面……然后把它稳稳地举到眼前，透过棱镜的缝隙观察物体，时刻注意保持指南针的水平……在恶劣的天气里……坐下来，把肘部放在膝盖上，或者靠在树上……可以做些什么来促进观察。（1916：74-75）

在这本手册和其他手册中也可以找到类似说明，以便适当地训练身体以正确使用其他工具。

上面讨论的经纬仪、平面工作台、棱镜罗盘或其他一些装置的操作中，重要的是必须调整身体以适应装置。这种调整产生的综合效果能够生成一系列可靠的计算结果，形成一种全新的知识秩序。与以往的测绘不同，这种方法需要在调查的每个阶段指定观测者的精确位置。正如托马斯·霍尔迪奇所指出的那样，这些地图是基于测量员精确地知道他在地球表面的位置而绘制的（1901a：164，291）。

如此量级的精确知识，无论是大规模的三角测绘还是小规模的绘图或沿路略图，都规范了亚洲的空间。正如马克·贝尔在中国和西亚的活动所表明的，侦察的成果非常显著。贝尔和霍尔迪奇等测量员声称，他们对路线和地形的掌握能够在之前抵制统治和欧洲知识实践的领土上进行有效的军事行动。在马克·贝尔看来，到 19 世纪末，由专业机构和专门仪器制作的地理档案，已成为"使大批军队团结一致行动的唯一手段"（1897：1512）。

## 制作空间档案

马克·贝尔关于军事地理的判断指向萨义德、科恩和其他人提出的殖民知识生产和帝国秩序维护之间的紧密联系。维持帝国需要广泛的知识生产实践。训练有素的情报官员是通过侦察行动搜集情报参与这些过程的。人们认为，这些情报将使军需司的后勤工作成为可能，而且更加"无摩擦"。

但是，为了有效地规划和管理军事行动，许多分散的侦察行动的详细结果必须加以组织、储存，以便随时检索和以备将来使用。例如，贝尔在中国和奥斯曼帝国的丰富成果，必须与其他军官的类似活动相结合，才能形成一幅有高度质感的亚洲空间图景。这是西姆拉情报部门自己制定的任务。为了达到这一目标，情报部的成员必须找到把搜集的材料组织起来的最佳方法和手段。

如前所述，材料分类、归纳和整理的过程甚至在情报部门的实际创建之前就开始了。回想一下，在 1868 年到 1873 年，查尔斯·麦格雷戈和一群军官编撰了一份关于中亚地名的词典。在此之后，该组织于 1877～1878 年出版了六卷本的《亚洲线路汇编》。[10]在这些使亚洲地理合理化的每一本著作的序言中，弗雷德里克·罗伯茨——印度陆军的军需官——负责孟加拉（1865）路线书的编译，解释项目的目标是"使军需司的记录更加完整，并避免查阅有关亚洲路线的大量著作所带来的不便"。因此，汇编是对资料来源加以规范，使它们凝聚在一个明确划界的空间内，并使它们具有视觉上的一致性。为什么存在这种必要性呢？

**88**　　据罗伯茨说，情报部门必须决定如何处理现有的大量信息，以及如何管理侦察和其他来源提供的关于英属印度边界上辽阔区域的越来越多的信息。他提出的解决办法将延续到 20 世纪，即编制现有资料的摘要汇编（Latourian cascades，1990）。使记录更加完整，同时减少需要查阅的资料来源数量，是有秩序地归档和检索资料的一个组成部分。当然，这样的总结并没有解决各种报告（和报告人）之间视觉一致性的所有问题。由于搜集信息需要大量人手，外国地名常常被音译成许多变体。名字的标准化，以及路线信息的统一组织，已经成为另一种确保亚洲广阔区域有序排列的学科技术。正如罗伯茨所补充的，这种一致性是通过使用"基斯·约翰斯顿的地图集"中的用法来实现的。[11]通过将许多路线报告编入《亚洲线路汇编》，以及这些卷册中的拼写标准化，情报部门建立了一个主要基准，希望以此来衡量未来的穿越和侦察。编译保证了罗伯茨所追求的完整性可能会在以后实现。

　　当然，完备的档案是帝国认识论事业的一部分。19 世纪 70 年代的帝国主义，尽管取得了种种成效，却缺乏这种完整性，因此需要在未来无限期地继续执行侦察任务。从这个意义上说，情报总是处在不断发展的过程中，总是处在不断进步的过程中。在接下来的几年里，罗伯茨在军需官的出版物中反复强调目前工作中的"错误和不足"，并指出对某些地区缺乏详细的了解。然后，他邀请情报部门的通信员、战地官员和其他可能是西姆拉的路线书分发秘密网络的成员，审查汇编结果，作出更正，并在可能的情况下提供更多资料。

于是，路线书要求的不仅仅是简单的存储和方便战略学家使 89
用。它们需要在新的侦察任务的基础上，并借助通信员网络的信息
输入，进行修正和更新，得到关照、丰富和发展。从它们最初的构
思开始，任何给定的路线书都预见了自己的消亡和重生的途径。[12]因
此，这是将亚洲空间存档并使其用于规划军事行动的基本格式和
方法。

新的侦察任务几乎是在多卷本《亚洲线路汇编》出版后就开始
了。麦格雷戈亲自带头更新他帮助建立的路线书，使其继续发展。
1875 年，他对波斯的呼罗珊省和阿富汗西北部进行了一项"非官
方"调查，并于 1879 年出版了两卷本的考察报告。然而，麦格雷
戈的书是在公共领域出版的，虽然书中包含了波斯东北部路线的信
息，但书中的大部分内容都是关于俄国从梅尔夫（Merv）挺进到阿
富汗西北部赫拉特对印度形成的威胁。

更符合路线书网格的是侦察获得的秘密结果，例如，由麦格雷
戈的下属马克·贝尔进行的侦察。从 19 世纪 80 年代初开始，贝尔
在中国的北部、中部和南部沿海地区进行了一系列的探险（1884），
从北京穿越新疆到印度（1888），并在 1885~1886 年（1889）勘察
了美索不达米亚、亚美尼亚、库尔德斯坦和阿塞拜疆。贝尔的报告
值得简要地谈一谈，因为它不仅将贝尔关于实地情报的言论与实践
活动联系起来，而且有助于澄清侦察技术和实地信息发布时的
形式。

贝尔的两次中国探险并不是第一次在那里进行情报搜集行动，

但之前通常是仅限于华北平原和上海周边地区的事实调查。然而，贝尔在侦察的全面性，几乎强迫性地搜集中国东部和东南部的道路和路线的细枝末节，以及他从北京到印度边境的野心都有了新的突破。在贝尔第二次探险结束时，由于他的帮助，印度陆军情报部门获得了有关中国新疆的前所未有的资料，并且了解到塔克拉玛干沙漠周围的各种绿洲与通过喀喇昆仑山口、帕米尔高原进入印度的路线之间的关系。

90          贝尔还参与了更新以前编译过的区域信息。例如，在 1885～1886 年，他完成了对奥斯曼帝国东部和波斯北部地区的探险，成果是本章开头提到的路线报告。然而，这一卷并非独立的作品，而是作为麦格雷戈路线书的补充，根据印度的资料编撰而成，并收录在《亚洲的土耳其》（Bell，1889）中。与此同时，贝尔的侦察帮助奥斯曼帝国和波斯按照路线报告的规则进行组织，同时强调所有报告都是临时的，因此可以加以修正的原则。

然而，麦格雷戈和他的团队以及后来贝尔制作的原始路线书有一个很大的缺点。这些卷宗本身体积过大，过于笨重，不太可能在未来的侦察、军事行动中，或以罗伯茨想象的方式在路上携带。最终，更小的版本被印刷出来。首先是硬纸板封面的，但到了 20 世纪初，它们被灵活的、防水封套的可以很容易装在口袋里的版本取代，而且在书册的后面还有空白页用来做笔记。在这种形式情报的帮助下，关键区域被重新穿越，路线状况被更新，旧版本被淘汰和销毁。从 19 世纪 80 年代末开始，这一类型就被扩展到情报部门所探索和调查的领域。新的路线书涉及的地区包括：瓦济里斯坦

（1906）；缅甸北部（1894，1904）；阿拉伯半岛（1915）；中国的塔里木沙漠和蒙古（1907），云南（1913 和 1919）和新疆（1913，1926，1927 和 1928 年修正）。1901 年至 1904 年，天津华北司令部情报部门还编撰了一本《华北路线书》（见第 6 章）。然而，最令人印象深刻的是 16 卷本的阿富汗路线汇编，第 1 版于 1907 年出版。参与的人员比较广泛，比较权威，包括阿富汗边界委员会的成员（参见下一节）、印度测量局的印度成员、女王向导团的印度人，还有从印度陆军各部队来的军官，他们在西北边境山区的军事行动中进行侦察。这一时间跨度内参与者的广泛分布表明，路线书是一系列报告的结果，这些报告由那些位于计算中心的人拼凑起来，比如西姆拉情报部门（见 Chief of Staff's Division，Army Headguarters，India，1907）。

　　除了这些出版物外，还编写了专门的书籍，重点介绍从中亚的俄国领土到印度的路线，[13]其中的一些元素是在阿富汗边界委员会进行的侦察中搜集的。这些和类似的工作在 1912 年出版的一卷《印度西北边境及其以外路线的战略缩影》（*Strategical Epitome of Routes on and beyond the North–West Frontier of India*）中得到了进一步的总结。[14]

　　所有的路线书和摘要都被列为机密，因此只发给前面提到的情报处的机密通信员。为了追踪材料，另一种规训制度开始实行，那就是问责制。持有情报部门秘密路线书或其他出版物的通信员，每年必须报告其持有的情况。如果他们没有这样做，他们就会收到西姆拉的通知。[15]

91

　　然而，就眼前的目的而言，最重要的也许是路线书和三角测量将亚洲划分为一系列已知的分段空间的方式，这些地点对人员和物资的流动起到阻碍或促进作用。无论在西姆拉还是在伦敦，手持地图和路线书的军事战略家便能计算出最有效的资源配置，并计划各种干预措施。在某些情况下，这些干预涉及将管理空间制度扩展到阿尔弗雷德·莱尔爵士（Sir Alfred Lyall）确定的印度边界上的"保护国"或缓冲区（1891a，参见第 8 章）。在这些地区，由于地形的原因或由于敌对的居民，边界往往不明确，地形复杂难以通行。长期缺乏关于亚洲内部的信息，帝国地图上的空白，导致地缘战略上的不确定性，引发了关于英属印度安全的争论和不安（参见第 8 章）。在整个 19 世纪的大部分时间里，阿富汗都处于这种焦虑状态。

92

## 阿富汗边界委员会：划定空间

　　克里米亚战争之后，俄国军队将注意力转移到了中亚。1866年，布哈拉汗国（Bokhara khanate）沦陷，两年之后，撒马尔罕（Samarkand）随之沦陷。1873 年，希瓦被占领，在盖奥克泰佩（Geok Tepe）战役之后，土库曼的特克人（Tekke）被征服。随着沙皇军队的每一次推进，跨里海的铁路进展迅速，这让人担心，在波斯和阿富汗边境，供应充足的俄国军队可能会对英属印度的西部边界构成威胁。伦敦和印度的政治和军事情报官员对这些"俄国的进展"进行了密切监控，从而引发了一个新的东方问题。[16]俄国在中亚的存在，对保卫大英帝国在亚洲尤其是印度的战略意义是什么？事实上，正是这个问题促使查尔斯·麦格雷戈进入波斯东北部的呼罗珊地区，以评估俄国的进攻对该地区的影响。在关于这次侦察的书籍中，麦格雷戈总结说，俄国在中亚的征服对波斯、阿富汗以及印度构成了明显威胁（1879）。

但许多人指出，这样的结论并非基于俄国意图或俄国新领土的地理情况的可靠信息。此外，俄占中亚和印度边境之间的阿富汗地形在地图上几乎是一片空白。谁能说清楚，在印度和阿富汗北部边界之间，有哪些无法逾越的障碍——无论是客观上的还是人为的？然而，与此同时，地理上的无知并没有阻止英国和俄国在中亚边界问题上达成协议。1873 年，当俄国人接近希瓦时，两国政府在英国外交大臣格兰维尔勋爵和俄国外交大臣戈尔恰科夫公爵（Prince Gorchacov）之间交换了一系列照会。这些照会以书面形式，通过商定的地图，大致描绘了阿富汗北部边界的情况。[17]

粗略地说，最终协议中有很多模糊的地方。边界线的东北部由巴达赫尚和瓦罕（Wakhan）两个地区组成，英国人和俄国人都不太了解这两个地区。然而，从他们手头掌握的信息（主要是中亚公路上商人的报告）来看，俄国人对阿富汗的埃米尔，即谢尔·阿里（Shere Ali）是否真的控制了这些领土表示怀疑。他们认为这些是独立的汗国。如果埃米尔获得对这些地区的主权，他的野心可能会转向浩罕、布哈拉和喀什。在英国保证埃米尔没有这样的想法后，俄国人承认了这一点，巴达赫尚—瓦罕地区名义上是阿富汗的一部分。

从巴达赫尚向西，边界线更加有实质内容，因为它"清楚地"被一种自然形成物——阿姆河（Amu Darya，也叫奥克苏斯河）划界。经双方同意，这条河上一处叫作霍贾·萨利赫（Khoja Saleh）的点被选为边界向西移动的地点。从霍贾·萨利赫到阿富汗城市巴尔赫（Balkh）上方的廓克查河（Kokcha River）划一条分界线，形成了阿富汗的中北部边界。从那里向西到赫尔曼德河（Heri-Rud River），构成了阿富汗与波斯的部分边界，没有确定实际边界线。相反，剩下的地区被定义为"阿克沙（Aksha）、塞利普尔（Seripool）、迈梅纳特（Maimenat）、希伯连（Shibberjan）和安迪科伊（Andikoi）的内部地区，后者是阿富汗最西北端，它以外的大块沙漠则属于土库曼人的独立部落"[18]。

关于这项协议，有几点需要说明。第一，有关阿富汗和俄属中亚边界的决定，是伦敦和圣彼得堡通过书面函件做出的。这两个国家的代理人中最接近协议中规定的实际领土的似乎是派往俄属中亚地区军政府的考夫曼（Kaufmann）将军。但他似乎只是搜集了协议规定的地点尽可能多的资料，而没有真正到访。第二，严格说来，所涉及的不是边界。更确切地说，正如俄国的函件所表明的那样，它被理解为一个"中间地带"，一个为确保俄国和英国领地不发生接触而设计的缓冲区。[19]第三，英国支持阿富汗对巴达赫尚—瓦罕主权的主张，似乎仅仅是基于蒙哥马利少校和谢尔·阿里之间的对话。[20]

然而，与此同时，领土主权方面的不确定性有可能在未来引起争端，阿富汗北部边界，特别是阿姆河和赫尔曼德河之间的地理知识非常不确定，使达成协议更加容易。换句话说，阿富汗北部边界并不是一个岌岌可危的边界。但大约 10 年后，形势突然发生了变化，俄国人于 1884 年占领了梅尔夫。1873 年协议产生的界定不清的中间地带已不再为英国政府所接受。突然之间，俄国的武器距离阿富汗边境城镇赫拉特约 130 英里，而占据中间地带的独立的土库曼部落似乎已经消失。

但是，导致 1873 年协议作废的不仅仅是俄国的推进。从那以后，英属印度与阿富汗的关系发生了重大变化。1878 年，由于担心俄国对喀布尔的影响，英国入侵了阿富汗，并立阿卜杜·拉赫曼（Abdul Rahman）为新的埃米尔。事实证明，拉赫曼更愿意让英属印度为他处理外交关系。在与阿富汗的关系发生新转变的同时，英国史无前例地将民政和军事力量投射到分隔阿富汗与印度河流域的山区。1876 年至 1880 年，在印度总督利顿的命令下，阿富汗边境的深山中建立了许多防御工事，奎达是其中最著名的一个。阿富汗-印度边境的军事化，加上英国对阿富汗政治的干预，从根本上把阿富汗变成了英国的保护国。因此，当俄国军队占领梅尔夫时，英国对阿富汗战略安全的保障突然受到威胁。

在英国，梅尔夫的陷落重新引发了关于俄国在中亚地区的意图的辩论。一些人坚信，俄国对中亚汗国进行军事冒险的主要目的在于建立入侵印度的基地，他们把俄国接近赫拉特视为挑衅的最后一根稻草：夺取梅尔夫对印度构成了明显的威胁，需要做出有力回应。其他人认为，俄国人的动机是出于可以理解的安全担忧。当阿盖尔（Argyll）公爵在上议院站起来嘲笑那些危言耸听者的"神经

质"时，[21]亲俄派和其他一些人认为，这是一项文明使命，旨在消
**95** 灭该地区无法无天、暴虐的汗国。在公众对这一问题的意见分歧
中，威廉·格莱斯顿政府寻求一种既能确保阿富汗边界安全，又能
平息国内对俄国意图担忧的方法。

　　1884 年 2 月，外交大臣格兰维尔勋爵致电英国驻圣彼得堡
大使爱德华·桑顿爵士（Sir Edward Thornton），询问俄国人在梅
尔夫被吞并后所提出的领土主张范围。桑顿报告说，俄国外交
大臣尼古拉·格尔斯（Nikolai Giers）说，他"认为东到奥克苏
斯河，南到阿富汗北部边界，即从奥克苏斯河岸的霍贾萨利赫
到捷詹（Tedjend）"[22]。格尔斯建议两国政府应该就阿富汗边界
问题达成新的协议。大约在同一时间，印度总督里彭勋爵（Lord
Ripon）要求任命一个由俄国、英国、阿富汗，可能还有波斯代表
组成的联合委员会，来划定俄属中亚和阿富汗之间的边界（Moran，
2005：4）。

　　这些建议，连同委员会于 1884 年 10 月在萨拉赫斯召开会议的
建议，一起提交给了沙俄政府。俄国人反驳说，应该在 1873 年交
换照会时商定的地点开会，也就是霍贾萨利赫，阿富汗人不应该加
入委员会，因为很明显，埃米尔对自己领土的看法与广大中亚地区
的居民的看法大不相同。俄国人还希望在委员会召开之前达成一项
谅解，制定了一套进行工作的议定书，其中包括一项规定了委员会
可以进入的南北界限的议定书。英国极力反对限制委员会调查的范
围，并坚持要从最具争议的地区，即赫拉特以北开始。起点问题上
的分歧延续到 7 月，俄国人辩称，从一个"已知的"、双方都同意

的点开始，更有意义。英国人反驳说，更大的政治问题是赫拉特走廊。

最后，在 7 月 30 日，格尔斯通知桑顿，沙皇同意以萨拉赫斯为联合委员会的起点，但需要一套基于"民族志、地理和地形学"的明确的原则来管理委员们的活动。英国接受了这个提议，并补充说，由于该委员会的唯一目的是确立埃米尔领土的"真正界限"，因此委员们还需要以"居住在该国内的部落之间的政治关系"为指导，这样就不会达成埃米尔无法履行的协议。俄国人似乎认为这是合理的，并希望立即达成协议，将萨里克土库曼人纳入俄国势力范围，他们的畜牧和耕作延伸到班吉德（Panjdeh）南部，班吉德位于梅尔夫和赫拉特之间。英国人反驳说，他们认为班吉德在埃米尔领土内，建议有关管辖权的问题不应远距离决定，而应通过委员会的仔细审议来决定。1884 年 6 月 17 日，英国和俄国政府达成共识，成立了一个联合边界委员会。彼得·拉姆斯登（Peter Lumsden）少将被任命为英国代表团团长。8 月底，双方达成协议，他将于 1884 年 11 月在萨拉赫斯附近与他的对手泽列诺伊（Zelenoi）将军会面。

与此同时，在印度，一个团队被派往阿富汗，与拉姆斯登在萨拉赫斯会合。这支部队包括在约瑟夫·韦斯特·里奇韦中校（Lt. Col. Joseph West Ridgeway）指挥下的一支军事护卫队，韦斯特·里奇韦也是政治处的负责人。皇家工兵部队的托马斯·霍尔迪奇少校负责测量局，佩勒姆·梅特兰（Pelham Maitland）上尉负责情报部门。在梅特兰的领导下，威廉·皮科克（William

Peacocke）上尉与测量小组的成员密切合作，其中包括皇家工兵部队上尉圣乔治·戈尔（St. George Gore）、米洛·塔尔博特（Milo Talbot）上尉和 5 名印度助理。此外，探险队还派出了一组科学专家，搜集阿富汗西部和边界地区的考古、医学、地质和民族志资料。

这种专业技能的结合意义重大。这表明印度陆军情报和测绘部门认为边界委员会是一个机会，可以做很多事情，而不仅仅是简单地划定阿富汗和俄属中亚之间的边界。在委员会的掩护下，在阿富汗埃米尔的庇佑和保护之下，他们打算搜集尽可能多的信息，填补阿富汗—印度和阿富汗—波斯边界之间的未知区域（Yate，1887：77），从而解决西姆拉档案中的不确定性。[23]

97  情报搜集和地理测绘产生的新知识被组织成若干种记录。其中一种形式是 1887 年和 1888 年在下议院会议文件中以"关于中亚的通信"为题发表的关于边界委员会的官方"解密"报告。公布的记录包括委员会中英俄成员相互交流的电报、备忘录和报告，发给伦敦的电报，以及最重要的用英语和法语划分边界的一套正式议定书。第二种公开记录由发表在《皇家地理学会学报》上的技术文章构成，这些文章证实了调查者及其发现的权威性。例如，霍尔迪奇几乎没有浪费时间就将包含新地理知识的文章发表在学报上（见1885a，1885b，1885c and 1885d）。最后一种记录是参与者的描述，至少亚瑟·耶特中尉（Arthur Yate，1887 年）在圣彼得堡签署的最终和解协议的墨迹未干之前就发表了看法。这些材料迅速进入大众传播并不罕见，但这也可能是英国内阁承受巨大政治压力的结果，需要某种形式的披露的压力，让那些认为俄国人得到了太多好处的人保持沉默。在拉姆斯登的继任者韦斯特·里奇韦发表的一篇文章中（1887），对阿富汗新边界的优点赞不绝口，恐俄派对委员会的批评也可能是其中的一个因素。

　　然而，尽管议会文件和其他已发表的文章中披露了不少材料，但仍有大量材料是保密的。这些资料中最主要的是西姆拉情报部门为阿富汗搜集的一系列路线图。它们由单独的卷组成，分别命名为代奥拉（Deolat），赫拉特、喀布尔和赫尔曼德（Helmand）系列。每一册都是按照熟悉的路线书格式编写的，并附有一套由附属于委员会的情报部门搜集的军事统计资料（参见第 6 章）。

　　最后是调查记录本身。这些记录由带注释的示意图组成，说明了经纬仪测得的一系列固定点与平面工作台计算之间的关系。这些图纸和注释有效地建立了分界点，这些分界点可以被转换成陆地和海图上的边界标记，并在地图上连成边界线。因此，它们可以被视为一项技术宣言，通过一系列视觉技术和仪器计算嵌入描述空间的过程，"第一次系统地尝试将阿富汗的地理简化为科学构建的地图"（Holdich，1901a：47）。这些图表由表格日志构成，其内容描述并提供了界碑的经纬度位置（见图 5.4a），这些界碑是为了界定阿富汗—俄国边界而建立的。例如，在阿富汗边界委员会的一个图表中，界碑 1 的记录如图 5.4b 所示。这种将实际地形和实际空间科学还原为日志、路线和地图条目的方法，是亚洲空间被称为帝国知识的基本方式。

98

**图 5.4a　帕米尔委员会提供的一个界碑**

*步虚\**

　　1884 年 10 月初，边界委员会的印度陆军分部开始了行动的第一阶段。这包括从俾路支斯坦（Baluchestan）边界内的努什基（Nushki）到赫尔曼德河上的霍贾阿里（Khwaja Ali）的穿越。这条100 路线是相对平坦的沙漠和灌丛地带，只有一小部分适合放牧骆驼或绵羊。一个补给车队和一个工作组先于主力部队。后者被委派沿行进路线开凿水井。按照耶特中尉的说法，在努什基和加拉查（Galachan）之间，他们挖的水坑间隔在 7~15 英里之间（12 个水

---

　　\*"步虚"来源于薛爱华（Edward Schafer, 1977）的一本书，指的是一个完全不同于这里讨论的想象。它涉及中国唐朝哲学家和诗人把他们的思想投射到天上。——作者注

站，158 英里；1887：37）。从努什基到霍贾阿里的整个旅程历时
15 天（1884 年 10 月 1~15 日），全程 224 英里。这是通往赫尔曼德
的主要路线，但随着车队的移动，在戈尔和塔尔博特的偶尔帮助
下，皮科克勘察了其他路线和水源，这种模式一直持续到特派团抵
达赫拉特附近。

　　戈尔和塔尔博特还指导了一个由当地人组成的测量小组，他们
都能胜任平面工作台的工作，包括希拉·辛（Hira Sing，廓尔喀
人）、伊曼·谢里夫（Iman Sharif，旁遮普穆斯林）和阿塔·穆罕
默德（Ata Mahomed，尤素福后裔）。随着车队的移动，英国官员用
轻巧的 6″经纬仪确立新的点。在他们身后，当地的测量员用平面工
作台绘制了从奎达开始的一系列连续的三角形，生成了"穿越沙漠
的清晰的三角测量记录"（Holdich，1901a：97-98，106）。换句话
说，他们正在绘制一幅从奎达到赫拉特的三角地图，这张地图将由
情报单位编制的表格式路线报告加以补充。如果我们遵循霍尔迪奇
关于测量的逻辑，其结果是对侦察的三重记录，或从多个技术角度
产生的深度描述。

　　一到霍贾阿里，皮科克就选择了一个特别晴朗的日子，用三角
测量法确定了附近几座突出的山峰，从而明确了霍贾阿里和附近其
他绿洲的经纬度（Yate，1887：70-71，79）。在霍贾阿里以西，特
派团转向北部。休息了三天之后，他们于 10 月 19 日启程前往赫拉
特。按照霍尔迪奇的说法，这一路线是由"奇特的景观构成……死
亡之城像巨大的墓地一样在河的两边绵延数英里，宫殿、清真寺和
民居残垣断壁，直立的、褪色的、散落在数英亩土地上的废墟，大

| No. of pillar | Description | Latitude | Longitude east from Greenwich | Azimuth | Distances (Miles) | Remarks |
|---|---|---|---|---|---|---|
| 1 | Masonry pillar on right bank of river Hari Rud about 90 feet from the river bank and almost exactly 1.5 miles from the tower in the Lulfikar mound at the mouth of the pass<br>From pillar 1 to pillar 2 the line runs straight | 35 36 24 | 61 16 0 | Istoi H.S 64 20 0<br>Projection of cliff to the southeast 335 30 0<br>Pillar 2 238 30 0 | Istoi H.S. 21.35<br>Projection of cliff 2.62<br>Pillar 2 0.30 | Istoi H.S. is a sharp pointed peak near the pass of the same name and highest point of the range<br>Lat. 35 28 18.2<br>Lon. 60 55 28.1<br>Measured values from Capt. Gore's chart |

图 5.4b 下议院会议文件中的边界标记概要，Central Asia No. 1 (1887)

量破碎的陶器，成堆的泥土废墟"（1901：107）。在沿途仅停留了 5 天的情况下，特派团于 11 月 17 日抵达赫拉特东北的科赫桑（Kuhsan），总共走了 762 英里，包括中途停留在内，平均每天行进 15 英里（Yate，1887：154-55）。

在这一关键时刻，委员会积累了可靠的路线报告记录，其中包括水、食物和饲料的供应；道路条件；梅特兰搜集的各种"部落"的信息；始于奎达的一系列完整的三角形。他们还对在奎达和赫拉特之间运送 500 名战斗人员、700 名营地追随者和由 1800 头骆驼组成的行李车队需要多长时间有了一个合理设想（Holdich，1901a：110）。这些数据的搜集，为情报部门提供了重要信息，用于计算穿越阿富汗南部路线的后勤保障，以及评估俄国在同一地区推进的可能性。

同样重要的是，已绘制了大约 1.5 万平方英里的未知领域地图。[24]正如霍尔迪奇所说：

> 靠每日的工作量，在每天的行军结束时测量一个新的基地，并在此基础上进行三角测量，加上夜间观测星星，计算和预测新的位置，从而指导每日沿线的地形测绘，我们抵达科赫桑时，我们知道自己的确切位置（重点补充）。[25]

事实上，推断委员会的确切位置对于整个侦察工作至关重要，这体现在三个方面。第一，了解委员会的确切位置意味着，由关于阿富汗的草图和计算组成的原始技术数据与格林尼治一致，并因此已纳入全球经纬度网络。第二，每日的工作结果可以计算，可以确认，从而确保了测量队的权威。作为测量员/经纬仪操作员的工兵与作为平面工作台三角测量和地形细节草图绘制师的本地人之间的层次等级关系更加具体。第三，对测量员所处确切位置和地理点位的执着，部分解释了在每个测量段和夜间星空观测中明显存在的反复检查和交叉检查现象。它还解释了个别仪器的持续校准过程和一台仪器对另一台仪器的读数的验证。知道结果的确切位置，就确立了它们的合理性。

例如，这是一份阿富汗边界调查表上的核查和交叉核查。它由皮科克上尉起草，日期是 1885 年 1 月 10 日，标题为"源自戈尔上尉的平面工作台调查，原图是用平面工作台遍历法测量的，距离由测距仪测量"。这份调查报告精确地展示了"霍贾阿里基地"，它通过一系列的三角形与奎达的俾路支基地相连，因此与整个印度相连，一直延伸到阿富汗的更深处。皮科克解释说：

> 伊曼·谢里夫穿越的起点是霍贾阿里基地的北端，这个基地是由俾路支斯坦三角测量法确定的。伊曼·谢里夫操作一个平面工作台，阿塔·穆罕默德操作一个棱镜罗盘，共同在一本野外作业手册中记录他们与同一测距仪的距离。伊曼·谢里夫通过估算和偶尔相交的点都助修正自己的距离，这些点不利于测距仪的使用。阿塔·穆罕默德把他的距离按照测量的那样表示出来。我在图纸 14 上绘出阿塔·穆罕默德的测量，使用在霍贾阿里天文观测中确定的罗盘估值。一般来说，距离比伊

曼·谢里夫绘制的距离略长［原文如此］。我以霍贾阿里营地作为起点，将阿塔·穆罕默德在路德巴（Rudbar）营地的位置与马利克·多坎德（Malik Dokand）和科赫·卡里希纳（Koh Kahrishna）在平面工作台上固定的位置进行了比较，这个位置显示在俾路支斯坦地形图的 1/8 处。在此基础上，对阿塔·穆罕默德的工作进行了线性修正。然后以路德巴营地为起点，进行必要的线性修正，**将阿塔·穆罕默德的位置**布置在天文测量确定的察哈尔布尔雅克（Chaharburjak）营地的纬度上。这样，察哈尔布尔雅克的经度位置就被接受了。通过计算察哈尔布尔雅克到卡拉法特的方位角，并根据两处的纬度差异计算距离，就可以**确定卡拉法特的经度**。这张纸上显示了从卡拉法特到易卡拉欣巴德（Ibrahimabad）确定经度的方法。测量方位角和观测纬度之间的距离，每隔一段时间对罗盘误差进行天文测定［**着重强调**］。[26]

请注意，这里的"我"拥有特殊的眼睛，可以进行罗盘的天文校准和导线的线性校准，其效果使得点位固定、计算被接受，并合法化了印度测量员训练有素的工作。然后，这些计算被简化为比例图，这样，"我"就能确切地知道它的位置。然而，即使是这样的精度也不是理所当然的。一旦委员会到达赫拉特，它的确切位置就以更高的精度确定下来，这是由于引进了另一种技术装置。

在波斯边境，科赫桑到马什哈德进行了一系列三角测量。戈尔上尉使用电报、天文钟和经纬仪来确定经度读数，其结果证实了调 103

查组的三角计算（Holdich，1885d：736）。所讨论的电报方法涉及在两个车站之间传递信号，在这里是马什哈德和德黑兰，并用天文钟为它们计时。两个观测站之间会传递一些信号，并对两端的天文钟进行校正。戈尔用6″经纬仪观测两颗恒星，来修正信号之间的时间值。由于通过电报知道德黑兰的位置与格林尼治的关系，所以能够通过比较来确定马什哈德的精确经度。推而广之，马什哈德三角上的所有点，用皮科克的话来说，都是这样固定下来的。在随后的几个月里，三角测量从阿富汗北部的科赫桑延伸到阿姆河（奥克苏斯河），然后与第二次阿富汗战争期间进行的喀布尔—坎大哈测量联系起来。在回忆录中，霍尔迪奇总结了那一刻：

> 这是一系列技术手段中的最后一环。这是对**方法和仪器设备价值**的检验，而不是对测量员技能的检验。它证明了在平面工作台的帮助下，小型经纬仪可以做些什么……当测量员在委员会于喀布尔举行的全体会议上再次见面时，他们发现大量的局部测绘图能够完美地结合在一起，两年的工作结束了，地图**上没有需要位移和修正**的地方。（**1901a：164**；着重强调）

在这里，正如我们前面看到的，方法和仪器被置于重要位置。正是工具和技术的规程产生了所需要的精确性，使大量的测量图结为一体，不需要位移或校正，并把集体的田野调查变成了普遍真理。然而，尽管这些结果令人印象深刻，但它们并没有完全满足认知论（即对知识获取的迷恋）这是霍尔迪奇高度重视的基于三角函数的映射。尽管他记录了令人印象深刻的作品，但在解决阿富汗北部边界问题时，仍存在一些明显的问题，这些问题无法通过仪器、计算和训练有素的机构来解决，这表明，还有其他因素在起作用，使得空间和时间逐渐压缩到纸上。

　　回想一下，阿姆河上的 Khoja Saleh 是英国和俄罗斯在 1873 年达成的共识，即阿富汗边境从这里出发，向西推进。选择这个地点的原因之一是，它应该有活跃的轮渡。委员会英方代表韦斯特·里奇韦上校于 1886 年 8 月抵达该地区，随即出现了一些问题。首先，英国人认为这个地方的实际名字并不准确，当地的乌兹别克人称它 Khwaja Saleh，土库曼人称它 Khwaja Salar。但更大的问题是，在 Khoja Saleh 没有轮渡，甚至在 1873 年签订协议时可能也没有。为数不多的居民和大量的废墟也证明了该遗址的重要性。然而，在 Khoja Saleh 的上方和下方都有渡轮通行。但是，选择其中一个会增加或减少阿富汗的领土。里奇韦在 1885 年 8 月 17 日提交给新任外交大臣、伊兹利伯爵斯塔福德·诺思科特的备忘录中提出了这个问题。[27]

　　里奇韦在备忘录中解释说，当 Khoja Saleh 没有运营渡轮的情况变得明朗时，他和俄方代表库利伯格上校（Col. Kuhlberg）任命皮科克和孔特拉坚科（Kontradenko）上尉调查此事。在听取了十几名当地人的证词后，包括船夫、商人和村长，其中一些是土库曼人，另一些是乌兹别克人，[28]孔特拉坚科认为这些信息相互矛盾，于是中止了调查。然而，皮科克继续进行调查，并在他的报告中画了一些草图。[29]里奇韦将他的发现总结如下。

1. Khoja Saleh 渡口是在 18 世纪末 19 世纪初建立的，目的是方便布哈拉—迈马纳（Maimena）之间的交通，并取代基利夫（Kilif）渡口。

2. 繁荣的时候，Khoja Saleh 有一个商队，附近有一个圣者墓，即伊斯兰教圣徒的坟墓（里奇韦没有提到，也许是因为他不知道，圣者墓的存在也意味着 Khoja Saleh 一定也是一个朝圣地）。

3. 1872 年，阿拉姆汗（Naib Alam Khan）恢复基利夫渡口，而位于 Khoja Saleh 的渡口则废弃不用。

4. 到 1866 年，这条河已经开始侵蚀 Khoja Saleh 周围，横扫了附近的伊斯兰集市，并在河的左侧形成了一个大河湾。

轮渡地点和河流本身的频繁变动实际上使 1873 年的协定受到质疑，当时俄国代表团拒绝决定如何解决这个问题。[30] 委员会解散了，整个事情又被提交给了圣彼得堡和伦敦的政府部门，英国政府原本希望通过将决策权交给技术精英来避免。

俄国政府后来的总结报告补充说，在 Khoja Saleh 发现的只有圣者墓和附近一处被当地人称为 Serai Khoja Saleh 的定居点废墟。1873 年的通信并没有帮助澄清问题，进一步的调查只产生了矛盾和混乱的结果。例如，根据俄国的报告（很可能是基于孔特拉坚科的调查结果），Khoja Saleh 这个专有名称也适用于卡尔金（Karkin）地区，"博萨加和基利夫之间的四个阿富汗地区的原则"。[31]

1886 年秋天，里奇韦被派往圣彼得堡，继续与俄国外交部亚洲司司长阿列克谢·季诺维也夫进行谈判。他们于 1887 年 7 月 10 日在圣彼得堡签署的最终协议，选定了阿姆河上的一个点，位于 Khoja Saleh 遗址的下游，给了埃米尔更多的领土。[32] 令人费解的是，议会最终报告中的一幅地图将阿姆河左岸的一大片区域标注为 Khoja Saleh，皮科克认为这个名字是 Khoja Saleh 的乌兹别克语发音的土库曼变体。但也许更重要的是，这些调查已经确定了阿姆河地区的地形随时间的推移发生了实质性变化。河岸的移动不是经过千万年的地质时间来测量出来的，而是由最近的变化造成的，许多变化都在当地人的记忆中。因此，这条河本身就是一个因素，它扰乱了技术军事精英（如霍尔迪奇和阿富汗边界委员会的情报和测量小组）所表达的那种令人欢欣鼓舞的科学确定性。[33]

　　10 年后，霍尔迪奇与另一个由俄国、印度和英国测量员组成的联合测量队一起勘界阿富汗的东北部边界。[34] 这个帕米尔边界委员会留下了同样令人印象深刻的文献，取得了同样令人振奋的认识论胜利。尽管调查小组的大部分人发现自己身处帕米尔山脉的深谷之中，但罗伯特·沃布（Robert Wahab）[35] 少校却爬上边杰尔斯基山口（Benderski Pass）附近的一座 1.8 万英尺（约 5486 米）高的山峰，这使他能够回看兴都库什山脉和印度的地标：这样，我们的焦虑就结束了，我们知道我们在地球表面上的确切位置，误差很小，也许可以用数字来表示，但用地图来表示就太微小了（Holdich，1901a：291）[36]。

　　这些清晰的时刻似乎掩盖了河床变迁和当地人对土地的各种使用（朝圣和商队路线，放牧区）所造成的不确定性。从帝国安全的

106

角度来看，更重要的是，阿富汗现在被固定在全球网格中，其独特的地形暴露在理性的光芒之下。阿富汗的广阔土地信息进入了西姆拉军事地理档案馆和皇家地理学会通用档案馆。在这一过程中，亚洲的战略区域现在通过"可分割部分的几何"被编入路线书和三角图中，英国人可以考虑并计划入侵他们档案中的任何地方。但是，正如前面提到的那样，由路线报告和精确测绘创建的新地理位置只是军事规划所需的一种信息。规划制度的另一个关键问题是关于潜在对手作战能力的资料。因此，我现在转向军事统计。

# 第 6 章

# 规范亚洲的事实材料：军事报告和手册

18 世纪，欧洲各国政府制定并部署了各种策略，以加强对国内人口和土地的控制，并努力查明国家内部的弱点。福柯将这些战术动作称为"治理艺术"（arts of governance），其中最重要的是对经验材料进行搜集和分类，从而计算一个国家的实物资产。国家及其各个部分被重新定义为由可观察的条件（如死亡率、贸易回报）组成，关于这些条件的信息可以搜集、总结、分析、保留并用于战术干预。这一管理制度中功能不同的各分部设计了管理统计信息的方法，并在许多情况下发明了独特的归档系统和储存设施，其中最主要的是关于某个特定主题的印刷报告或书籍。这些由国家形成的文本，每一种都是对已知事实的总结和提炼，都是国家代理人使自己和他人更好地理解国家的主要方式之一。

在帝国安全机构内，军事报告是储存其他国家或发达地区军事统计数字的重要摘要形式。与军事报告相近的还有另外两种体裁：一种是手册，它通常是关于外国军队事实信息的详细搜集；另一种是名人录（Who's Who），它提供关于外国人物的传记资料。我们在前面已经看到另一种类型——地名词典，也包含了统计资料。[1]但地名词典和军事报告之间存在显著差异。前者是按地名的字母顺序排列的，几乎包含了有关当地的所有事实。相比之下，军事报告将事实信息组织成军事统计的类别。如果路线书将军队引向某个特定的地理位置，那么军事报告就是以系统和一致的方式列出可能对计划、动员和执行一场战役很重要的详细信息。从非常实际的意义上说，这些信息是前面讨论过的用于构建公共关系系统的原始材料。

108

在印度陆军情报部门，1906 年的《阿富汗军事报告》是典型的形式（Chief of Staff's Division，1906b）。这份报告从阿富汗的主要地理特征开始，接着是交通、堡垒和防御、气候、资源、历史（在本例中，主要是英国在阿富汗的军事冒险）、民族学、行政管理以及当前的军事和政治形势。到 19 世纪 90 年代，从这份关于阿富汗的军事报告中可以看到，军事报告的结构顺序已定型，只有一些细微的变化，比如对港口和海军能力的提及。每一份报告的规模、开本、纸张质量和字体都是统一的，体积小，便于携带。

这些分册中的一些信息，就像路线书中的信息一样，是情报部门成员执行侦察任务的结果。在其他情况下，新资料是在实际的军事行动（如在阿富汗和华北的军事行动）过程中搜集的，并因此编写了新报告或更新了旧报告。但情报部门官员的直接观察并不是填写标准军事报告的唯一手段。同样重要的还有出版物，这些出版物包括英属亚洲帝国网络的其他部分以及竞争对手产生的大量区域专门知识。其中包括英国平民穿越中亚的旅行记录，官方批准的类似俄罗斯地理学会的任务，来自欧洲大陆各地的英国领事报告，各种亚洲协会的出版物，当然，地名词典中发现的信息可以很容易地纳入军事报告。

情报部门将这些资料搜集、组织，然后储存在一个庞大的图书馆中。到1901年，西姆拉的图书馆有超过5000册藏书，100多部字典和至少24种亚非语言的语法书。[2]它是按地区、国家和主题组织的，并按作者和主题进行了广泛的交叉引用。有些书是法文、德文、西班牙文和俄文的，有些书，特别是俄文书，已译成英文。例如，L. F. 科斯坚科（L. F. Kostenko）上校的三卷本俄语关于俄占中亚地区军事统计的书，出版于1880年。这本书连同一份由四名不同军官在1882年至1884年翻译的译本一起被存放在图书馆里。[3]除了这些关于俄国进军中亚的资料，图书馆还收藏有西伯利亚东部和东北黑龙江地区的资料。还有大量关于阿富汗的著作，共计80多卷，包括12本字典和语法书。

图书馆的中国部分共325册，几乎全部出版于1860年以后。根据《天津条约》（1858年）和《北京条约》（1860年）的规定，欧洲人和美国人从1860年开始获许最大限度地进入中国。藏书包括由直接观察者在中国创作的历史和文学作品，我在《英国的课业》一书里详细讨论了这些作品的内容（2003：135–42）。这些文献部分用于解读清帝国的内部运作，与此同时，通过应用中文表意文字的标准化技术和采用统一的分类方案来组织信息，可以很容易地将中国纳入西姆拉分部所使用的情报格式。

中国部分的大量卷册被归类为"旅行和地理"。74部著作中有英国驻中国领事的旅程记录，以及德国和俄国科学与探险任务的报告。还有许多学术期刊如皇家地理学会的期刊，以及其他一些地理杂志，法国军事评论，孟加拉亚洲学会会刊和华北会刊，皇家亚洲学会海峡分会和孟买分会会刊，以及《亚洲季刊》和《亚洲学报》。类似的消息来源使得西姆拉的军官可以定期填写和更新军事报告。由于军事报告本身是按标准分类呈现的，产生了视觉上的一致性，通过情报部门生成并保存在图书馆的索引，交叉引用报告的内容相对容易。

该信息系统由路线书、军事报告和图书馆组成，并搜集了与情报部门广泛任务相关并对军需部有用的专业期刊。除了上面提到的那些以外，英国和印度联合军种研究院有完整的出版物和各种技术期刊，包括关于摄影、电报和工程的期刊。换句话说，该图书馆提供了一个与技术专业知识发展和第一手观察相联系的接口，超出了情报部门的直接职权范围。此外，鉴于其范围和广度，该图书馆还将情报部门的"警惕和审查"视野扩展到了印度—中亚边境之外。[4]因此，该部门的分析家们可以将自己的观察结果与帝国通信网络中其他节点的观察结果进行比较和计算，同时将这些来源的要素与他们自己的第一手观察相结合，以促进军事知识的积累和标准化，并将其与陆军部情报部门的相同做法联系起来。同样重要的是，到19世纪90年代，侦察任务、图书馆和在美索不达米亚及中国北方之间活动的情报人员所产生的原始材料的结合，使亚洲成为一个清晰的地缘战略空间；也就是说，作为一个可知的空间为潜在的防御和进攻性军事行动服务。

因此，该部门现有的大量资料可供一般参考和引用，可以使军队领导人了解亚洲各地的发展情况和与军需司后勤工作有关的新技术，也可以增加军事报道的真实性。路线书和军事报告中都带有图书馆的各种使用迹象——每卷末尾的注释和参考书目引用了图书馆的资料。

在军事报告方面，由于印度政府对情报官员在中亚的旅行加以限制，情报部门经常不得不依靠别人发表或未发表的资料来更新军事统计数字。[5] 然而，尽管这些军事报告可能是基于有限的第一手观察，但鉴于它们在紧凑的和便携的手册中管理和规范亚洲的事实（或者，至少是发表了权威声明），军事报告仍然很重要。在它们的正式结构中，军事报告也产生了一个清晰的和视觉上一致的"亚洲"，一个可以在一套固定的"概要分类"的基础上生成和再生的亚洲。从战略和后勤角度来看，亚洲的军事统计数据——即使没有像欧洲国家的那样——是可知的，至少在很多情况下是已知的。与此同时，军事报告及其配套文件——路线书令情报部门成为控制和管理亚洲的事实材料和空间的"特权制高点"。[6]

通过具体的例子，可以使这些关于管理亚洲事实的军事报告更加具体。与路线书一样，情报部门最新发布的报告中最一致的是有关中亚，特别是阿富汗和印度西北边境地区的报告。由于这些材料从 19 世纪 80 年代开始定期更新，它们给人的印象是，它们是所有其他材料的基础。但它们肯定不是由情报部门搜集的唯一大量材料。在接下来的内容中，我将探索和比较该部门搜集的两种军事统计数据，一种是关于阿富汗和印度西北边境，另一种是关于中国。虽然选择前者的原因可能是显而易见的（考虑到帝国主义的优先事项和当代事件），但将中国纳入其中需要进行一些解释。

111

第一，正如贝尔的侦察任务所表明的，中国关涉印度陆军军事地理的一部分。因此，情报部门中的中国分部提供了一个机会，来解答有关战略信息搜集在多大程度上属于印度独有的问题。换句话说，对中国事实的规范与印度边境、波斯和奥斯曼帝国边境上正在发生的事情在多大程度上是一致的？第二，该部门在中国进行侦察任务时搜集的几乎所有资料，一直到 20 世纪后半叶都是保密的，或者被人忽略，因此对情报人员在中国各地的活动的关注可以为理解英国在东亚的军事活动增加一个新维度。更重要的是，在中国的情报人员的活动让人感觉到了亚洲东端和中西部之间通过情报建立的战略联系。第三，这里讨论的中国材料提供了一个不同寻常的切入点，来理解随着时间的推移信息搜集的结构重组。当时情报部门面临两方面的任务——如何使中国的外部空间与亚洲地缘战略的其他部分在形式上保持一致，以及如何使有关中国的信息便于将来使用。为了探讨这些问题，我从阿富汗和印度边境这一看似典型的案例开始。

### 阿富汗和印度的西北边境

对于英国驻印度的文职和军方领导人来说，西北边境和阿富汗问题是两个截然不同但又紧密相关的问题。第一个是处理与边疆山地民族的关系，这些山地民族通常被英国人称为"部落"，他们生活在帕米尔、苏莱曼和兴都库什山脉的山区，其中绝大多数人被认为属于一个独特的语言群体，即普什图人或普什图族。这些民族通常被英国人归为"帕坦人"（Pathans），它们也因各种不同的名称而有所区别——例如，阿夫里迪人（Afridis）、布内瓦尔人（Bunerwals）、马苏德人和优素福宰人（Yusafzais）。历史上，这些山民通过袭击印度河流域肥沃平原上的定居点谋生。英国在 1849 年控制了旁遮普后，官员们试图限制这种袭击并改变这些群体的行为。然而，政策在三种战略方法之间摇摆不定。第一种是被 J. W. S. 怀利（J. W. S. Wylie，1875：70-119）称为"微妙怠置"（masterly inactivity，1875：70-119）的政策，它是由约翰·劳伦斯（John Lawrence）提出的，他是 1864 年至 1869 年旁遮普第一任首席专员和总督。劳伦斯主张通过与统治者的友好关系来稳定阿富汗局势，阻止山区部落进入印度河流域（一个"封闭的边界"系统），除非有明显的、不祥的威胁，否则不要进入山区（Miller，1977：121，152-53）。在担任总督期间，劳伦斯强烈反对在俾路支斯坦的奎达建立基地，奎达是通往坎大哈的战略要地。另一种是被称为"推进政策"（forward policy）的方法，它更为激进。它的拥护者试图将前哨推入山区，当部落抵抗这样的入侵时，就发起惩罚性的军事远征，旨在"锤击"他们，使他们屈服（Thornton，1895：303）。

　　罗伯特·桑德曼爵士（Sir Robert Sandeman）在 19 世纪 60 年代提出了第三种平定边疆的方法。1866 年，桑德曼爵士在信德边界担任副专员时，接触到了俾路支部落。从这些遭遇中，桑德曼得出 113 结论，即使使用武力，边远部落也无法通过胁迫或威胁来驯服。相反，他选择了旨在赢得他们"全心全意支持"的"和解干预"

（conciliatory intervention，Thornton，1895：253）政策。为了取得这一意识形态上的胜利，桑德曼制订了一项计划，将各部落作为合作伙伴登记，以维持边远地区的和平。这种"部落服务"系统包括支持世袭酋长，并要求他们对自己民众的良好秩序负责。他鼓励他的军官和首领交朋友，他依靠族长会议（部落首领的集会）来解决群体间的争端（见 Thornton，1895：316；Tucker，1895）。通过这些手段，桑德曼得以在山区建立英国的"势力范围"（见 Thornton，1895：330）。但许多人认为，桑德曼的做法只有在俾路支才可行，因为在那里部落领袖仍能扮演权威人物的角色，能够控制自己的下属。最终，尽管存在这些疑问，桑德曼还是将部落服务系统扩展到了南瓦济里斯坦的佐布谷，从而确保了通往印度的门户之一戈马尔（Gomal）隘口的安全。[7]

英国领导人在印度面临的第二个问题，除了有时会遇到敌对的山区土著外，还与地理有关。帕坦人占据的同一座山脉，包括许多从北部、西北部和西部通往印度河流域的通道，这些通道一度是从西部进入印度的必经之路。过去，最常见的进犯者是来自中亚的游牧民族。但在 19 世纪晚期，中亚游牧军队对印度的威胁很小。相反，英国官员认为，如果印度被入侵，它将是由沙皇俄国这样的欧洲帝国对手发起的。正如上一章所指出的那样，英国一直在巩固其对印度北部的控制，而俄国军队则在中亚征服了一系列的穆斯林汗国，并盘踞于阿富汗北部的家门口。

如果俄国决定对印度采取行动，英国战略家和规划者面临的问题是，判定其可能的入侵路线，以及在哪里最适合迎战。应该是在

印度河，还是应该集中力量保卫进入印度的通道？还是应该将军队 **114**
推进到苏莱曼和兴都库什山脉？越过山脉，在喀布尔和坎大哈之间
设置一道防御屏障，是否更明智？或者印度陆军应该穿过阿富汗，
在赫拉特或兴都库什山脉以北的马扎里沙里夫市（Mazr-i-Sharif）
与俄国人交战？这个决定影响重大；所采取的办法将决定调集资源
和通信线路保障的水平。迎战地点设置得越远，来自印度的交通线
路就会越长，保卫这些线路所需的运输、物资和军队投入也就越
大。为了确保旁遮普和西部山区前沿基地之间的交通线路，阿富汗
人和山地部落才变得重要起来，因为如果一个反英的埃米尔登上了
阿富汗王位，或者山区的群体对英国怀有敌意，那么印度基地的交
通线和补给线就会受到威胁。然而，如果阿富汗人和部落保持中立
或亲英，他们可能会成为对抗俄国的武器，要么作为非正规部队，
要么为英国陆军及其运输队提供食品和饲料保障发挥作用。因此，
从广义上来说，关于山地部落和阿富汗的信息对印度防御计划至关
重要。

　　在 19 世纪的最后几十年和 20 世纪初，西姆拉的情报部门通过
扩展他们主要的信息汇编形式——路线书和军事报告——进入山
区，并越过山区进入阿富汗境内，应对了西北边境带来的挑战。[8]除
了这些已经确立的类型之外，情报官员还设计了一些新的表现形
式，每一种形式都扩大了军事统计的组织类别。新形式的军事统计
包括部落表格和图表、名人录指南，以及关于在山区活动的当地宗
教领袖（或称"毛拉"）的简短传记报告。每一种情况下，这些
独立的出版物都有助于加强和补充军事报告的民族学部分。但它们

也表明，在早期情报搜集活动所建立的基础上，现有资料的数量和种类都有所增加。

如前一章所述，在第二次阿富汗战争期间，情报部对阿富汗和
115 山区的资料搜集进行升级。[9]但是，搜集到的资料有限，因为这项行动基本上限于喀布尔—坎大哈走廊和从印度出发的山口。从情报角度看，阿富汗边界委员会如此重要的原因是，军事活动的空间相对有限。调查活动不仅提供了前所未有的地理信息，而且边界委员会情报小组的活动生成了一个在人力和物力方面全新的阿富汗。佩勒姆·J. 梅特兰上尉领导的情报小组，包括皮科克上尉、皇家工兵部队的加林多中士（Sgt. Galindo）、六名印度陆军达法达尔（Dafadars，相当于英国骑兵中的中士）和一名讲突厥语的翻译。在一年多的田野时间里，梅特兰部队的成员搜集了大量关于部队供应和饲料来源的资料，获得动物和水的可能性，以及他们在阿富汗不同地区接触到的不同民族的信息。他们的调查结果汇总在一份五卷本的报告中，题为"阿富汗边界委员会情报部门的记录"。这些报告出版于 1888 年至 1891 年，前两卷是梅特兰的日记和田野报告，第三卷是皮科克的日记。其他两卷包括关于阿富汗各部落的报告和委员会其他成员的各种文件，包括关于前往阿富汗西北部赫拉特和阿富汗北部的路线的额外路线报告和勘察。这五卷加起来可能超过了 1500 页。[10]

与英国议会文件中发表的边界委员会的其他记录和前面提到的个人回忆相结合，梅特兰的情报报告向西姆拉分处提供了关于阿富汗的军事统计资料，数量空前。阿富汗部落的数据尤其如此。例
116

如，第 2 卷《梅特兰日记》后面的附录 B 中有按省和省内地区组织的表格。图表上的一栏标有村庄、种族或部落、家庭数量和首领。在喀布尔省巴米扬地区的其中一张表格里，达什特提卡（Dasht-i Tikar）村由哈扎拉人波拉达部（Faoladi Hazaras）的 500 个家庭组成，其首领是吴拉姆·拉扎（Ghulam Raza）。在这个条目下面，梅特兰指出，1885 年，米尔·巴巴·贝格（Mir Baba Beg）是哈扎拉人波拉达部的首领，但最后一次听说他时，他被关在喀布尔，他的情况不得而知（1888，2：412）。村庄表格后面列出部落首领家谱的图表。然后，这种实地部落情报与谷物产量和盈余估计的表格中的数据相结合。根据这些定性数据可以计算出这个或那个地区可能支持印度陆军的人数。还提到了是否有驮畜、当地军队的数量和质量、气候和征税收入等。这些条目长达几十页，提供了喀布尔北部和西部的详细情况，包括阿富汗北部和巴达赫尚地区的人口和资源。

到 19 世纪 80 年代，这种展示军事统计数据的方式已经成为军事报告的标准。梅特兰的成就是将中亚纳入情报结构，而其他印度陆军情报官员则在缅甸和印度本土的西北边境复制了这种形式。[11]就像测绘一样，军事报告以统一且几乎匿名的方式实现了对亚洲新地区的殖民。以出版的形式，这些书籍可以存储和流通，扩大了帝国的信息档案。在需要的时候，即使是最枯燥的统计数据也可以重新整理出来，供计划人员用于计算，例如，在阿富汗的不同地区，为英军提供补给或反击敌人的手段。

情报部门报告中的其他内容，让战略家和策划者对可能为印度军队提供情报的组织的特点以及他们对英国的态度有了一定了解。

**117** 这些信息可以在关于部落的报告的第四卷中找到。这些条目本身非常有趣，不仅仅是因为它们对每个群体的描述，还因为它们对数据的分门别类。例如，梅特兰首先概述了每个群体的身体特征和面部特征。萨利克部的土库曼人高大、强壮、骨骼突出，他们颧骨很高，肤色红润。有些人有金色的头发和蓝色的眼睛，而女人的手和脚都非常小。他们的性格和所有土库曼人一样，贪婪和狡诈，但也有他们的长处，勤劳和勇敢。然而，与其他群体不同的是，他们是精明的讨价还价者，头脑冷静，喜欢钱。考虑到这些特点，梅特兰宣称他们为"亚洲的苏格兰人"就不足为奇了。

在讨论了土库曼人的身体和性格特征之后，还涉及了服饰、宗教、婚姻和生育习俗、犯罪、贸易、度量衡以及生计等问题。最后，据说萨利克人不喜欢务农，他们似乎主要靠牧羊为生，而不是袭击别人。俄国的统治似乎已经驯服了土库曼人。梅特兰也认为他们会成为优秀的士兵，但俄国人和英国人不同，他们不喜欢招募亚洲的军事人员，所以他们很少在军事上使用土库曼人（Records of the Intelligence Party，1891，4：31-42）。

梅特兰是否认为可以招募土库曼人到英国领导的部队尚不清楚。然而，在其他情况下，他对从阿富汗部落招募新兵的可取性，观点相当明确。例如，在回顾了哈扎拉人的素质和资源，并指出他们是阿富汗人的敌人之后，梅特兰认为，他们是阿富汗唯一欢迎英国统治的群体。他补充说，如果在英国军官的领导下，哈扎拉人会顽强抵抗来自北方的俄国人的进攻。[12]

对这些条目还有很多方面的事情需要考虑。第一，就第一手报告而言，情报部门搜集的有关阿富汗人民的资料，似乎从那个时代的民族学文献中获益颇多。民族学的报告不仅描述了该群体的身体素质和特征，还描述了他们的风俗、信仰、习俗、亲属结构和家谱。和军事报告一样，民族学也暗示或断言，非西方群体的所有成员都抱有共同的心态，以及统一的基本信念和行为准则。

第二，与此同时，梅特兰的报告引入了超越民族学分类学和类型学的其他元素。与民族学家不同，梅特兰对其他族群的兴趣包括对他们军事潜力的评估。考虑到英国人长期以来对南亚本土势力的依赖，这点或许并不奇怪。事实上，民族学和评价材料的总体主旨与后来的印度陆军征兵手册的内容几乎完全相同，尤其是那些涉及帕坦人、多格拉人（Dogras）、锡克教徒、廓尔喀人和贾特人的手册。但阿富汗不是印度，梅特兰仔细观察的阿富汗人远在英国控制的领土，甚至间接控制的领土之外。[13]换句话说，这份报告中明显体现出来的是一种情感，这种情感可以与民族学家所追求的无私、客观的报道相对照。相反，梅特兰对阿富汗人民的关注与帝国的安全利益有关，这一点毫无掩饰。正如阿富汗的空间是通过测量、汇编和分类被殖民一样，它的人口也是如此。

第三，考虑到像梅特兰这样的信息情报官员搜集的地理、路线、资源和人口方面资料的种类和质量，我们似乎有理由得出这样的结论，这种实地调查在某种意义上具有变革性：直接的体验不仅填补了地图上的空白，而且产生了一种真实性，从根本上改变了西姆拉档案。与地名词典提供的回溯性取向不同，档案现在内嵌了一个展望不久的将来的当下。这是一个重大的转变：它指向了这样一种观念，即情报有助于规划未来的战争。至少在阿富汗，边界委员会的情报部门已经开始搜集普鲁士总参谋部十多年前确定的对战争计划至关重要的原材料。

综合起来，情报部门和阿富汗边界委员会的调查员搜集的军事地理和统计数据完成了一些独特的工作：它使英属印度陆军对阿富汗的自然地形和人文地形有了一种清晰而统一的认识。情报官员开始了解到一些具体事情，比如穿越阿富汗的时间、水资源的可用性、驮畜饲料的来源和军队的食物供应，以及阿富汗境内可能对英
119 国未来利益有用的组织。因此，情报官员可以将 1878 年英国入侵阿富汗时无法获得的信息交给印度总司令及其幕僚。或许更重要的是，它们可以提供军事地理和统计数据，以便在与俄国发生战争时，选择和评估最有利的接触地点。

在接下来的 20 年里，阿富汗边界委员会搜集的资料被纳入汇编，并作为主要的事实数据编入其他报告。其中一项努力是 E. G. 巴罗少校（E. G. Barrow）的《阿富汗军事地理》（1893，2vols.）。这两卷书根据报告、地名词典、路线图和情报部门的记录汇编而成，展示了如何重新设定和调整数据，以更清楚地估计阿富汗地形对军队行动的影响。据巴罗说，阿富汗地形的主要特征之一是对运动中的物体有相当大的摩擦。地形本身更看重时间而不是距离。因此，在北部和西部发现的实际障碍将减慢俄国的前进速度，并为"动员阿富汗和英印联军"提供时间（1893，2：9）。换句话说，在巴罗的战略思维里，阿富汗是一个天然的机器，用贝尔的观点来

说，它会制造摩擦，消耗俄国的前进能量。这似乎是一个重要的见解，特别是如果有人试图计算动员和集中力量到印度西北边境所需的时间。[14]

1900年后，人们搜集和消化了足够多的资料，开始编制关于阿富汗和边境的更标准的军事报告。与其他区域一样，阿富汗—中亚边境出版物将军事统计数据绘制在测量员制作的经纬度网格上，通过标准化的归档系统创建了深度管理的信息结构。前文提到的1906年关于阿富汗的军事报告被组织成本章开头概述的标准化类别。但这份报告与其他报告的不同之处在于，它将注意力集中在与阿富汗和与俄国开战的可能性上。因此，关于交通线的部分包括俄国从中亚挺进的潜在的线路，[15]以及从印度到喀布尔和坎大哈，以及从阿富汗的两个城市到赫拉特的线路，所有这些都是通过其他汇编总结而成的。

这里值得强调的是，通过对现已扩大的西姆拉档案中的内容进行加工和重组，并且由于增加了边界委员会的报告，阿富汗变得越来越清晰可见。反复引用档案资料将阿富汗定位为军事科学的研究对象。将档案事实按正式类别和顺序分门别类，增加了一种权威感，就像专业协会的权威感一样，它主张材料的真实性，并为材料的科学性提供证据。

报告中关于供应和运输的章节，以及关于民族学的章节也大致如此。在这些章节中，梅特兰1891年对阿富汗北部部落的分类提供了一种核心参考，在此基础上还增加了其他资料。关于哈扎拉人的条目在这方面很有意义。回想一下，梅特兰已经确定他们是英属印度陆军的潜在新兵。1906 年的军事报告进一步证实了这一观点，即哈扎拉人最初是定居在阿富汗中部、波斯西部、阿姆河地区和旁遮普的鞑靼入侵者。这群印度人已经被征募到印度陆军中，并"证明了他们自身与印度陆军中最优秀的部队不相上下"，这也验证了梅特兰的早期评估（Chief of Staff's Division，1906b，105）。[16]

"供应和运输"一章类似，调用梅特兰 18 年前的观察资料，并增加了全国军用物资和驮畜来源的新材料（1906b：75-94）。关于供应和人口的军事统计数字由于与报告中最大的一章——阿富汗历史，更确切地说，英阿关系的历史——并列而显得格外重要。历史部分的主题是英国的两次入侵，这确认了阿富汗攸关英属印度的安全问题。

121　　　在接下来的二十年里，关于阿富汗的军事报告不断更新、完善，并传播到帝国通信系统的其他节点。其中之一涉及白沙瓦以东的关键战略地区。在题为"开伯尔和库拉姆之间地区的军事报告"（General Staff，India，1914a）的文本中，在通常的分类之外增加了关于边界武器贩运的部分。[17]报告指出，除了武器走私之外，提拉和科哈特地区的阿夫里迪工匠制造了很不错的马蒂尼-亨利步枪的仿制品（General Staff，India，1914a：251-55），使用在该地区流通的黑市弹药。1925 年的一份报告称，像这种高威力步枪的出现，导致了部落战术的改变——他们现在更有可能在与英国军队的交战中坚守阵地（General Staff，India，1925：17）。

其他类型情报也在进行更新和修订。《阿富汗地名词典》的第4 版出版于 1907~1908 年（Chief of Staff's Division，1907-8），对它

进行补充的是 1907 年出版的 16 卷的《阿富汗路线》的第 1 版
（Chief of Staff's Division，1907），以及《瓦济里斯坦路线图》的第
3 版（Intelligence Branch，Simla，1906），它主要来自 19 世纪 90 年
代对该地区的惩罚性远征的侦察报告。[18]

　　1893 年，阿富汗的埃米尔与印度政府达成协议，正式划定了两
国领土之间的边界，即所谓的杜兰德线（Durand Line），[19]对边境地
区的军事统计资料的搜集有所扩大。第一批新著作之一是 1901 年
由汉密尔顿上尉编撰的《南瓦济里斯坦军事报告》。汉密尔顿把报
告分为两部分，第一部分与阿富汗军事报告的章节组织相似。第二
部分由地名词典、部落表、边境部队部署备忘录和地图组成，其中
一份地图标明了山区中可使用日光仪的地点。参考资料不仅表明了
一种新的通信方式被引入山区，而且还指出了在困难地形中保护通
信线路的新方法。

　　这份报告的民族学部分特别令人感兴趣。在过去十年左右的时
间里，汉密尔顿利用各种资料，从山区部落的大类中找到了南瓦济
里人或马苏德人，同时识别出他们独有的特征。像其他的帕坦人一
样，他们被认为非常独立，而且极度"民主"，以至于他们的长辈
很难控制他们。与此同时，由于他们迷信，瓦济里人被认为容易受
毛拉影响。这里或其他类似资料中，都没有解释强烈的独立性和易
受操纵在实践中是如何统一的。而与瓦济里斯坦北部和南部部落不
同的是，马苏德人很少变成抗击异教徒的勇士，也就是说，他们很
少变成狂热分子，在"宗教狂热中"杀害欧洲人。至于他们的生
计，他们是"掠夺者"，依靠弱小的邻居为生。但汉密尔顿补充说

122

"瓦济里人的掠夺，不仅仅是一种倾向，而是一种尊严"。其中一些特点显然被认为是可取的，因为一小批人被招募到第 24 俾路支斯坦团，在那里他们表现出色（1901：21，28-30）。[20]

这份报告中有许多要点需要考虑。首先，不管瓦济里人的负面特征是否源自汉密尔顿丰富多彩的散文，这些负面特征都在二战前关于西北边境的许多作品中反复出现。[21]然而，与此同时，汉密尔顿试图将瓦济里人与其他帕坦人区别开来的努力，也表明了对细节的敏感，这一点在罗伯特·桑德曼和罗伯特·沃伯顿（Robert Warburton）等政治官员的著作中（1900）也有所体现。换句话说，汉密尔顿的一些观察表明，这是一种理解山区不同群体动机的更复杂方法。最后，关于瓦济里人的特征提供的细节，与印度尚武种族手册上的描述很相似。我将在下一章对这些著作有更多的介绍。就目前而言，我们有充分的理由指出，在情报人员眼中，瓦济里人被编入印度陆军的事实使他们高于其他部落，这也很好地解释了为什么要提供更多的关于他们信仰和行为的材料。

不管怎么说，在汉密尔顿的首次努力之后，关于瓦济里斯坦的军事报告紧随其后。第一份报告出现于 1905 年，并在 1935 年出版第 5 版。[22]最后一版告诉读者，他们应该把它与有关瓦济里斯坦的路线书和部落表结合起来使用。[23]这些表格有时以大型图表的形式出现，[24]或者见于《印度西北边境地区的帕坦部落词典》等书中，这本词典是按字母顺序排列的便携式手册。[25]每一个条目的标识都以嵌套序列的形式呈现，小到社群大到所属的部落。例如，达多海尔（Dado Khel）是普拉拉（Dreplara）地区的一个小派别，属于扎卡

赫（Zakka Khel）氏族下那斯鲁丁（Nasruddin）分部的胡斯罗吉
（Khusrogi）分部，扎卡赫属于阿夫里迪部落。除了从隶属关系的角
度确定群体之外，还提供了他们居住的地理位置、首领的姓名和估
计的军事实力。在部落表和部落字典的例子中，英国军官积极探索
当地知识，这对于政治官员在边境地区与部落进行互动是至关重要
的。换句话说，我们看到了帝国边界上军事和外交职责的重叠，疆
界的融合或跨越，这可能与欧洲军事外交机构内部看似清晰的分工
形成对比。

军事与政治情报的结合也很明显地体现在部落的图表上，这些
图表也可以识别当地的重要人物，例如先知穆罕默德的后裔，跨区
域的圣人，当地的圣徒和毛拉。这些当地知识的形式甚至延伸到传
记词典的出版，或者是《名人录》的列表上。虽然这些手册通常都
很简短，但其中的条目都是当地名人，尤其是他们对英国统治的态
度。这些条目按朋友和敌人组织起来，证明了英国人与边境地区和
阿富汗山区的土著之间正在进行的斗争。在《阿富汗名人录》的第
4版，[26]例如，"朋友"条目是那些可能对英国有用并且愿意合作的
人，而"敌人"则是那些无论受教育程度如何，总是被谴责为狂热
分子的人。这里有一些例子。

阿卜杜勒-加尼，医生，阿富汗公共教育主任，哈比巴学院
校长，拉瓦尔品第的学者，拉合尔伊斯兰学院校长。曾在英国学
医。"据说为人不真诚、自私、伪君子；保守且狂热"，总是阴
谋反对埃米尔的医生们。1909年因密谋杀害埃米尔而被捕。1913

年受审并入狱，1919 年获释。(General Staff，India，1914c：3)

　　阿卜杜勒-哈基姆汗，拉合尔的难民，"据说消息灵通，在阿富汗发生麻烦时可能会有用"。(General Staff，India，1914b：3)

　　阿卜杜勒-拉扎克，埃米尔的首席法官毛拉，引诱埃米尔处决一个圣人，仅仅是因为后者说不允许犹太人对抗英国人，与前线的毛拉保持通信联系。"他似乎是所有跨境宗教狂热行为的幕后黑手"。(General Staff，India，1914b：11)

　　最后一个例子阿卜杜勒-拉扎克，除了说明条目中的各种描述外，列在这里还有另一个原因。英国的毛拉学是一种独特的类型。它似乎是通过一系列的形式进行运作，从友好的到狂热的毛拉，这些例子可以在像这本这样的词典中找到，也可以在地名词典和军事报告中找到。到 20 世纪 30 年代，关于毛拉的记录也可能会出现在"西北边境的主要毛拉名单，订正至 1930 年 12 月 31 日"之上。[27]它

125　长达 33 页，表格是按照行政区划组织的。这里也有许多狂热者，但也许更有趣的是一个标题为"到目前为止对政府的态度"的专栏，其中对一系列"态度"进行了细致的分析。虽然有些毛拉"不是公开的敌对"，但有些毛拉则是"敌对的"，范围从"敌对的"到"最敌对的"，在极端情况下，他们的"敌对"是"无限的"。这些毛拉大概可以区别于那些"可疑的"或简单的"不友好的"，以及那些"友好的"和"表面上友好的"，据我们所知，就是这样。

　　但是，有人可能会问，为什么要对圣人进行这种审查；当部落或首领似乎是更相关的监视类别时，为什么要用毛拉的表格呢？回

想一下之前汉密尔顿提到的瓦济里斯坦的勇士的情况。这类事件的结果被称为"狂热暴行"，每发生一起英国军方或文职官员受到攻击的事件，都要进行统计。然而，官员们知道，这样的事情并不是无缘无故发生的，尽管一名官员确实将此类事件与对山区的惩罚性探险联系在一起，但人们更倾向于这样的解释：行凶者受到毛拉煽动，去暗杀英国人。[28]关于瓦济里斯坦的军事报告指出，被基钦纳勋爵称为"瘟疫牧师"的波温达毛拉（Mullah Powindah）据说要对四名或四名以上英国官员的死亡负责，并鼓励进行更多暗杀活动（General Staff，India，1935：164）。但毛拉们也构成了更大的威胁。在某些情况下，他们有足够的说服力来解决部落之间的冲突，并团结起来对抗英国人。

　　正如 20 世纪 30 年代有关毛拉的报道所显示的那样，英国印度陆军情报部门继续搜集、整理和完善其对阿富汗和边境的理解。新的威胁被确认，从边境上的枪支走私，让部落成员拥有更成熟的武器并改变战术情况，到新领导人的出现，比如在英国接受教育的阿卜杜勒-加尼医生，他在阿富汗边境两侧活动。第一个威胁是新近武装起来的部落，这些威胁也被记录在关于边境战争的商业出版物中，这些出版物多半是由边境部队的军官们根据个人经验写成的（e.g.，Younghusband，1898；Nevill，1912；Rawlinson，1921；Davies，1932；and MacMunn，1933）。此外，这些广受欢迎的著作是基于大量的边疆战役的经验，以及对军事经验教训的评价。除了印度政府印刷出版的官方历史外，参加者和观察员关于边界战争的文章发表在印度和伦敦的联合军种研究院期刊上，以及拉合尔的《民事和

126

军事公报》的特别出版物上，也发表在商业出版社的出版物上。[29]

军事报告、地名词典、名人录、部落表以及官方报告和商业出版物中总结的大量资料，填补了1888年吉卜林所写的丹尼尔·德拉沃特关于西北边境和阿富汗的令人遗憾的知识空白。对这些地方的深入了解是由一系列技术手段提供的，这些技术手段产生了积极的知识和军事方法论，这些军事方法论出现于印度是在1878年第二次阿富汗战争爆发时。由于战争期间阿富汗和帕米尔边界委员会的成员进行侦察，西姆拉情报部门获得了它长期以来一直寻找的原材料，用于计划入侵阿富汗，确保奎达—坎大哈和白沙瓦—喀布尔路线上穿越山区的交通，以及监控毛拉和帕坦部落的活动。情报部门在增进对山区及其他地区的了解过程中，将军事统计进行提炼，使之成为便携的信息存储类别。

这些表格不仅与伦敦陆军情报部门官员制作的材料一致，而且在很多方面都超出了欧洲军队所做的事情。这在很大程度上是因为印度陆军情报官员在19世纪最后20年的大部分时间里积极参与侦察行动和军事行动。这些侦察为计划、实施和改进情报实践提供了机会。然而，也有这样一种情况，即其他环境中没有能达到类似西北边境的信息密度。尽管英国情报机构在亚洲各地部署的知识技术是相同的，但西姆拉档案馆各个部分累积的内容看起来非常不平衡。

## 127 中国华北的军事情报行动，约1884~1910年

就情报方面而言，中国与阿富汗几乎是同时引起重视的。但有

关中国的情报只能通过马克·贝尔概述的那种独立进行的侦察任务搜集。也不存在如俄国入侵印度这样明显的威胁来证明开放的和持续的情报搜集和汇编是合理的。也没有就中国政策进行实质性的公开辩论，就像在印度西北边境推行"推进政策"的辩论一样。1900年以前，在中国的侦察活动范围和时间都很有限。唯一能与中亚和西亚的侦察相比的是贝尔在 1882 年至 1886 年所进行的秘密侦察。更常见的是对北京和上海周边地区的短暂访问，偶尔还会参观清政府 1860 年以后新建的武器库。

1894~1895 年的中日甲午战争后，形势开始发生变化。战争期间，一名英国武官驻扎在北京。虽然现存的武官生成的报告很少，但现有的资料表明，除了向陆军部报告之外，他还可能与使领馆的外交官合作，监督清政府的军事活动，似乎也一直在与西姆拉的情报部门进行沟通。然而，直到 1900 年的义和团运动，情报搜集才成为在中国的常规活动。

1900 年 8 月，在义和团"围攻"各国在北京的使馆后，"中国远征军"（the China Field Force）情报部门和驻北京的英国军事专员对中国部分地区进行了雄心勃勃的侦察和三角测量。他们的目标是制作与阿富汗和印度边境相同的情报材料。然而，为了更好地了解中国的军事报告，回顾义和团运动之前的情报知识状态很有必要。

### 义和团运动前的情报行动

如上所述，印度陆军对中国进行的第一次认真侦察是由马克·

贝尔进行的。贝尔在 19 世纪 80 年代早期的最初努力的结果是三卷本的信息汇编（1884），这实际上是西姆拉情报处编写的第一份军事报告。然而，贝尔对材料进行格式化的方式，与在麦格雷戈领导下编制的中亚和西亚的百科全书式的地名词典基本类似。不同之处在于，麦格雷戈项目几乎完全依赖西姆拉图书馆的资料来源，而贝尔将军事统计数据、自己野外侦察的路线报告与情报图书馆中国部分的资料结合起来。

1886 年，贝尔从印度回到中国，与荣赫鹏①（Francis Younghusband）中尉合作，从北京出发，穿蒙古戈壁、翻越天山至印度西北部，完成了一次侦察，成果是前一章讨论的路线书。[30]正如托马斯·霍尔迪奇可能会说的那样，如今中国中部、北部与印度边境之间的战略关系在一定程度上是确定的。贝尔和荣赫鹏还合作出版了一本小册子，介绍中国北方是否适合招募"苦力"。此外，荣赫鹏还撰写了有关清军、上海军火库和清军沿海防御的报告。[31]直到 19 世纪 90 年代中期武官抵达北京之前，这些努力的成果是了解清廷的主要资料来源。

在此期间的十年，西姆拉情报部门通过与北京的英国公使馆及中国沿海和长江沿岸通商口岸的英国领事官员定期沟通，追踪清朝动态。北京和西姆拉之间的交流是由定期的事实信息交换构成的，其内容有助于查明和监测英国对中国和英国在亚洲利益的军事关切。情报部门被派往北京公使馆，报告俄国和中国新疆以及中印和中缅边境地

---

① 荣赫鹏，英国殖民者，英属印度政府官员，作家、探险家和外交家。他最为人所熟知的是他在东亚和中亚的游历，尤其是他领导的 1904 年英国入侵西藏的战争。——译者注

区发生的事件，以及中俄阿边境地区的地图（部分来自俄国）。该部门也翻译了来自俄国的关于中亚和东北亚的材料，询问中国鸦片生产的状况，为在中国旅行的情报部门人员（如贝尔和荣赫鹏）转寄中国通行证，并要求提供资料更新贝尔 1884 年的侦察报告，公使馆持有该报告的副本。到 19 世纪 90 年代，使馆也在情报部门的邮寄名单上，可以接收涵盖亚洲各地的地区日记的副本。

　　北京给印度的函件包括北京公使馆系统的关于新疆的通告，广　　**129**泛翻译的清政府资料，包括半官方的多版本的《北京公报》（《京报》）；与清朝官员接触的报告；以及从清朝皇室神秘地流传到公使馆官员手中的奏章和诏书。使馆还回答了印度的具体询问，并为在中国执行侦察任务的情报部门官员提供翻译。此外，英国驻中国通商口岸的领事还提供了各种军事情报。例如，由 N. W. H. 杜布莱（N. W. H. Du Boulay）上尉和 M. 雷中尉（Lt. M. Ray）完成的关于中国北方的 1893 年的侦察报告，包括英国驻天津领事关于清军驻防情况和当地武器库的资料，以及清军最近获得的克虏伯大炮的数量和口径（1894）。[32]

　　使馆与印度的函件为情报部门提供了两种材料。首先，公使馆的消息来源，为贝尔和荣赫鹏提供的新疆空间图补充了一些军事统计数据。其次，来自领事的报告有助于更新或纠正贝尔的侦察。然而，没有证据表明贝尔的工作得到了实际的升级或修订。除了少数几份小型报告外，中国在情报部门的更紧迫利益关切中居于次要地位，情报部的主要工作仍集中在西亚和中亚地区。在 19 世纪 90 年代的大部分时间里，该部门一直专注于阿富汗—印度边境地区的局势，除了中缅边境地区外，中国似乎已经从西姆拉的视野中消失。

　　大约在那个时候，一种新的信息搜集方式出现在中国舞台上。如上所述，甲午战争爆发时，陆军部向北京公使馆派驻了武官。G. J. 布朗（G. J. Browne）上校于 1895 年前后抵达中国，写出了一系列的侦察、调查和情报报告，包括对其他欧洲列强在中国建立租界的观察。布朗取得的一个成果是对位于山东东南沿海青岛的德国新基地的侦察。布朗关于青岛的报告之所以引人关注，不仅是因为报告所包含的内容，还因为报告提交给陆军部的方式。它包括驻柏林武官詹姆斯·格里尔森（James Griersom）上校编写的一份德国军事预算分析报告，以及西姆拉情报部门搜集的观察资料，其中最主要的是 A. W. S. 温盖特（A. W. S. Wingate）上尉，他从缅甸对云南地区进行了多次勘察。[33]但也许比这份文件的实际内容更重要的是里面收集的人员和单位信息。在 20 世纪的头 10 年，武官和西姆拉的实地侦察力量（其中包括温盖特）的结合，将从根本上重塑中国情报机构。

### 为入侵中国做准备

　　西姆拉情报部门（Intelligence Branch，1900a）并没有漫无目的地搜集大量信息。如前所述，该部门的基本目标之一是搜集战术和战略材料，以支持可能的军事远征。对该部门来说，1900 年在北京的东交民巷之战与印度陆军在西北边境地区的探险活动没有什么不同。即使在剿杀义和团的情况下，该部门以便于携带的小册子的形式搜集印度陆军可能被部署在中国的地区的信息。这些小册子包括一份关于北京所在省份直隶的简短军事报告。类似的报告也涉及广州地区，以及靠近上海的长江下游地区，印度陆军也打算部署在那里，以防备义和团运动向南方发展。这些报告的内容，每一份都是精练的摘要，是根据以前的情报报告和情报部门图书馆的中国资料，以及 1895 年至 1899 年中国海事海关报告和布朗对上海的考察报告汇编而成的。

关于直隶的军事报告是由伊夫林·诺里上尉（Capt. Evelyn Norie）编撰的一份 19 页的简短指南。其中包括西姆拉绘图员绘制的通往天津的白河入口大沽炮台的图纸。它的后面有地图，还有从大沽到北京的路线报告。诺里后来观察到，敌对行动的突然爆发，使得编制一份"非常完整"的军事报告变得很困难，并抱怨西姆拉档案中华北的地图比例不适合作战。然而，他声称，他的"非常有限"的成果远远优于其他军队（除了日本以外）在入侵前夕所掌握的资料。[34]

对诺里来说，部分问题可能是在西姆拉几乎没有关于中国的最新情报。尽管如此，他仍设法编制了一份军事报告，对华北平原的地理、登陆地点、港口、道路、桥梁、气候、疾病、日用品、服装需求、货币、度量衡，以及敌方力量进行了详尽的描述。这本小册子还包括对大沽、北塘和山海关炮台的讨论和示意图，一份枪支清单，包括几种克虏伯大炮，以及攻击每一个防御工事的建议。其他的视觉材料包括从海岸到北京的地区地图和山海关周围地区的地图，以及北京和天津的图表。这些地图后来在战役的最终报告中得到更新。上海和广州的军事报告也是类似的结构，非常强调地方防

131

御，并关注在英国财产受到威胁时要占领的关键地区。[35]每一本手册都被设想为向军官提供基本信息，然后可以在实地加以补充和完善。我们很快就会看到，在八国联军攻入北京解围东交民巷后，派往各通商口岸的情报和特勤官员正是这样做的。

除了向"中国远征军"提供战术和一些战略信息外，情报部门还准备了至少一项应急计划。为了防止义和团在云南活动，拟订了出兵计划。它包括可能对云南省省会（云南府，现称昆明）发动袭击，并考虑招募中国的穆斯林加入英国远征军［Intelligence Branch，(Simla) 1900d］。该计划的一些材料可能来自温盖特 19 世纪 90 年代末对贵州和云南进行的一次侦察（1900）。通往云南的路线在上缅甸的路线书中曾提及，这本路线书类似 19 世纪 70 年代麦格雷戈的西北边境项目，随着英国的控制向北扩展到中缅边境而编撰（Fenton，1894）。应急计划人员参考了西姆拉的 H. R. 戴维斯（H. R. Davies）上尉编写的 1895 年军事报告［Intelligence Branch，(Simla) 1895a］。1895 年，H. 鲍尔（H. Bower）上尉和 F. C. 科洛姆（F. C. Colomb）上尉根据西姆拉（Intelligence Branch，[Simla] 1895b）的资料来源汇编了一本云南手册。因此，应急计划基本上是情报部门图书馆的产物，是远距离进行规划的极佳例证。

**部署和占领，1900~1903 年**

义和团事件甫一发生，英国情报官员就抓住了一个前所未有的机会，获得了有关中国的第一手军事知识。这一机会没有被错过很大程度上是因为，英国军队中有许多在 1900 年之前在欧洲、印度和某些情况下在中国情报搜集方面有丰富经验的军官。詹姆斯·M. 格里尔森便是其中之一，他是德意志帝国陆军冯·瓦德西将军（General von Waldersee）指挥的联合参谋部的英国成员。格里尔森与合作者一起，编制了一系列关于中国北方每个外国军事特遣队的报告（Grierson and Bell，1901）。陆军情报机构由上文提到的诺里上尉领导，他在占领后不仅撰写了情报部门的实地工作报告，而且还撰写了《1900~1901 年中国军事行动官方报告》（1903）。诺里手下的情报官员 M. R. E. 雷中尉于 1894 年与杜布莱上尉一起侦察了北京地区。杜布莱本人和另外 7 名军官被派往一个通商港口担任特别事务官。该小组主要负责华北地区以外的情报搜集工作。

情报官员有各种支援小分队可供使用。其中包括至少两组测量员，其中一组由印度总测量官委派，由 1 名英国文职雇员和 2 名印度测量员组成。另一组由 1 名军官和 6 名士官和士兵组成，1 名办事员和若干绘图员被专门分配给情报人员。根据诺里的说法，情报和调查部门密切合作［Intelligence Branch，（Simla）c. 1901：21］——这一合作似乎远远超出了占领北京的初期阶段（见下文）。最后，马德拉斯和孟买的工兵部队也将印刷和平版印刷部门纳入野外执行任务，他们能够在实地印刷报告和地图（Norie，1903：351 – 52，356 – 57，361，371，and 390）。正如诺里所观察到的那样，北京刚被攻占，"搜集情报的工作就真正开始了，我们利用一切机会向周边地区派遣情报官员和测量员"［Intelligence Branch，（Simla）

133

c. 1901：21]。换句话说，就像在阿富汗和西北边境一样，实地军事行动为情报搜集提供了机会。

### 情报产品，1901~1903 年

这些单位搜集到的情报大致可分为三类：八国联军中欧洲和美国分遣队的观察，英国在华利益特别重要领域的最新报告，以及测绘项目。综上所述，这些类型的信息规范和调整了华北的空间，使用了与阿富汗和印度边境相同的技术和知识。

**关于外国分遣队的报告** 联军在战场和营地的行动提供了一个非同寻常的机会，能够对其他七支入侵中国的外国军事分遣队进行评估和比较。[36]英国情报官员撰写了关于法国、德国和美国骑兵在中国的报告，他们的医疗队和兽医队的报告，以及法国、意大利和德国步兵的报告。[37]我不打算详细讨论这些报告，但需要注意的是，这些报告反映了 19 世纪末出现的一种更为普遍的军事情报模式。如前所述，詹姆斯·格里尔森是接受过训练的军官之一，他评估由新的军事技术精英领导的军队的能力，这在第 2 章和第 3 章中已经讨论过。他的职业是评估其他军队的组织和装备，阅读他们的内部报告和手册，学习适当的语言，并尽可能观察各国军队在欧洲进行的训练和演习。联军侵华后有关中国的军事报告同样重视将清朝的信息按军事统计概要的规律性进行归纳。

**新型的军事报告** 尽管在语言能力方面存在严重缺陷——几乎没有印度军官会说或读中文——但有关中国城市和地区的军事报告

看起来与西姆拉情报部门发布的许多其他此类报告一样。其中大部分是由印度陆军入侵直隶省时被派往中国通商口岸的 8 名特勤军官编撰的。他们的职责是评估对英国利益的威胁，并编制与亚洲其他地区类似报告一致的军事报告。这些报告的基本组织单位是省；其中四份存于大英图书馆的印度办公室档案中。两份由 F. 伦尼克（F. Rennick）上尉编撰：一份是关于浙江省，其通商口岸是宁波和温州，另一份是关于江西省，其通商口岸是九江。此外，科尔上尉编写了一份关于福建省的报告，其中包括通商口岸福州和厦门。第四份是由 F. 特威德尔（F. Tweddel）上尉编写的，是关于江苏省的，拥有南京、镇江和上海三个通商口岸。[38]

　　每一份都遵循军事报告的标准格式。这些卷从地理和港口开始，随后的部分——通常在每一部作品中都顺序相同——涉及通信，堡垒或防御，气候，资源，历史，民族学，行政，海军资源（如适用），军事和政治局势。在某些情况下，路线报告和地名表会附在后面，地图放在口袋里。这些卷宗厚度从 120 页到 160 页不等。前言指出，每一位作者的个人观察都与西姆拉情报部门图书馆的资源相结合，或者——就像江苏报告那样——与上海的馆藏有关。在那里，皇家亚洲学会华北分会有一个大型图书馆，其资料来源与西姆拉图书馆类似。

　　格式冗余是军事报告实现视觉一致性的方式之一。所有的印刷字体都是一致的，地图和图表的绘图质量是一样的，纸张质量是一样的，封面和装订也是一样的，体积大小也是一样的。这种形式主义反映在同一时期在西姆拉完成的关于云南省的报告中。换句话

说，我们发现了一系列的总结和材料形式，将中国的各地区纳入了
情报部门构建清晰地缘战略亚洲的总体格局中，这个亚洲始终通过
相同的表述结构呈现，并且由于报告组织方式的"包装"尺寸较小
而具有高度的流动性。不变的流动性，相同的索引，有效地将复杂
的文化、语言和政治差异转化为可适用于整个亚洲的一套可比较的
类别，任何受过充分训练的情报官员都可以最低程度地变动填充的
内容，因此任何具备军事素养的现役军官都能理解。

　　然而，这些报告中也有一些奇怪之处，与指导该类型结构的工具
性要求矛盾。这一点在涉及人口的报告中表现得尤为明显；民族志部
分只是复制了众所周知的关于中国人的陈词滥调。他们都没有提供如
印度西北边境部落那样细致的"部落"和家谱细节。例如，科尔对
福建的大量观察，除了说明福建人是廉价劳动力、定期移民以及讲与
中国其他地区不同的方言之外，对该省的人口几乎没有更多介绍。这
个条目中没有什么特别新颖的地方；科尔依靠像帕克这样的当代观察
家的出版物来获得事实的"准确性"，但他的陈述仍然保持简洁和常
规（1905：10-13，20-25，28-29）。

　　类似的模式在江苏的报告中也很明显。据编纂者特威德尔上尉
说，这个省份的人民一直以"缺少阳刚性和柔弱"而著称，这在其
北部邻省山东和南部邻省浙江是找不到的。据特威德尔说，江苏男
人的柔弱源于他们对文学的执着和对艺术的热爱，而显然，这些是
科技军事精英的男子气概所深恶痛绝的。此外，与北方的喉音方言
不同的是，江苏的方言"柔和"，而且仅限于该省，因此很难找到
合格的口译员（1902：69-70）。

关于中国人口的条目简短且传统，这可能是由于军事情报与政治情报的划分，或者是由于缺乏语言能力所致，但也可能是军事情报官员接受"中国人"的传统智慧方式导致的结果。正如贝尔和荣赫鹏早些时候所证明的那样，从情报官员的角度来看，中国人口的重要性似乎仅仅局限于作为苦力劳动力的能力。从这个意义上讲，福建人或许是有用的，尤其是因为他们不像江苏那样人口稀少。

在下面，我将对这些报告中有限的"人"的情报进行更多的阐述。在这一点上，把报告的民族志部分同处理军事问题的部分，即各省份的防御进行对比就足够了；在福建报告和江苏报告中，防御部分都以单独的小册子形式出版，传递则通过卷宗携带的秘密标记来管理。福建报告载有厦门堡垒、炮台和军火库的详细信息。这些数据由厦门港口的地图补充，地图上显示了每个堡垒的位置和海岸线轮廓图，虚线指向堡垒。草图提供了从港口周围不同位置看到的不同海岸景观，其中一些似乎是来自照片。

特别令人感兴趣的是，有关堡垒的材料是海军军官从英国皇家海军"伊希斯号"上搜集来的。在某些情况下，这些军官能够获准进入堡垒。如果他们进不去，他们通常都能从远处辨认出枪支的制造商和型号，估计枪支的射程范围及其弹匣位置。当然，这种精确定位场地及其属性类似于通过测量技术确定不同位置。与测量一样，评估地形的战略意义，福建报告总结了一些战术建议，这些建议可能被用于成功袭击每一处堡垒（Cole，1905）。

此外，这种军事科学的实际应用并没有随着报告的完成而结束。就像路线书一样，报告可能会被更新，或者像江苏报告一样，增加一个新章节。这一部分是 1910 年制订的应急计划，用于在上海及其周边地区以及长江下游部署军队。这个时机很重要——该计划是在中国反清势头迅速膨胀的时候制订的。《江苏省战略战术笔记》（General Staff，War Office，1910）共分三章：战略和战术考虑各一章，一章是关于登陆地点。反过来，这些军事考量要顾及一系列情景和偶发事件，包括上游通商口岸英国人生命和财产受到威胁的可能性，外国除137了保护自己国民干预中国的可能性，以及其他大国可能对北京构成的威胁。下一章将对这种计划作更多的介绍。在这里，值得注意的是，在一个与英属印度有着截然不同的接触历史和议程的地方，军事报告和路线书在分析和规划军事部署方面的中心作用。

显然，在预料到基于上述各种情景的军事干预是必要的情况下，陆军部的总参谋部为在华作战制作了一些袖珍小册子。其中有中国军队的军衔和军徽表，由韦氏拼音（Wade-Giles）音译而成的中文术语，还有桥梁、营地、司令官、帐篷、步枪等的文字。这些小册子还配有介绍北京地区、江苏（上海及其周边地区）、福建和广东的小型指南。就像诺里整理的关于"直隶"的军事报告一样，这些书是一个设在中国境内的情报团队 1903 年至 1910 年制作的新信息的浓缩。[39]

### 华北指挥与情报行动，1903～1910 年

诺里对 1900 年中国情报状况的评估指出了为印度防卫需要而假想边界扩大所带来的困难。一旦中国像印度西部地区一样，被认为与英国保持在南亚和东南亚主导地位有关，亚洲地缘战略就会相

应扩张。在中国，情况发生了戏剧性的变化。1900 年后，英国显然需要在可预见的未来扩大军事存在。从大约 1903 年开始，两个情报搜集单位在中国北方运作，其中之一是之前派驻北京的武官。另一个情报单位隶属于"中国远征军"，更名为华北司令部（NCC），总部设在天津。这两个消息来源产生的报告可以通过印度办事处和华北司令部给陆军部的来函记录进行追踪。[40]

从这些日志中可以清楚地看出，武官和华北司令部之间有分工。武官的大部分工作集中在兵部、清军、清军的兵工厂和武备学堂，以及向中国运送武器。武官们还在他们的情报日记中记录了这些事情，似乎从 1904 年开始，这份日记每两周一次被传到伦敦。[41]此外，他们还报道了清军内部的联系；向清军军官提供军事方面的书籍；编制《中国军队手册》，翻译军队规章，编制单位、人员、武器的军事术语表；并建立了演习、武器、军事基地、训练设施和清军各级官兵装备的影像档案。[42]武官搜集到的信息通过公使馆转发给陆军部，也与天津华北司令部情报部门交换了部分信息。

情报部门编写了华东大部分地区的新军事报告和路线书，以及向西延伸至甘肃的路线报告；报告武器进口、军火库和清朝铁路的发展情况，包括铁路车辆的质量和数量；观察清军的机动能力；制作中国各省的各种手册；进行几次勘察，包括参观长江和东北。这些努力为调查工作提供了有益的补充，包括在江苏、安徽、浙江进行的三角测量，在蒙古进行的从张家口（Kalgan）到乌尔嘎（Urga①）的横断测

138

---

① 乌兰巴托的旧称。——译者注

量，以及确定城镇、城市和其他重要地点的经纬度。

正如前面讨论的其他案例一样，这些规范空间的标准形式被视为系统化的一部分。日志表明，在 1902 年、1906 年、1908 年和 1909 年都制订了来年测量工作的计划。此外，情报官员还报告英国和外国军队在中国的部署情况，一度每月发送报告，从 1907 年开始定期监控中国报纸，并追踪中国邮政总局和电报站的扩张情况。他们还在当地修建了图书馆，偶尔还会从伦敦借阅书籍，索要下议院会议文件和外交部有关中国的出版物。每一项工作都表明，1901 年信息搜集上的一些问题正在得到解决。此外，一些情报官员，比如武官，还参加了北京公使馆的汉语课程。[43]

1900 年之后，武官和华北司令部情报活动的种类和范围，催生了关于中国的战略和战术知识，这不仅是空前的，而且能够被有效模仿，甚至有的时候已经超越了印度西北边境情报搜集的种类。现有的一些材料也表明了这一点。其中包括一份天津地区的地图，一份在 1905 年进行的长江侦察报告，以及一份 1905 年的关于清军军火库和武器进口的报告。

天津地图覆盖了从沿海的大沽要塞到天津市区及其西边近郊的地区。绘制地图的调查工作是在温盖特上校的指导下完成的，温盖特上校是云南情报的汇编者。调查小组由 F. G. 特纳中尉率领，印度调查部的纳塔·辛格（Natha Singh）是他的副手；丘比·辛格（Chubbee Singh），第 38 多格拉团；马多·拉姆（Madho Ram），廓尔喀步枪团；米尔丁（Mihr Din），孟加拉工兵团；拉赫曼·佩尔沙德（Lachman Pershad），第 1 婆罗门步兵团；曼·辛（Man Sing），第

139

37 多格拉团；古尔穆克·辛（Gurmukh Sing），第 33 缅甸步兵团——他们的名字都被列在地图上。除了标注测量小组之外，地图还列出了引用的其他资料来源。其中一些人被认为是"中国远征军"的军官，但也引用了中国、德国、法国和日本的资料。换句话说，这张地图综合了情报的纪律和管理功能。更重要的是，它解决了诺里发现的问题；英国人现在拥有的地图比入侵华北前的好多了。[44]

　　长江侦察是由同一位温盖特上校进行的，并得到了皇家工兵的 F. C. 特纳上尉（他也参与了华北地图项目）和威海卫团[45]的 W. H. 登特（W. H. Dent）上尉的帮助，时间是 1905 年春天（Wingate，1906）。[46]这一特别报告的惊人之处在于其贯穿始终的专业技术水准。其中包括火炮位示意图（图 6.1）；河流和居民点全景（图 6.2 和图 6.3）；炮台的目视图（图 6.4）；火炮火力分布图（图 6.5）；以及炮位的照片。这种多媒体展示，包括一张看似作战中的清代炮台的照片（图 6.6），[47]辅以河面视角，突出了岛屿或岩层的"轮廓"，每个岛屿或岩层都成为相应的印刷或手绘草图上的固定点或标记。这些标记的作用是使人们很容易地从二维地图转移到全景图和缩放的图纸和照片。

　　通过这些不同的表现形式，以及从不同的角度和尺度呈现，这些不透明的、远距离的和军事伪装的事物都变得可见和可计算。整体效果是，战场上各个位置被虚拟地包围，所有的秘密都呈现在训练有素的眼睛的审查之下。据推测，训练有素的眼睛能够计算出从炮艇甲板或战场上向清军阵地火炮投射的精准地点。

　　为了让炮兵军官清楚清军炮的威力，扬子江海防阵地每处炮台

140

也以表格形式呈现（图6.7）。图表的每一栏标明位置和炮台编号，与图纸和照片上的标签相对应；还有枪炮的数量、口径和种类（例如，后膛装弹阿姆斯特朗、后膛装填克虏伯等）及填装方式。最后一条信息很重要，因为它表明了炮口是否可以升高或转动。还有关于弹药储存设施的资料。下面的条目是典型的，是位于晋江通商口岸附近的象山炮台。

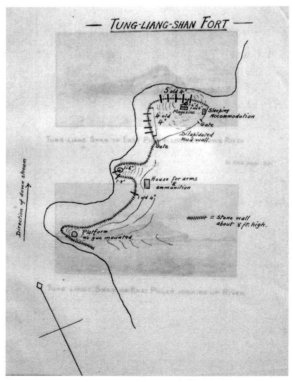

**图6.1　洞梁山堡垒炮位示意图**

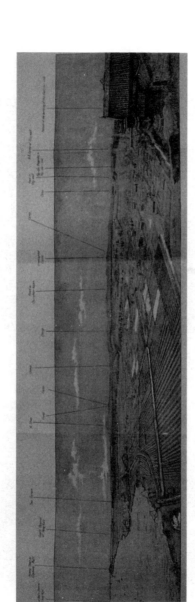

图 6.2 镇江城东的全景

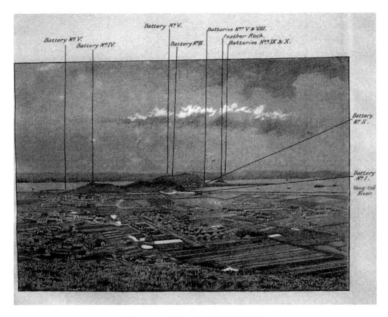

图 6.3 从玉山山顶看象山

图 6.4 江阴第 4 炮台

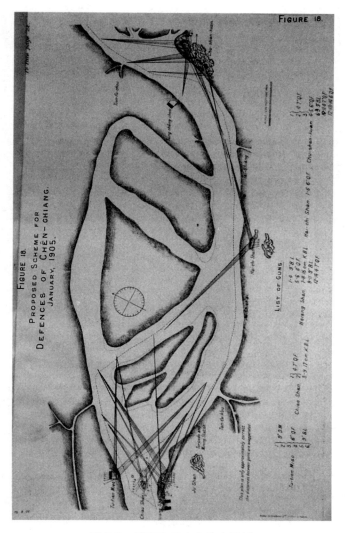

图 6.5　镇江火炮火力分布区域

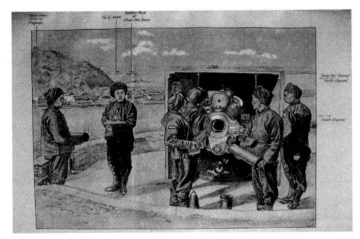

**图 6.6 炮手在象山 3 号炮台上装填大炮**

145 　　1 号和 2 号是 22 口径的炮，3 号和 4 号是 28 口径的炮。所有的炮都被棚子覆盖着，当火炮准备投入使用时，棚子就会收起。没有横转装置，火炮的正面和侧面都是暴露的。这些炮在南航道有很好的射程，以前是深航道，但不能控制北航道。北航道现在比南航道水量更大，被吃水深的船只使用……没有掩护。（Wingate，1906：23）

　　象山的五个炮台都以这种方式详细描述，每个炮台的能力都经过仔细检查，以确定它们控制晋江和扬子江航道的能力。这里查阅的印刷报告的副本还包含手写的最新情况，表明对这些地点进行持续监测。一份用铅笔写的便笺提到了 1912 年英国军官对象山的侦察，在一些炮位发现了新枪支。其他笔记引用了 1908 年炮兵营火炮和其他武器升级的"本地信息"（23-25）。不用说，扬子江海防尽在英国人的掌握。

第二份出版物讨论的是《辛丑条约》规定的禁令 1903 年到期后中国的武器制造和进口问题。[48]这份长达 87 页的报告由华北司令部情报部门编撰，1904 年由其印刷部门在天津出版，附有三张照片和一张地图，提供了有关中国兵工厂和武器生产、中国武器术语和进口的机密细节，包括外国军火商和清政府购买武器类型的表格。研究报告的第一部分首先列出了军火库及其制造企业的清单。每一种材料的信息都被组织成以下几类：历史背景、地理位置（场地的位置和主营方向）、通信、管理、建筑物和车间、弹药库和火药存储、财务和防御能力。最后的条目详细介绍了侦察活动的历史，其中很多始于 1882 年贝尔的侦察，侦察人员包括英国军官、领事以及《泰晤士报》记者莫里森博士（Dr. Morrison）。

在关于各个兵工厂的部分之后，一张表格列出了 1903 年 9 月至 1904 年 10 月中国的武器进口情况。在弹药和炸药旁边列有小型武器和大炮（野战炮）的数量和种类，每个条目前都有具体外国公司的名字。军火商包括德国的德商瑞记洋行（Arhhold，Karberg & Co.）和礼和洋行（Carlowitz & Co.），这两家公司都在香港和汉堡设有办事处，都自第一次鸦片战争时期起同中国贸易。它们是向中国进口数千支毛瑟枪的重要渠道。另一家德国公司塞斯曼（Seissman & Co.）是当时最流行的机枪之一维克斯的代理商，而曼德尔公司（Mandl & Co.）似乎是克虏伯野战炮的主要供应商。这

47

### YANG-TZŬ CHIANG DEFENCES.

*Armament of Batteries protecting the Approaches to Wu-ch'ang (Han-k'ou).*

ABBREVIATIONS.—A. = Armstrong; B. = Beauchemar; Bh. = Barbette; C. = Colt; Cm. = Casemate; C.P. = Central Pivot; D. = Disappearing; G. = Gardiner; H. = Hotchkiss; H.P. = Hydro-pneumatic; K. = Krupp; K.N. = Made in Kiang-nan Arsenal; Mg. = Magazine; M.P. = Muzzle Pivot; N. = Naval; Nf. = Nordenfeldt; Sh. = Protecting Shield; V. = Vavasseur; V.M. = Vickers-Maxim.

For reference, see Plates 17 and 18.

| Name of No. of Defensive Position | No. of Battery | No. of Gun | Calibre | Pattern | Style of Mounting | Command in Feet | Ammunition | Remarks |
|---|---|---|---|---|---|---|---|---|
| Mao'ang (Bluff) | I. | 1 | 6 pr. | Q.F. H. K.N. | Pedestal Bh. | 360 | The magazine for these guns was not located. Probably it is in the covered way connecting No. 2 gun with the crew's quarters. Fixed ammunition, mostly common shell. | The 6-pr. guns have 3-in. shields; the 4.7-in. Q.F. have 1½-in. shields. All guns, except Battery No. III., are in shells and are very conspicuous. |
| | | 2 | 4.7-in. | Q.F. A. K.N. | C.P. Bh. | " | | Very good field of fire all round. Circular concrete emplacement of usual type. Guns and mountings of all Q.F. guns are of latest type, and maintained in good order. |
| | II. | 1 | 6 pr. | Q.F. H. K.N. | Pedestal Bh. | 180 | Seen 20 or 30 ft. below and a little to the east is an ordinary house used as a magazine; it is only exposed to fire from up stream. | The range of this gun is much restricted (see Plate 18). |
| | III. | 1 | 10-cm. | B.L.K. | Old pattern and useless. | 125 | | These guns are mounted on very old-fashioned carriages and appear unsafe to fire; they fire through embrasure in the wall of the barracks on the "col." Two point north and two south, until pair having good range in its very elevation. |
| | | 2 | " | " | | | | |
| | | 4 | " | " | | | | |
| | IV. | 1 | 4.7-cm. | Q.F. A. K.N. | C.P. Bh. | 150 | The magazine is situated at the lower end of the covered way connecting the camp on the "col" and gun No. 1. This is probably the main magazine for all the batteries, and contains a good supply of ammunition. | A covered way connects the emplacement of No. 1 with the camp on the "col." Range of No. 2 is much restricted up stream (see Plate 18). |
| | | 2 | 6 pr. | Q.F. H. K.N. | Pedestal Bh. | 110 | | The garrison of the batteries is stated to be 60 artillery and 120 infantry; the men are slack and undisciplined, and the officers addicted to opium. |

F 4

图 6.7　象山枪炮种类图示

些公司连同日本的大仓和三井物产株式会社等也提供了大量弹药。像这样的报告不仅提供了中国军事能力状况的必要数据，而且提供了评估这些能力的信息。

## 关于中国军事能力的评估

如果军事情报的主要目标是给军事指挥官提供穿越敌方阵地的信息，并对敌人的能力进行快速而精确的评估，那么在这些对经验事实的超现实主义表述中，人们还有意愿评估信息并预测可能的发展方向。这种猜测可能出现在报告中或区域和军事期刊上。印度陆军在中国的侦察先锋马克·贝尔在他的报告中评论了中国的军事能力，并且在义和团运动爆发之前至少发表了两篇文章，全面地估计了中国军队的能力和军事改革的效果。在这些出版物中，贝尔表示，他对清政府改革的努力并不看好，并对中国在短期内能否成为英国的有用盟友表示怀疑（Bell，1890 and 1895）。

贝尔的评估并非独一无二。此外，他的初步评价似乎为后来的观察员提供了一个比较基准。例如，温盖特在 1904 年提交了一份有关兵工厂和武器进口的报告，并引用了贝尔的一长段话，辩称"没有发生什么改变"。根据温盖特的说法，清朝的兵工厂效率低下，因为训练有素的主管和工匠很少。令武器生产困难雪上加霜的是，清军似乎没有从失败中吸取什么教训。他们继续在战略上易受攻击的地点建立军火库，在战争时期，这些军火库要么很容易被摧毁，要么就像 1900 年发生的那样，易被外国军队洗劫。更糟糕的

148

是，根据温盖特引用的消息，当地制造和进口的武器和弹药都消失了［Intelligence Branch（NCC），1904：i-iii］。它们去了哪里，似乎没有人知道。

辛亥革命前夕，温盖特再次提出了清军普遍低效的问题。他在印度联合军种研究院的期刊上撰文指出，尽管军队改革在训练和军事演习方面已经达到比较熟练的程度，但军队还没有明白自己在为何而战。他的结论是中国的战斗力为零；中国要想与俄国、日本、德国、法国或大英帝国抗衡，至少需要 25 年的时间（Wingate，1911）。

贝尔和温盖特的评估之所以令人感兴趣，部分原因是他们是经验丰富的观察家，以评估"未开化"国家或民族的军事能力为职业。与此同时，这种评价采用了一套预先给定的类别和技术组织信息且易于格式化，也具有更广泛的地缘政治影响。如果像麦格雷戈所建议的和英国外交官所幻想（Hevia，2003：155）的那样，英国本应寻求与清朝建立针对俄国的同盟，但贝尔和温盖特的观察，再加上 1895 年中国军事的失败和 1900 年新军保卫北京的失败，所有这些都表明，目前这种安排没有什么价值。

对清朝军事能力的评估应该放在地区比较的背景下理解，而这正是像温盖特这样的观察员提供的军事情报。这是一个跨亚洲项目，基于一套一致、可靠和可重复的实践方法和共享的参照点，从而保证确定性。这些观点源于情报工作的主要成果——路线书、军事报告（国家的军队手册只是主题的变体）和测量图——体现出来的坚定的经验主义。所有这些形式的情报都是由在英国军事学校接受过训练的人提供的，他们使用统一的技术来表示、组织和归档与军事有关的信息。尽管生成的大部分情报材料似乎是为即时用途而设计的，但这些材料的历史重要性远远超出了它们所提供的简单规则和系统事实。因为这些形式的情报所实现的是一个清晰的地缘战略"亚洲"：一个在以后勤和实操为主的技术精英训练有素的眼中具有多种呈现形式的亚洲。

无论是阿富汗还是中国，每一份路线书、军事报告和地图都将统一的尺度叠加在复杂的、高度多样化的自然地形和人文地形上。这些情报产品还包含了经验知识（如早期的穿越和侦察）、情报行动的历史以及情报部门的帝国档案馆和图书馆的资料。一旦格式化成统一的情报类别，这种一致的信息就能够将档案的不同部分对齐到共同的参照点上，同时逐步用军事统计数据填充亚洲的空间，以便进行战略分析和规划。距离以英里为单位，温度以华氏度为单位，特殊的地形特征被命名并指向已知的"固定点"，而口头地名则采用统一的音译。就像在印度发生的一样，中国的地形是多层次、多角度的空间，由关口和山峰，河床和海拔高度，城市、城镇和村庄等物理元素组成，此外，对人口、历史、资源等，这些都被转换到路线书及其附带的地图、图表和统计图表的平面上。这些报告与提供更广阔视野的按比例绘制的地图和鸟瞰图相结合，使得阅读平面资料的读者预测军队的移动和评估风险——不仅可以重复穿越或侦察，而且可以为不同规模的活动和不同强度的军队部署制订计划。

这里的军事逻辑似乎是不可避免的，但同样引人注目的是，军需情报部门的活动与殖民的政治经济逻辑形成了如此鲜明的对比。与政治官员所采取的方法不同，情报部门采取的管理和控制空间的技术并不关注长期占领领土、建立缓冲区或势力范围。从工兵或炮兵军官的观点来看，问题是如何以可预测的速度和最少的能量损失在陆地上运送军队和物资，以夺取和坚守目标地点。通过路线书、军事报告、地图、示意图和表格等手段对中亚和西亚的"占领"显然实现了这一目标。通过其技术专长和管理能力，情报部门不仅寻求指挥和控制亚洲的空间，而且以一种全新的战略形式实现了它，这种战略形式能够产生一系列看似无穷无尽的帝国项目。

1900 年，诺里对手头没有足够的战术情报感到沮丧，他意识到中国在这方面存在问题，并认识到军事情报对于中国的殖民是"自然而然"的结果。在十年内，中国的情报与亚洲其他地缘战略国家不相上下。如果我们考虑一下情报部门努力生成的"中国"，就会很清楚，它正处于英属印度向四面八方辐射开来问题重重的区域旁。在这些通过侦察建立起来的区域之间，我们看到了一个行动区域，这是一个地缘战略区域，在这里，各种各样的干预，特别是军事干预得到了鼓励和实施。在这种情况下，中国并不是一个正在衰落的伟大文明，也不是英国商品的巨大市场，甚至也不是一个充满了适合皈依基督教的人群的地方。相反，我们有一个战略和战术规划的"中国"和一个技术视角的"中国"。像贝尔和温盖特的报告便是通过固定的观察点，秘密的考察，机械复制，并使用图书馆资

料汇编而成的。情报把中国和亚洲其他地区变成了一个可以计算和 **151**
监视的区域，变成了一个通过情报官员、勘测员和绘图员的专业知
识进行合理化、组织化和可视化的区域。当时，中国被纳入了一个
几乎没有任何中国人意识到的安全体制。

# 第 7 章

# 情报的用途

152  安全机制的书面产品——路线书、军事报告、手册和精确地图——把东亚、中亚和南亚组织成清晰的空间，使亚洲在关注该地区英国利益保护的军事规划者和战略家的眼中变得可见。但让情报官员看到亚洲，只是这些信息的一部分功能。正如我们在前一章中看到的，情报材料可以提炼成有用的信息，供 1900 年领导入侵中国北方行动的军官使用。它们还可以作为政策辩论的原始材料，作为军队的制度记忆场所，并作为训练军官制订战争计划和建立战时情报机构的战棋推演的主要来源。[1]

然而，情报类型和获取情报的地点之间的接口存在一些问题。当路线书和其他情报来源脱离明显有序和合理的搜集和汇编氛围时，它们似乎无法产生同样的认识论稳定性，也无法达到其形式结构所追求的明确透明的语言理想。换句话说，情报的应用有不确定性和不确定的因素。这一章探讨了情报的各种用途，并指出了帝国安全机制内部的混乱，首先是新知识在印度防务辩论中的作用。

## 情报与印度的防御

当伦敦和印度的军事官员谈到印度的防御时，他们通常指的是　153
沙皇俄国军队通过阿富汗入侵旁遮普。除了虑及阿富汗和帕坦团体
可能参与俄国入侵外，几乎没有考虑其他方向的入侵威胁。因此，
这就是中亚问题，在如何抵御"俄国威胁"的辩论中，耗费了大量
笔墨。本节讨论辩论的各个方面，尤其是如何利用情报来支持或驳
斥陆军部和印度陆军的各种立场。这场争端的主要当事方是情报机
构本身，即设在伦敦和西姆拉的情报机构。关于印度防御的争论始
于 19 世纪 60 年代末，一直持续到 20 世纪第一个十年的末期。

为了澄清情报机构正在讨论的内容，从辩论围绕的基本前提开
始可能会有帮助。如果存在一个重要节点的话，那很可能是 1868
年亨利·罗林森写给外交部和印度办事处的备忘录。[2]简而言之，罗
林森认为，俄国对印度有所图谋，正耐心地为入侵做准备。他声
称，虽然正在进行准备，但俄国会否认自己对中亚以外的任何野
心，同时俄国还是会采取一些措施来削弱英国在亚洲的威望。俄国
人还将寻求与波斯结盟，从而开辟一条穿越阿富汗西部的入侵通
道，并试图破坏沿阿富汗–旁遮普边境沿线地区部落的稳定。为了
防止印度发生灾难，英国人首先要意识到俄国构成的实际威胁，然
后制订行动计划。对罗林森来说，行动意味着阿富汗边境的军事　154
化，在奎达建立前沿行动基地，支持阿富汗政权——也就是"推进
政策"。否则就会正中俄国的下怀。

　　不管是否受到罗林森警告的影响，从 1870 年前后开始，陆军部每年都编制有关俄国入侵的情报报告。其中一幅用不同颜色绘制的地图，生动地展示了俄国在印度边境方向每年发生的控制变化，还包括一份从德国翻译过来的据称是俄国入侵印度的计划，以及一份展示俄国军队在亚洲其他地区的部署情况的表格。[3]随后的总结追踪了俄国在中亚地区控制的巩固，以及俄国渗透到阿富汗和中国新疆的证据。[4]这些报告在时间和空间术语组织上直观一致，为罗林森的悲观图景提供了依据，即俄国的扩张直接针对印度。

　　至少从 1878 年开始，陆军部和印度军队似乎就一致认为俄国的威胁是真实存在的。这种看法导致了关于为印度确定适当军事边界的讨论，是沿着印度河，还是将军事边界推进到苏莱曼和兴都库什山脉？到 19 世纪 70 年代末，陆军部的情报部门似乎已经否定了印度河一线，但该部门的成员无法就边界线应该深入山区多远达成一致。一些人主张占领和防御库勒姆山谷，因为他们认为俄国人会通过喀布尔入侵（East，1878a，1878b）。另一些人则认为俄国人不会局限于从一条战线入侵，他们主张加强奎达的新基地，那是利顿勋爵任总督（Alison，1878）时建立的，或者向西推进至赫拉特（Lysons，1878）。正如第 5 章所指出的，所有这些关于印度军事边界的猜测，都是基于对阿富汗和西北边境的地形、资源和人口不多的了解。在第二次阿富汗战争（1878~1880 年）期间搜集了新情报，但是阿富汗的大部分地区和西北边境仍然是未知之地，这使得决定印度军事边界应该位于何处的问题变得很困难。

　　1883 年，梅尔夫沦陷，促使印度政府呼吁全面划定阿富汗北部边界。正是在这种地缘战略不确定的背景下，西姆拉情报部门负责人查尔斯·麦格雷戈爵士加入了有关印度防务的辩论。麦格雷戈与罗林森完全一致的是，英国必须意识到俄国的威胁，他决定编写一份报告，通过搜集军事统计数据、地理信息以及与边界官员和印度军队成员的广泛通信，证明俄军如何能从目前在中亚的阵地入侵印度。

麦格雷戈利用手头的军事情报，汇编了《印度的防御》（*The Defence of India*，1884），以一系列问题的形式证实印度面临的危险以及应该采取的保护殖民地的措施。[5]报告一开始就询问俄国是否有足够的兵力入侵印度。利用蒂洛·冯·特罗塔（Thilo von Trotha）对俄军武装力量的研究和格罗杰科夫（Grodekov）上校对斯科别列夫（Skobelev）在中亚地区战役的描述（1884：6，21），[6]麦格雷戈在两名下属的协助下（其中一名是詹姆斯·M. 格里尔森中尉），列举了从欧洲边境到中亚地区的俄军人数和部署情况。然后，他估计了俄国动员并集中力量威胁阿富汗和印度需要的时间。根据他对可投入兵力的计算和对里海港口通往阿富汗边境的路线报告的研究，麦格雷戈得出结论，俄国可以在动员后的 80 至 100 天内，在赫拉特、喀布尔和吉德拉尔部署 9.5 万名士兵（1884：104）。一旦俄国人占领了这些战略要地，他们将能够提供补给和增援，这将使英国不可能把他们赶走。然后，俄国人可以利用这些据点沿着多条战线入侵印度。麦格雷戈补充说，俄国人几乎可以在不被英国人察觉的情况下占领这三个城市。

报告的后续章节建议英国和殖民地有义务向印度派遣军队以加

强防御，需要在西北边境修建铁路以支持前线作战基地，其战略和
**156** 战术应该被用来阻止俄国的进攻（1884：183-210）。关于这最后一
点，麦格雷戈坚持认为，必须建立一个前沿阵地，以便迅速占领坎
大哈、喀布尔，最好是赫拉特。这些城市的安全可以阻止俄国人对
整个阿富汗的控制。自始至终，麦格雷戈一再警告俄国威胁的严重
性，以及立即采取行动来应对的必要性。此外，他还相信，只有通
过军事手段才能解决问题，俄国向印度再迈出一步，就应该引发行
动。随后，他以这句挑衅性的话结束了自己的报告："我郑重声明，
我相信，**除非俄国被赶出高加索和中亚**，否则永远不可能解决俄印
问题。"（1884：241，原文强调）。麦格雷戈没有说清楚，如何才
能做到这一点。

　　手稿完成后，麦格雷戈把它贴上了"绝密"的标签，并把它分
发给一组经过挑选的通信员，其中一位是伦敦情报部门的艾尔默·
卡梅伦上校（Col. Aylmer Cameron）。仅仅几个月，到1885年3月，
卡梅伦对麦格雷戈的论点进行了系统批判，他不仅驳斥了这一论
点，而且强烈暗示军事情报来源被滥用了。卡梅伦提出了三种批
评，这在两家情报机构后来的交流中反复出现。第一，卡梅伦指责
麦格雷戈的所有估计都建立在俄国最好情况的基础上，这一点其实
是值得怀疑的，并且在后勤和时间方面过于乐观。例如，俄国人在
哪里能得到足够的驮畜供其部队穿越阿富汗（1885：4-5）？借助于
曾经游历过俄占中亚的权威人士，例如亚历山大·康迪·斯蒂芬
（Alexander Condie Stephen）[7]和查尔斯·马文（Charles Marvin），后
者采访了俄总参谋部的成员，[8]卡梅伦指出，在俄占中亚的各种战役

中，俄国人在寻找足够的驮畜供应军队时遇到了困难。运输问题将成为未来对印军作战计划的所有评估的核心。

　　除了对后勤问题不切实际的估计之外，卡梅伦指出，麦格雷戈似乎很少关注中亚地形给军事行动带来的困难。[9]他曾概括道，麦格雷戈似乎不愿接受"俄军不能在规定时间内到达指定地点的理由"，比如"无法通行的河流、无法通行的沙漠、缺乏食物、水质差等"（1885：10）。第二，他指出，麦格雷戈假定印度陆军完全不知道俄国的行动，因此在俄国人到达印度之前，没有采取任何行动来动员和集中军队。鉴于英国情报部门掌握了大量关于俄军在沙皇帝国境内部署的信息，且这些信息受欧洲其他军队的密切监视和报告，如果认为没有人注意到阿富汗边境出现了新的军队集结（1885：6），是不是有些牵强附会？第三，麦格雷戈没有考虑俄国为了发动他所预料的大规模进攻而必须集结的资源。为了支持自己的观点，卡梅伦引用了一些消息来源，表明麦格雷戈设想的规模的战役带来的财政负担，包括在中亚修建铁路的成本（1885：49，54）。

　　总之，卡梅伦指出的是，麦格雷戈未能现实地处理关于俄国能力和中亚军事地理的事实。相反，麦格雷戈描绘了一个耸人听闻的幻想场景，一个根据卡梅伦阅读的情报材料无法支持的末日景象。但关键是，卡梅伦发现《印度的防御》存在致命缺陷，因为报告的每一部分都存在对原始材料的夸大。也许最令人不安的是，军事地理和统计数据被扭曲了，目的竟然是提出一套远比伦敦情报部门认为必要或实际的建议更为雄心勃勃的建议。[10]

　　在这方面，卡梅伦对麦格雷戈的批评不仅仅是战略反驳或分

157

**158** 歧。它标志着地缘战略思维的一次重大转变——现在它将以仔细计算情报领域的时间–空间–资源比率为前提。因此，正如卡梅伦的广泛分析所表明的，如果驻伦敦的陆军部情报部门与西姆拉的情报部门的想法不一致，那么这种看法上的分歧是基于训练有素的军官（其中许多人在印度）所掌握的军事知识形式。换言之，麦格雷戈的报告没有达到搜集、汇编和评价军事地理和统计的新标准。麦格雷戈既不是皇家工兵、炮兵军官，也不是参谋学院的毕业生，这一事实是否在卡梅伦的考量中尚不清楚。显而易见的是，这件事中包含了大量的讽刺意味。正如我们之前看到的，麦格雷戈一直是军队专业化和在印度陆军建立情报单位的倡导者。他在野外侦察方面也比伦敦同行有更多的实际经验。那么，如何解释对情报档案这两种截然不同的解读呢？

一个答案可能就在于麦格雷戈本人。当他于 1887 年 2 月 5 日在开罗去世时，伦敦《泰晤士报》的讣告指出，麦格雷戈的许多观点听起来像是"卡桑德拉预言"，但他补充说，他认为大英帝国的主要危险在于自身的"冷漠"和"过度自信"，而不是俄国人或阿富汗人（2 月 7 日，1887：9）。按照这种解读，麦格雷戈夸大俄国入侵印度的理由，这可能是权威人士为了刺激印度和英国的文职领导人行动而采取的协同动作。

但更重要的一点是，麦格雷戈和卡梅伦之间的分歧并非孤立事件。事实上，在麦格雷戈死后，陆军部和西姆拉关于如何评估由汇编和侦察所得的地理和军事统计数字的冲突仍在继续。陆军部再怎么劝说也无法让西姆拉停止为俄国入侵做准备，即便是在阿富汗边界委员会提供的情报（如果有的话）让伦敦的立场变得更有说服力之后。同样被忽略的还有 O. B. C. 圣·约翰（O. B. C. St. John）上校的一篇论文。在第二次阿富汗战争期间，他曾负责伯罗斯将军所在部队的军需供应。由于他在保障一支 2700 人的部队时遇到困难，圣·约翰认为，在坎大哈维持一支庞大的部队超过几个月是很困难的，他怀疑赫拉特–坎大哈防线最多能提供 5000 人的兵力。[11] 例如，E. G. 伯罗斯后来在西姆拉分部的评估（1893）也没有改变人们的看法，他的评估是关于阿富汗的残酷地形对俄军推进的影响。

159

　　1887 年，时任伦敦军事情报负责人的亨利·布拉肯伯里试图重新讨论确定印度军事边界的问题。布拉肯伯里首先指出，尽管不可能确切地说出俄国何时或是否会对印度发起进攻，但目前"已知的事实使我们能够对这个问题形成看法"。除其他事实外，已知事实还包括阿富汗边界委员会的记录。这些消息来源表明，俄国可能的进攻路线可以"相当肯定地减少到一两个备选方案"（即坎大哈和喀布尔）。关于俄国能够"处置"的部队，可以"合理准确地计算出"（1887：1）。换句话说，最近的侦察活动改变了形势，从对麦格雷戈估计的严重怀疑转变为"可接受的确定性"和"合理的准确性"，这种情况应允许进行合理、明智的规划。

　　一个已知的事实是，阿富汗和俄国之间有一个新商定的技术上合理的边界。从布拉肯伯里的角度来看，英国政府现在面临的关键问题是如何让俄国人明白，侵犯阿富汗北部边境威胁英国的"保护国"将直接导致战争。在注意到新边界的地缘政治意义后，布拉肯伯里接着指出，如果发生战争，对俄国造成决定性伤害的不会是阿富汗，而是高加索地区的土耳其军队。他总结道："我们不应该被迫在阿富汗这条遥远的战线的尽头以我们所有的力量战斗；但是，我们应该在那里只使用符合印度安全的最低限度武力，以抵抗实际的侵略"（1887：2）。从某种意义上说，这就是问题的症结所在。麦格雷戈和其他人想在赫拉特和阿姆河上与俄国人会面。在伦敦，很少有人认为这有任何意义。吴士礼（Garnet Wolseley）也许是那个时代最著名的军事人物，在与布拉肯伯里大致相同的时间写了一篇文章，认为在阿富汗沙漠中浪费英国的军事力量是荒谬的。他称那些为该进程出谋划策的人是"疯子"，他们脑子里装满了薛西斯和亚历山大时代的军事理论。[12]

布拉肯伯里的措辞比吴士礼更为谨慎，他承认，尽管土耳其对高加索地区军事冲突的支持尚不确定，但关键是要认识到，从印度深入阿富汗开展军事行动没有足够的资源和人力。在此之后，他又承认，根据"专家的证据"，需要明确决定在哪里划清界线，从而构成宣战理由。这条线不仅是出于外交目的，而且是为了明确印度陆军作战的地理范围，换句话说，需要建立一条军事边界。布拉肯伯里解释说，这次演习的目的是要建立一个"军事政策的基础"，在此基础上，印度的动员计划和英国的增援计划可以计算出来，并可以建立一个军事组织来满足"已知需求"。这样的结果远比目前"试图在完全不确定的流沙中寻找根基"的努力更可取，并将得到伦敦的支持。

然而，为规划建立事实基础并不是一项简单的任务，主要原因是伦敦和西姆拉的情报机构在理解和评估俄国威胁方面存在很大分歧。布拉肯伯里指责西姆拉的规划者们倾向于将印度的防务视为纯粹的"本地"问题，这导致了对俄国能力的一再高估。无论是俄国的铁路建设，它的军队沿着喀布尔线推进的机动性，还是俄军在中亚的部署水平，西姆拉对俄国力量和能力的估计远远高于伦敦现在掌握的事实（1887：5）。[13]这些事实表明，俄国人可以在赫拉特和阿富汗各部署两支约1.5万人的部队。实际上，英国无法阻止这样的行动，为了应对如此有限的威胁而花费资源是愚蠢的。

　　然而，与此同时，布拉肯伯里承认，印度的防务挑战已经包括了阿富汗。对于布拉肯伯里的任何读者来说，这句话的含义非常清晰。这意味着，从战略角度来看，陆军部接受了推进政策的逻辑，即把印度西北部的防线延伸到印度河之外，进入苏莱曼和兴都库什山脉。事实上，布拉肯伯里引用了伦敦的一种普遍共识，即不允许俄国人到达或占领吉德拉尔、喀布尔、坎大哈和吉尔斯克（Girshk）线上的任何一点。边界委员会搜集的关于这些地区的地理情况，以及兴都库什山和坎大哈与赫拉特之间的阿富汗部落的资料，将有助于确定印度陆军应该（和能够）在阿富汗建立军事哨所的深度。由于通往印度的前线显然不能由阿富汗埃米尔的军队可靠地控制，英国人必须考虑如果俄国人向前推进，"永久占领阿富汗南部省份"的可能性。

　　布拉肯伯里建立了一个规划框架，并强调了现在需要解决的一系列关键问题，鉴于现在世界上有了更多关于坎大哈和喀布尔以外世界的更准确的信息，他建议在印度建立一个秘密委员会，由最高军事和政治当局组成，目的是界定未来军事前沿。然后，委员会的程序应提交给伦敦的一个类似委员会，其结果将是允许皇家军事顾问建立一个适合"帝国"而非地方需要的组织系统。如果成功，这样一个委员会也可以解决目前两个机构在军事情报方面存在的巨大分歧。

然而，布拉肯伯里的备忘录并没有在伦敦和印度引起共识。两年后，即 1889 年，印度动员委员会向伦敦提交了一份报告，报告显示西姆拉方面的想法几乎没有改变。现在，西姆拉建议，如果俄国人占领赫拉特，印度陆军不应驻守赫拉特，而应在英国的增援下立即穿越阿富汗，在那里与俄国人交战。伦敦的反应又是消极的。正如陆军部的 C. H. 布朗洛（C. H. Brownlow）所说，是印度军方开始处理**"现有状况"**的时候了（原文强调了这一点）。西姆拉应该确定一个不那么雄心勃勃的政策，并制订一个实施计划（Brownlow，1889）。

162     印度随后提交了一份题为"英国和俄国在中亚的总体战略形势"的报告，该报告由印度陆军司令弗雷德里克·罗伯茨将军签署，他的几位下属和印度外交部部长亨利·莫蒂默·杜兰德爵士（Sir Henry Mortimer Durand）重申了同样的看法，并在伦敦引起了同样负面的反应。在一份回应备忘录中，布拉肯伯里和陆军办公室的 O. R. 纽马奇将军（Gen. O. R. Newmarch）表达了与吴士礼一样的失望之情，他们对西姆拉的规划和评估感到失望。两人明确表示，印度行政和军事当局继续无视来自伦敦的批评，特别是关于阿富汗地理的看法以及俄国军队的部署和保障问题的批评。根据布拉肯伯里和纽马奇的估算，俄国人最多能向坎大哈前线派 2 万至 3 万人，这样做将不得不保护一条长达 800 英里的补给线，这条补给线可能延伸到敌对国家。他们坚持认为，这些数字都是印度情报部门应该考虑的（1889：3）。

　　相反，在提到最近的报告时，布拉肯伯里和纽马奇指出，对战略形势的总结完全偏离了正题。如果俄国人占领赫拉特，罗伯茨和其他人现在提议向那里派遣一支军队。这样一项行动计划只会逆转补给和扩大交通线路的问题——使之成为英国而非俄国的问题——同时几乎不会给印度陆军带来任何战略优势。唯一可行的办法是，英国占领阿富汗南部大片地区，并开始在坎大哈和赫拉特之间修建铁路和建立供应基地。布拉肯伯里和纽马奇的结论是：

> 　　我们认为没有必要进一步讨论这个问题。我们感到满意的是，如果俄国愚蠢地从它目前的基地向坎大哈推进，或者愚蠢地进攻赫拉特，那么野心本身就会越加膨胀；无论哪种情况，不可避免的灾难都会降临入侵的军队；因此，我们不赞成向赫拉特进军，也不赞成切断俄国在里海和中亚之间的交通，这是印度军队不可能也不应该被要求去做的事情。（1889：10）

　　布拉肯伯里和纽马奇认为，印度动员委员会的战略评估是愚蠢的，并指出有两条行动路线可供选择。其中之一——"微妙怠置"是建立在俄国越深入阿富汗，对印度的防御就越有利的前提下。布拉肯伯里和纽马奇认为，出于政治原因，这种选择是站不住脚的——它将把阿富汗人推入俄国的怀抱，同时损害英国在印度的声望。另一种选择是将英国的交通线路投射到阿富汗，以便建立一些可靠和供应充足的防御阵地。这种方法将使印度陆军能够选择有利的战场并作出相应的计划。同其他人一样，布拉肯伯里和纽马奇承认，出于军事和政治原因，坎大哈和喀布尔是两个关键的地点。因此，如果俄国人攻打赫拉特和阿富汗北部，英国人的反击行动应该是占领南部的坎大哈，并在靠近喀布尔的杰拉拉巴德（Jellalabad）和/或北部的加兹尼（Ghazni）占据一个位置。[14]

　　考虑到英国陆军部的一致意见，以及支持这一共识的地理和军事统计数据的优势，围绕印度防务的辩论以有利于伦敦的方式得到解决也就不足为奇了。尽管印度军方不被允许同兴都库什山脉以北的俄国人作战或考虑挺进到赫拉特，但布拉肯伯里认为，作为一种安全措施，阿富汗建立部分军事边界是必要的，这一想法允许印度陆军在阿富汗领土深处建立军事基地。在总督达弗林勋爵（Lord Dufferin）和罗伯茨将军的指挥下，防御工事和交通线路延伸到开伯尔山口、奎达和博兰山口（Roberts，1900，vol 2：510-14）。

　　1893年，随着阿富汗埃米尔与印度政府之间就边界达成协议，也就是众所周知的杜兰德线，这一版本的军事推进政策进一步制度化。这条分界线把阿夫里迪人、奥拉克扎伊人（Orakzais）、马塞德人、瓦济里人、布内尔人和斯瓦蒂人的山区领土，以及以吉德拉尔（Chitral）和吉尔吉特（Gilgit）为基础的北部领土，都割让给了英国。随着19世纪80年代末和90年代通往奎达和白沙瓦以西的铁路线的发展，英国人获得了一个位置，使他们可以沿

着连接喀布尔和坎大哈的假想路线部署兵力。虽然这些基地的建
立在某些情况下遭到当地居民的激烈反对（见下一章），但它们
的存在进一步巩固了印度的观点，即主要的安全威胁是俄国通过
阿富汗的陆路入侵。

164

## 战棋推演和参谋乘骑作业

在另一种形式的实践中，即作战演习和参谋乘骑作业方面，陆
军部与印度陆军之间日益扩大的战略分歧也很明显。回顾第 2 章，
除了演习之外，普鲁士陆军的毛奇将军还发展了战棋推演和参谋乘
骑作为训练军官的方法，教授他们动员和集中兵力的技巧，并尽可
能模拟实际战略条件下的作战。英国国家档案馆和印度驻伦敦办事
处现存的文件记录并不清楚英国和印度陆军采用这些方法的确切时
间，但它们显然在 20 世纪初就已经存在。在这一节中，我讨论的
战棋推演和参谋乘骑作业与其说是计划工具，不如说是印度军事机
构和陆军部之间争论的对象。下面，我将把战棋推演作为训练的辅
助手段，它是融情报工作于一体的教育工具。

1903 年，在西姆拉举行了一场防御俄国入侵印度的战棋推
演。[15]伦敦方面对这场推演的反应凸显出两者之间的差距有多大。此
外，对印度防御计划的评估是由在印度和欧洲都有丰富实战经验的
陆军部官员做出的，即新任军事行动主管詹姆斯·格里尔森少将及
其幕僚。回想一下，格里尔森是为麦格雷戈 1884 年计划搜集材料
的下级军官之一。格里尔森得出的结论是，西姆拉战棋推演是基于

一些有问题的假设，比如奥伦堡—塔什干铁路线的迅速完工，以及在阿富汗边境附近秘密储存铁路建设设备。此外，1903 年的战棋推演假定，在敌对行动开始之前，俄国人能够在阿富汗边境集结兵力和物资，而不被发现。在印度方面，战棋推演中的印度陆军直到俄军越过阿富汗北部边境时才开始调动。当然，西姆拉的演习策划者使用的场景让人想起了麦格雷戈提出的场景，而格里尔森的批评也与卡梅伦提出的类似。格里尔森还认为，俄国能够在没有人注意到的情况下将大量军队开进阿富汗北部，这是"不可思议的"。演习中预期的大规模军队调动，整个欧洲都会报道！[16]

格里尔森还质疑了西姆拉对俄国在阿富汗境内的行动速度所做的估计。他引用现有的路线报告，发现对俄方的能力和建造铁路的速度一贯估计过高。[17]他补充说，似乎很少考虑阿富汗地形对人员、设备和用品的移动造成的实际障碍。例如，除非道路得到改善，否则通往坎大哈东部的山口对于轮式火炮来说就特别困难。由于冬季融雪的径流，这些山口要到 7 月才能通行。格里尔森指出，这两个因素在西姆拉的演习中都没有被考虑。

有关俄方需要多少驮畜的数据也受到了仔细审查。这里有一个涉及骆驼的问题。格里尔森和他的同事引用了俄国军队在阿富汗北部和英国陆军在阿富汗东部的前几次军事行动的资料，对战棋推演中的数字提出了质疑。格里尔森发现，这个问题涉及一个常见错误——没有考虑到损耗，也就是供应路线上的动物损失。他估算俄国人至少需要 20 万头骆驼或其他驮畜，根据以往的战役，他断言，要得到这个数字即使不是不可能，也是非常困难的。[18]报告最后总结

165

了发人深省的牲畜"损耗"的例子。回顾 1879 年俄国对阿克哈特　**166**
克人（Akhal Tekes）的战役，格里尔森给出的数据是每月损失 17%，
每年损失 204%。英军在库拉姆谷地（1878—1879 年）的战役，每月
损失 11.43%，年损失 137%，而 1880 年希尔将军（Gen. Hill）的
部队带着充足的饲料离开喀布尔前往印度，每月仍损失 17.85%
（见 General Staff, War Office, 1904：10）。

　　然而，这种对印度规划者数学能力的审视不只限于计算。格里尔
森是在 1904 年 2 月新成立的英国总参谋部就职典礼上发表上述讲话
的。参谋部本身是王室和议会对 1899 年南非布尔人战败的一系列调
查的产物。[19]其中之一，南非战争皇家委员会（1902—1903）鉴于情
报部门的特别意见，英国陆军目前的组织结构中没有规定允许那些对
敌人能力了如指掌的军官就政策提供建议（RCWSA, 1903：14）。[20]情
报部门的职责主要是搜集信息，并在上级要求时提供这些信息，但
不应主动提请上级注意。但是，除了伊舍勋爵所写的一份不同的附
录外，委员会没有就改革提出具体建议。

　　这个报告和委员会所做的会议记录出版之后不久，当时的首相
阿瑟·贝尔福（Arthur Balfour）任命伊舍为陆军部（重组）委员会
的主席，正是通过这个机构，总参谋部才得以成立，情报机构被重
新划归军事行动局，格里尔森成为第一任总参谋长。此外，伊舍推
行改革，给已经存在的帝国国防委员会设立了一个永久的参谋部，
废除陆军总司令一职，建立了一个军事委员会处理陆军部的事务，
并任命了新的军官，这些军官都是参谋学院和科学兵团改革后的产
物，他们实际上担任了陆军部的所有高级职务。[21]这是英国第一次按　**167**

照普鲁士模式建立了一个战争规划机构，并将行政、情报和作战职能划分开来。

因此，格里尔森对 1903 年印度陆军战棋推演的评价反映了英国在战争组织和计划上的巨大变化。从那时起，军事行动局的规划机制，一方面涉及战棋推演、参谋乘骑作业、演习和情报搜集，另一方面涉及改进参谋人员手册、战地服务手册和陆军手册，成为战争准备工作的重点。作为军事行动局的领导，格里尔森重新构建了情报类型，将其作为对未来战争进行理性和谨慎规划的基础材料。对印度来说，这意味着负责评估安全威胁的文职和军方领导人必须应对英国全新的中央军事监督结构，这种结构完全掌握在专业精英手中。

大约在同一时间，印度当局发现自己成了重组后的帝国国防委员会（Committee of Imperial Defense，简称 CID）的批评对象。该机构在大臣乔治·克拉克（George Clarke）爵士的指导下，致力于将规划和评价程序纳入涉及帝国安全系统的所有事务中。印度陆军的驮畜计算再度成为一个问题。1905 年 6 月 28 日，一位匿名的作者在 CID 的一篇文件中，从骆驼队在阿富汗的实际移动速度，讨论了运输问题：

> 在行进路线上，一只骆驼要占据 5 码，那么 350 只骆驼要占 1 英里。在这些道路上一天的行军很少会超过 10 英里，而且通常会稍短一些。以每小时 2 英里的速度，10 英里的行军需要 5 个小时。如果车队能在 24 小时中持续移动 12 小时，最后

一只骆驼必须在晚上道路关闭前 5 个小时出发。换句话说，每
天最多连续 7 个小时驼队经过道路上的指定地点。以每小时 2
英里的速度，700 头骆驼将在 1 小时内通过任何一点……7×
700，或 4900 只骆驼沿一个方向一天只可以走 10 英里……这
就限制了从前方基地出发，在 7 天的行军中可以获得补给的部
队数量……一个印度师（12500 人）。[22]

印度军方官员似乎没有把对部署在阿富汗的部队补给的另一个
限制因素考虑到他们的防御计划中。此外，对于那些可能难以理解
这个问题的人来说，该问题还被组织成一个微分方程，用来计算在
距离补给基地较远的地方为一定规模的部队提供补给所需的骆驼的
数量。根据这个方程，为了保障贫瘠地区一支远离补给基地（70
英里）的印度师七天所需物资，一年需要 109056 头骆驼。[23]

CID 的评估和计算当然适用于中亚或阿富汗的任何战役——
无论是俄国军队向印度推进，还是英国陆军从坎大哈向赫拉特推
进。同样重要的是，印度陆军情报部门很容易获得用于构建陆军
部和 CID 所需现实评估供给需求的信息。因此，格里尔森和 CID
援引实际情况、历史先例和数学公式，准确地指出了印度的基本
缺陷。在伦敦新成立的战争机构的官员看来，西姆拉不对军队补
给方式作出现实评估，就考虑与俄国开战。换句话说，为什么西
姆拉不盘算一下呢？

乔治·克拉克爵士在一份涉及印度政府要求增援的备忘录中，
简明扼要地总结了从 CID 的批评中得出的结论。他认为，在印度进

行的"Kriegspiel"（即战棋推演）只包含"最不可能的意外事件"
（Clarke，1904-7，no. 26，p. 70）。前一年，格里尔森在给总参谋部
的信中这样说：

> 虽然［西姆拉］战棋推演提供了对所处理问题的有趣研
> 究，但不能认为它与我们在实际战争中的情况非常相似。它假
> 定俄国开始行动的时候，在各个方面都进行了充分准备，10
> 万人穿过阿富汗边境，后面还有30万的支援力量，而英方还
> 没有做任何形式的准备……这是不可想象的，俄国在任何情况
> 下都不可能达到这个程度。（Grierson，1904：10-11）

然而，西姆拉并没有对印度陆军进行规划——例如入侵阿富
汗——而是坚持搞这种让俄国人获得了"不可思议的"优势的战
棋推演。[24]甚至1909年在印度设立的总参谋部和印度陆军的重组
似乎也没有改变情况。在1910年的一次"参谋乘骑作业"中，
俄国成功入侵印度并占领德里，军官们进入战场解决战略和战术
问题。演习假定俄国人能够安抚阿富汗人和山地部落，并建立了
从俄占中亚到德里大门的安全交通线。参与推演的军官们随后制
订了一个方案：英国军队集结，夺回德里，然后把俄国人赶回萨
特莱杰河。[25]

170    英国陆军部档案中没有记录显示伦敦对这些演习的反应。印度
军方此前对西北边境战略形势的研究似乎也没有得到回应，但也许
根本就不需要。印度陆军参谋长（Moreman，2002：58-63）是总

参谋部的直接前身，这份 1909 年关于战略条件的报告承认"没有考虑到组织和控制以动物运输为基础的有效供应线的难度"（Chief of Staff's Division，1909b：56）。

鉴于英国和印度已经提及的与情报有关的合理化进程、打造专业精英甚至是和欧洲大陆的军队相匹配的参谋系统，很难理解为什么印度的规划者继续拒绝处理英国和印度情报实践产生的客观证据。至少有一些印度情报官员清楚地知道，在规划和评估中忽略了补给和地形因素，这种盲点就更加令人费解了。此外，记录显示，从 1885 年到 1912 年，印度军官被任命在陆军部情报部门工作一年。[26] 如何解释这种矛盾的现象？有几种可能性。一些证据表明，虽然西姆拉相当擅长搜集情报、编写报告和归档信息，但没有人确切知道如何处理手头的大量材料。这至少是威廉·罗伯逊在 19 世纪 90 年代初派驻情报部门时的评价。罗伯逊本人也是《阿富汗地名录》第 3 版（1895）的编辑，他在西姆拉时指出，西姆拉的参谋人员更可能是因为他们"会表演"，或者因为他们掌握了其他殖民地的休闲技能而被任命的（1921：51）。

罗伯逊提出的一种更须重视的可能性是，印度的军队领导层经常受印度政府中推进政策倡导者的影响，他们决心向伦敦施压，要求为保卫印度提供一切资源（1921：135）。俄国入侵的威胁，如果有足够的说服力，有助于证明他们的论点。此外，至少在 20 世纪初以前，俄国军方的文件资料中似乎有充分的证据支持印度陆军关于这种威胁性质的看法。外交部和陆军部成员对这些资料的翻译表明，在 19 世纪 80 年代和 90 年代，俄国的规划人员不仅利用他们自己在中亚的侦察行动[27]，而且在一个由 W. 列别杰夫（W. Lebedeff，1893）上尉起草的计划中，直接从公开和机密的英国资料中获取信息，包括麦格雷戈的《印度的防御》和印度陆军的路线调查，以完善入侵印度的计划，其中包括俄国人赢得阿富汗人和山地部落的支持。[28]此外，由于该计划将军事行动设想成一系列征服和巩固的阶段——首先是赫拉特和阿姆河以南的地区，然后是喀布尔和坎大哈，最后通过阿富汗山区抵达印度河——印度军方领导人可以从俄国的消息来源中找到支持他们提出的任何版本的印度军事边界的证据，以进一步证明他们需要更多资源是合理的。[29]

第三种可能性与印度的抵抗有关，印度反对帝国防御重点的重新定位，而这种重新定位发生在伦敦，与伊舍的改革同时。格里尔森对印度的看法自 19 世纪 80 年代以来发生了明显变化。在他和他的副手、前面提到过的罗伯逊的支持下，军事行动委员会已经开始计划另一种完全不同的战争，一种不把印度置于帝国防御中心的战争。[30]1905 年，指挥部组织了一次参谋乘骑作业，包括动员英国远征军登陆比利时。敌人被推定是一支德国军队。[31]1909 年，道格拉斯·黑格（Douglas Haig）被任命为新成立的印度总参谋部的参谋长，他决心将印度陆军纳入英国远征军的概念。尽管在 1911 年至少组织了一次参谋乘骑作业，黑格的倡议遭到了印度陆军和政府的反对。[32]这一切的古怪之处在于，印度陆军情报部门帮助开创的许多类型的情报似乎更有助于对其实践的批评，而不是为保卫印度和帝国制订权威的技术-军事计划服务。

## 情报类型和机构记忆

军事报告也起到了跨代集体记忆的作用：它们的历史部分经常记录以前有关地区的战役。[33]这些关于印度陆军战役的记忆，被情报部门进一步搜集和总结成一套六卷本的集子，名为《印度的边境和海外探险》(*Frontier and Overseas Expeditions from India*，1907—1911)，它本身就是对早期同类作品的更新。[34]也许更重要的是，随着接触或冲突的实例日积月累，历史被提炼成"经验教训"，民族志部分被扩展，往往包含了各种当地习俗和信仰的复杂细节。而且，随着时间的推移，这些冲突逐渐与"文明"战争区分开来，因为这些战役涉及与"非正规"或"野蛮"势力作战。在这里，我将集中讨论有关阿富汗和西北边境的军事报告。

之前讨论过的关于阿富汗的第一份军事报告载有第一次和第二次阿富汗战争以及阿富汗边界委员会的历史。它的"民族学"部分列举了阿富汗的种族，从真正的阿富汗人——杜兰尼人和吉尔吉人开始，然后转向各种非阿富汗部落。该报告接着总结了以下经验教训：阿富汗的军事力量从来不是建立在正规军，即喀布尔的埃米尔军队的基础上，而是建立在其主要部落杜兰尼和吉尔吉的"勇气和狂热"的基础上。在第一次和第二次阿富汗战争中，英国侵略军轻而易举地击败了正规军，但在第一次战争中，他们发现自己在 1841 年试图撤离阿富汗时几乎被吉尔吉人消灭。在第二次战争（1878～1880 年）中，由于这两个部落的参与，战役得以延长。或许是轻

173

松取胜的经历让一些分析人士相信，阿富汗军队永远无法对抗俄国人。但许多人也看到，在东部山区，杜兰德线两侧的部落可能对任何进军印度的行动构成可怕的障碍（Chief of Staff's Division，1906b：92，191）。

20年后，在第三次阿富汗战争（1919年）之后，一份更新的军事报告出炉。这份报告特别令人感兴趣的是它总结了"阿富汗人的性格"。在与阿富汗人打交道时，经过仔细研究发现，他们"奸诈，两面派作风"（1925：17）。除非明确可执行，否则不得订立任何条款。向阿富汗武装分子投降是不可能的，因为这样做的结果是"任何指挥官都不想让自己部队遭受的耻辱和羞辱"。此外，尽管随着时间的推移，阿富汗人已经擅长使用欧式步枪，并能根据形势变化调整战术，成为有效的游击战士，但他们的"性格"和"狂热"自19世纪40年代以来丝毫没有改变。因此，重要的是以有力和坚定的行动对付他们。如果他们的攻击得到"坚决"和"冷静"的回应，他们会迅速消散。如果需要，惩罚应该是"严厉"和"猛烈"的，"短暂的措施比无所作为更糟糕"。恐怕有人不明白严厉是什么意思，报告解释说，最好的结果是行动能够"给他们造成最大的人员损失"，然后"是无情的追捕，没收牲畜、粮食、饲料和燃料"。"犹豫不决、优柔寡断、不作为或纯粹防御性措施"只会助长他们的侵略（General Staff, India, 1925：xviii）。

至于他们自己的战术，报告称，英国人已经学会了机动性的重要性，学会了骑兵和步兵部队之间保持密切联系，学会了使用轻型机动火炮（General Staff, India, 1925：xix）。然后，报告最后警告：

"阿富汗人和部落成员"是"世界上最好的裁判，因为他们很少允许战术失误不受惩罚"。因此，对于所有军官，尤其是那些刚参加山地作战的军官来说，重要的是不能忽视预防措施，经验表明这是必要的。没有什么比采用一些阿富汗人自己的"小规模作战方法"更有效的了（General Staff，India，1925：xx）。最后这一点可能是指轻装上阵，这表明阿富汗人和山地部落人员在游击战中的机动性和熟练程度。

　　这是对过去四分之三个世纪与阿富汗接触的经验的简明总结，人们对此感兴趣出于以下几个原因。首先，从总结中可以看出，它所包含的知识是通过实际经验和多次失败的惨痛教训获得的。其次，传授这些经验的方式使没有经验的人明白，他们的生存取决于熟记这些经验。再次，报告体现的经验知识清楚而不加修饰地描述了"野蛮"战争，并为惩罚性远征提供了明确的理由。最后，虽然阿富汗人和部落成员的勇气得到了认可，但除了他们的狂热之外，几乎没有人了解他们愿意同英国人作战的动机。

　　在与山地部落打交道的军事报告中，类似的描述随处可见，尤其是那些似乎给英国人带来最大困难的部落——瓦济里斯坦的瓦济里人和马苏德人。1935 年的一份关于瓦济里斯坦的军事报告（第 5 版）指出，"帕坦人的许多特征在这些部落中得到了强化"。[35]标准的清单包括残忍、背信弃义、杀人欲、贪婪、忘恩负义、两面派和血仇倾向。但与此同时，帕坦人也勇敢、机灵、好客，并具有许多军事上的优点，这使他们成为英国边防部队的理想人选。然而，由于血仇盛行，作为士兵，他们是不可靠的（1935：163，170-71）。

**175**  报告不仅列出了这些群体的基本特征（其中许多特征出现在与英国交战的大量报道中），还建议采取各种形式的集体惩罚，其中一项重大惩罚是摧毁设防要塞或碉堡。瓦济里人部落和马苏德人部落显然早就建立了这样的堡垒，以抵御其他部落。报告指出了摧毁其中一座塔楼所需的炮弹大小，并描述了如果这座塔楼被遗弃，在哪里安装爆炸装置摧毁它。中型火炮被认为是摧毁塔楼的有效武器，而且还能在当地人中引起"恐慌"，特别是如果村庄在夜间遭到炮击，对居民的"道德影响"是"可观的"（General Staff, India, 1936：12-100, 166-67）。人们可以想起在其他北方类似局势中发表的声明。例如，英国人还了解到，华北人不喜欢被砍头、炸毁庙宇或拆毁城墙。这种惩罚性的干预在中国也是出于道德上的考虑（Hevia, 2003：195-96）。

诸如此类的惩罚性和象征性措施似乎是边境战争的正常组成部分。第一次世界大战后出现的小册子和战地服务手册进一步使它们制度化，而且似乎是按照这样的原则进行的，即系统、蓄意的破坏给部落人留下了深刻的印象（General Staff, India, 1920：21）。更确切地说，小册子和手册是提出总体原则，而不是基于特定群体或地理区域为参加战役的军官提供高度灵活的实用指南。[36]可能是最后一本战地服务手册——《印度边疆战争》（*Frontier Warfare-India*, 1939）[37]不仅重复了较早的资料中发现的各种形式的惩罚，而且在附录中对"拆毁村庄"提供了系统的指导，包括摧毁塔楼、房屋、农田和果园、粮食供应和农田四周挡土墙的说明。[38]塔楼要用上述方法

**176**  摧毁，房屋的屋顶梁和任何其他木质结构要彻底烧毁，这样它们就

不能再使用了。与此相反，清真寺、墓地和公墓不能进入或以任何方式亵渎。换句话说，人们对于惩罚性或报复性行为有效性的界限有一种普遍的理解，这种感觉部分来自另一种长期积累的知识形式——关于帕坦部落的信仰、实践和习俗的民族学资料。

1935 年瓦济里斯坦军事报告中关于瓦济里人和马苏德人特征的一章包含了大量的民族学数据。报告开篇提到这两个部落基本上都是牧民，他们根据季节迁移。他们也住在一些从事农业生产的村庄。这些村庄和山区的帕坦社区一样，都有防御塔，通常的攻城指南列在后面。这一章还讨论了部落的服饰、饮食、婚姻和离婚习俗、争斗和葬礼、墓地和宗教信仰。最后一段描述了瓦济里人和马苏德人的宗教信仰，从 19 世纪下半叶开始，这些宗教信仰在山区部落的大部分资料中重复出现。虽然表面上是穆斯林，但部落成员的宗教仪式并不严格，而且他们"对《古兰经》所传达的伊斯兰教法一无所知"。此外，据报道，他们的宗教领袖大多不识字。宗教上的失败与其他消极因素结合在一起。妇女受到虐待，如果她们拒绝包办婚姻，就可能被氏族杀死。没有关于婚姻、出生或死亡的记录，所有这些都标志着山区部落处于某种原始进化阶段。最后，或许也是最糟糕的是，如果这些部落中存在某种类似于社会生活的东西，那就是它被"血仇所包围"（General Staff, India, 1936: 167-173）。

但是，如果部落成员表现出一种"原始"的生活方式，无论是个人还是集体，他们都是令人印象深刻的勇士。在民族学一章的"战术"一节中，报告对这些群体的适应性和军事独创性大加赞赏。 **177**

我们被告知，瓦济里人和马苏德人在山区是令人生畏的，他们的情报系统从未错过英国入侵的最初迹象。很快，谷物将被掩埋，妇女、儿童、牛羊将被转移到安全的地点，部落成员伺机攻击失误的英国人。他们袭击后卫部队和伏击救援队；前后压制纵队，派"剿杀队"进入补给车偷窃武器和弹药；发动快速反击，诱骗步兵部队进入陷阱，然后消失在山中，最后又出现在高地上，对英军纵队进行狙击。[39]

多年来，瓦济里斯坦部落还针对边境哨所开发了各种各样的策略。送葬队伍可能会把来复枪藏在放置尸体的白布下。电报线被切断以引诱工作人员离开设防的哨所。哨所遭到远距离的狙击，目的是诱使守备部队派出巡逻队。部落男子有时打扮成女人靠近印度陆军士兵，然后用刀刺伤他们。英国部队在进出哨所时，各部分之间的任何间隔都被迅速利用。向哨兵扔石头以分散他们的注意力。部落成员在军火库的墙下挖地道或挖洞来偷枪和弹药。如果一名持枪男子在挖地道，他的步枪会系上一根绳子，这样，如果他被抓住，同伙就可以把枪拉出来。瓦济里人和马苏德人甚至获得了卡其布，这样他们就可以伪装成印度士兵。也许最令人不安的是，他们还加入了印度陆军，学习英国人的战术，并带走了英国的步枪（1935：173-81）！

应该清楚的是，这种信息的积累对帝国安全制度来说是无价的，其中许多信息是英国人从痛苦的实践经验中获得的。用一位经验丰富的边防军官的话来说，这些不同类型的报告和战地服务手册是"传递信息"的关键手段，[40]向新军官传授基本的殖民地知识，

不仅是为了维持"和平",而且是为了在极端敌对的环境中生存。　**178**
然而,正如我们所看到的,同样是在充满危险的战斗中,山地部落
也表现出了令英国人钦佩并试图将其招入麾下的军事素质。

　　事实上,在 1857 年的印度民族大起义平息后,英国人开始依
赖他们所谓的印度"尚武种族"来为军队提供人手。[41]20 世纪头 25
年,印度陆军招募人员的手册明确了这些种族,并列举了他们的基
本素质。[42]这些书载有与军事报告和战地服务手册中发现的特征类似
的材料。例如,招募手册有适用于加尔华里人(Garwalis)(Evatt,
1924)、锡克人(Barstow,1928)、穆斯林各"族群"和廓尔喀人
(Morris,1933,4th edn.)的。关于多格拉人的手册特别有趣,因为
它提供了生命周期仪式的细节,如出生、宣誓、订婚、结婚和葬
礼。为什么这类细节对军官来说很重要?显然是因为他们希望允许
多格拉士兵在特定的一段时间内为这些仪式中的一项或另一项休
假。此外,还提供了关于多格拉烹饪、饮食习惯和烹饪用具、乡村
生活、住房和家具、继承法和收养法以及妇女在多格拉社会中地位
的大量资料(Cunningham,1932:75-83)。这种对尚武种族信仰的
敏感和适应意愿很重要,尤其是与英国人对山区部落的行为形成鲜
明对比。

　　第一,对多格拉文化的关注表明,英国人有能力理解或至少适
应他人的做法,当然,前提是有充分的理由这样做。第二,招募手
册中汇编的各种材料非常适合嵌入安全机制的信息系统的整体结
构。军事机构需要可靠的当地人力资源来履行各项职能。但它也需　**179**
要能够依靠的这些人在战场上保持忠诚和可靠。其中一种方法似乎

是确保英国军官不违背士兵的"信仰体系"。第三，人们似乎普遍愿意以一种不那么敌对的方式对待尚武种族新兵的信仰。尽管受到各种对他们"性格"的负面刻板印象的影响，但这种灵活性甚至适用于帕坦新兵。

一本由 R. T. I. 里奇韦少校编写的 1910 年的手册，展示了如何通过关于尚武种族的论述使得有关帕坦特征的其他形式的知识能够被考虑进来。在重复了帕坦族惯常的一连串缺点——对伊斯兰教义的掌握不足，易受毛拉对圣战狂热呼吁的影响，背信弃义，卷入无休止的血仇，等等——之后，里奇韦超越了通常在军事报告中可以找到的民族学描述，特别是在宗教信仰方面。例如，他知道普什图语对圣人的称呼。他指出，大师（pirs）"被认为具有治疗疾病、避邪和满足愿望的超自然力量"（1910：33）。更有趣的是，他发现了圣人或圣者（ziarat）的墓地，他认为这些墓地与生育、愈合以及在圣地留下祭品的祈祷者的特殊要求有关（Ridgeway，1910：1，14，28-42）。书中没有提到迷信，里奇韦也没有诋毁这些信仰。相反，他实事求是地介绍了它们，仿佛它们对新兵和可能指挥瓦济里或马苏德军队的军官很重要。因此，除了墓地和清真寺之外，军事报告和战地服务手册中没有任何与信仰相适应的内容就显得更加令人吃惊了。

如前所述，军事报告、战地服务手册和征募手册都载有指导各种行动的实用资料。此外，这些资料是历任工作人员和情报官员长期以来积累的。因此，这些类型的陆军出版物就成为它们所涉及的特定主题的集体记忆的官方档案。通过定期更新，这些类型的信息管理可以被视作西北边境的权威。然而，它们也是一种奇怪的权威。例如，这些出版物的接受者被告知，最新一版取代了前一版，现在应该销毁前一版。换句话说，这些作品不涉及比较历史或民族学的项目，其中对于除战争以外的过去情况的详细记录没有任何价值。所讨论的集体记忆是经过提炼的，仿佛它们所描述的人口和领土是稳定不变的，并且可以通过手册中所载的更加完善和最新的知识加以操纵。

180

　　情报机构通过文本控制地形和人口的巨大努力产生了后果。所有的多格拉人本质上都是一样的，所有的帕坦人也是如此。这两组人也有本质上的不同，这种不同的标志是坚持认为他们分属不同的种族。然而，与此同时，这些区别中存在着明显的矛盾，因为并非所有的帕坦人都得到完全相同的对待。其中一些人，可能是在军队服役的人，其信仰和作法被重视；另一些人，如军事报告、战役报告以及我们将在下一章中看到的大众媒体所强调的，他们的信仰显然是迷信和野蛮人的信仰。此外，招募手册和军事报告中的这种分歧指向了安全机制中存在的根本性的、无法解决的紧张关系。了解尚武种族在多大程度上可以用来支持英国的统治变得至关重要。帕坦人是无可救药的落后异类，还是只比其他尚武的种族更公开地表达对英国的敌意？军事统计和野战手册都没有回答这些问题。无论军事报告在规划行动方面多么有用，无论战地服务手册如何指导缺乏经验的人，不管手册在招募多格拉人时多么有用，它们也包含了一系列令人不安的描述和刻板印象，为无情地对待那些反抗英国统治的人提供了意识形态依据，并使人们对那些看似忠诚的人产生怀疑。

## 规划及培训制度

战棋推演和参谋乘骑作业是由一系列有指导的演习组成的，目的是训练军官了解现代战争的复杂性。至少在理想情况下，这些演习的核心是军事知识的实际应用。军官们应该学习如何将各情报源获取的材料应用到实际的战场上。战棋推演和乘骑作业的设施允许他们以线性的时间顺序完成这一目标，从规划室（地图演习和桌面战棋推演）移动到假想战场的地形。在这个过程中，战棋推演促进培训制度的监督者建立一套衡量成功或失败的标准。

181　　正如德国模式所表明的那样，在任何阶段都可以对军官或军官小组以及他们使用的文本和代表性资源进行评估和批判性评价，同时可以查明在工作过程中出现的缺陷。军事演习的三个方面——军事知识在规划中的应用、执行一系列实地任务和评估结果——至少在理论上可以不断完善和升级战争计划，使其与最新的技术创新保持一致，并利用最近的交通线。

　　1913 年在印度进行的一次情报演习，虽然与前面讨论的演习相比是独特的，但它采用了类似于德国陆军的训练演习模式，以及本研究中讨论的情报类型与作战计划之间的关系。[43]演习报告的前言称，演习目的是"实用和有益的"，而且"纯粹是实验性的"，这使得演习的阵容与以往在印度举行的战棋推演和参谋乘骑作业截然不同。差异体现在四个方面。第一，演习是围绕一个真实的历史事件组织的，即 1780 年海德尔·阿里（Hyder Ali）入侵卡纳提克地区（Carnatic），这一进攻威胁到了英国与阿科特的纳瓦布结成的保护联盟。第二，要求参与者借鉴大量的原始资料，包括 1780 年的战役记录和当代路线书、军事报告以及关于印度南部的各种其他情报材料，并将其纳入自己的解决方案。[44]第三，演习是作为一组明确规定的任务来组织的，每个参与者都需要完成一份适当的书面报告。这些任务大致分为两个部分：在敌对行动爆发（重新实施）之前完成的筹备工作和实地的战争情报。这两个部分被细分为六个方案或"特别想法"，每个方案都有明确的目标（与教师的课程计划类似）来教授一组特定的技能。在进行下一个想法之前，对每个特殊的想法进行评估、讨论和评分。第四，在演习开始前，军官们已熟悉一套阅读材料，包括《战地服务条例》《战争参谋人员手册》《外勤情报原则和实践》，以及海德尔·阿里入侵卡纳提克的历史记录，还有他的军队和他自己作为指挥官的信息。[45]

该项目的负责人宾利上校（Col. Bingley）介绍了这一演习。宾利在评论中强调了情报工作的重要性以及了解亚洲战争特殊性的必要性。在引起人们对两种形式的情报（和平时期和战争时期）的注意之后，宾利接着指出了他所谓的"现代情报官员的工作工具"（ILD，1）。这些都是贯穿本研究的情报类型，它们都是和平时期情报的产物，也是构建和平时期战争计划的原材料。相反，尽管这些工具被认为在战争开始后仍然有用，但它们不足以提供战时情报。必须开发新的情报来源，这往往意味着情报官员必须准备在困难和危险的条件下获得关于敌人的资料。

在区分了这两种情报之后，指挥官注意到当时几乎没有军官真正有过战时情报工作的经验。此外，由于战场的实际情况和"迷雾掩盖了所有的过程"，这种经验不可能在军事演习或战棋推演中重现（ILD，2）。尽管如此，仍有一些事情可以做，为军官搜集战时情报做好准备。例如，他们可以接受训练，以最佳方式使用原始材料——在实践中了解其优点和局限性——以便规划军事行动。通过演习，如战棋推演，军官也可以学习与战争情报有关的具体任务。无论哪种情况，手头的练习都是为了激发推理能力。情报工作，"就像侦探工作一样，是一种追踪线索、拼凑零碎证据的艺术，以便人们能够建立一个理论，基于合理的假设，推断敌人已经做了什么或可能做些什么"（ILD，4）。出色的侦探工作反过来又包括以记录和摘要的形式有条不紊地组织信息（回忆一下科伦对伦敦情报部门活动的描述）。出色的侦探工作还意味着对路线书和军事报告等信息来源的准确性和当前程度进行测试（ILD，5）。

陆军部的工作人员手册中概述了一些参与者将执行的任务，但军官们也需要了解英国亚洲帝国战争的特殊条件。例如，如果在阿富汗爆发武装冲突，英国可能不得不解决由"宗教狂热"引起的旁遮普骚乱（ILD，6）。因此，情报官员在规划和执行在阿富汗的军事行动时，必须准备同印度的内部安全机制合作。殖民战争似乎以不同于欧洲的方式将安全机构的内部和外部要素融合在一起。在欧洲，问题是敌方间谍渗透到严格意义上的领土国家。

然后，指挥官把注意力转向了一个之前讨论过的战棋推演和参谋乘骑作业中没有出现的主题——敌方领导人的心理，他似乎指的是"性格研究"（ILD，8）。这类评估的来源是情报官员长期搜集的名人录文件。虽然宾利承认性格研究在亚洲是一个艰巨的任务，信息不像英国武官研究德国、法国和俄国官员那样准确和那样容易获得，但宾利也认为，即使结果看起来像是"伯克贵族家谱和苏格兰场的黑名单"的混合，也必须尽最大努力（ILD，9）。

在提出了对当地领导人进行心理研究的问题后，指挥官进一步强调了理解亚洲人"性格、习俗和偏见"的重要性。他解释说："东方人的思维微妙而多疑，喜欢歪门邪道，充满矛盾。"你会遇到一些印度人，他们在某种程度上是神秘的，但他们是如此虚荣，以至于可以说，当地人受情感的影响要大得多，也就是说，受同情和友好态度的影响，而不是受理性、逻辑或抽象正义的影响（ILD，9）。虽然这种描述并没有什么特别不寻常的地方——这是标准的东方主义——但在指挥官的建议中，有一些有趣的地方，可以让军官们对印度特有的"东方思维"有更多了解。现在有许多东方重要人物的自传和传记的译本，还有《暴徒的自白》《从印度兵到印度连长》等书。[46] 脚注中指出，军官应熟悉这些资料来源，并请读者参阅附录中列出的其他回忆录。

更有趣的是，宾利推荐了另一种有用的资源，那就是基督教圣经。"没有任何作品，"他解释说，"能比《旧约》更清楚地揭示东方人的生活和性格，尤其是闪米特类型的东方人，如阿富汗人、帕坦人、俾路支人，以及印度穆斯林的某些阶层。"除了提供大量的人物研究，他说，《旧约》也包含了闪米特人倾向于宗教狂热的例子，这是一个跨历史的特征，在过去通过犹太人对巴力神坛的攻击表现出来，现在以穆斯林圣战的形式表现出来（ILD，9）。综上所

184

述，如果军官们依靠现有的情报来源，运用他们的推理能力，研究当地人的心态，这种心态就像阿富汗人和瓦济里人的心态一样，在很长一段时间内是稳定的，那么军官们就应该能够评估当地的领导人和他们的军队。

教学开始于"特别想法 1 号"（Special Idea No. 1），这个想法本身就以演习的目标开头。[47]第一次演习的目的是教导军官组织一个能够满足外部和内部安全需要的情报部门，并协助军官查明情报部门所需的资料以及如何取得这些资料。一个总目标是向与会者表明，和平时期的情报工作必然与战争准备有关，这种工作必须持续进行，以确保从和平顺利过渡到战争。在明确了永久战争规划机制的理由之后，"特别想法 1 号"还努力阐明与民事、政治和军事当局分享信息的重要性，"以确保互惠与合作"。

"特别想法 1 号"的设计，也被用来证明情报不仅仅是对敌军力量和潜在战场地形的估计。情报官员还必须获取和组织所有可能影响战争行为的军事统计数字，包括敌人的民政和财政，他们的医疗服务、补给、运输、战争物资和制造业资源，他们的联盟和国内政治稳定，以及他们领导人的性格和能力。除最后一项外，本清单是军事报告中搜集的信息的部分归档类别。它们也是大约 60 年前德国和俄国总参谋部所确定的主要军事统计类别。

宾利的助手迪洛姆（Dirom）上校指出了应该形成书面解决方案的各种信息，将这次行动的具体目标转变为一项正式命令（再次遵循德国模式），要求组对的情报官员共同撰写一份"评估"报告：这是他们对这一特别想法回应的专业术语。该命令表明，在构成这次演习（1780 年）基础的海德尔·阿里入侵时，印度陆军中不存在任何情报组织。因此，战棋推演的第一步是创建一个。每一组的参与者都有 6 名英国官员和 1 名当地军队军官。迪洛姆解释说，参加会议的人员将决定如何最好地利用他们的参谋，查明所需的资料，确定获得所需资料的最佳方法，并期望所提议的组织方式能立即适应战争。官员们基本上是在黑暗中完成"特别想法 1号"——他们被告知，"目前"几乎没有情报，因为民政当局禁止建立情报单位。然后要求每一对参谋人员拟订一项计划，作为搜集规划初期所需资料的系统办法。

虽然这些官员的答复没有印在报告中，但我们可以从负责人对"特别想法 1 号"的评论中推断出这些答复。[48] 在观察到决策的方式比决策本身更重要之后，负责人指出，在组建情报部门和获取信息方面，需要的只是有系统步骤的大纲计划，他指出，所有这些评定的主要问题是"未能将一般原则适用于特殊情况"。他指的是军官们死记硬背从训练手册和《参谋人员手册》中挑选出来的原则，如他在评论结束时所指出的，后者产生了一个"适用于和平的战争组织，而不是**适用于战争的和平组织**"（原文强调）。其次，从书本上获取的知识需要在实际应用之前进行检验。只有通过这些检验，才能了解在何种情况下可以允许偏离手册。

然后，负责人转向了对于结构的认可。理想的情况下，这就是宾利所说的"一目了然"，书面材料必须以这样一种方式组合在一起，即读者在这种情况下是上级官员，能"以最少的麻烦和最短的时间，掌握事件的要点"。为了达到立竿见影的效果，评定应该：

186

> 避免使用长而复杂的句子和**一串从属从句**。必须写清楚，把你的文章分成几段，每段的长度要合适，然后编号**方便参考**。在有助于使文章更清晰的地方引入标题和旁注，并不失时机地用**表格或图形**展示结论或建议。（DCI：2；原文中的强调）

当然，这种 20 世纪早期版本的行政摘要是一种技术性写作，关于这种写作，军官本应在参谋学院和科学军团学校接受培训。它也是编写军事简报、参谋人员手册和战地手册的基本形式和结构。从报告规定的结构形式开始，负责人的意见表明，除了提供一个机会让军官分享参谋人员规划的共同经验外，这个特别战棋推演的实验元素包括继续教育如何使报告在训练有素的上级军官的眼里清晰可见——因此，"形式须一目了然"。

然后，负责人谈到了"特殊情况"，即亚洲战争的问题。宾利解释说，要求军官们在演习前审阅参谋手册，是为了满足远征部队进入一个拥有丰富资源的"文明国家"的需要设计的。换句话说，它的组织方式就像当时英国在军事行动指挥部指挥下举行的大陆战棋推演和参谋乘骑作业。然而，在"印度、阿富汗、波斯和中国"等地，有必要对手册规定的规章和程序做出某些修改。宾利认为，区分亚洲和欧洲的两个基本因素是人口性质和国家性质（DC1：3），因此需要修改参谋人员手册中的指示。

宾利说，东方人天生就善于钩心斗角。因此，军官们不得不对可能影响欧洲殖民地内部安全或"影响当地军队纪律"的宗教和政治运动保持"持续警惕"。换句话说，亚洲帝国诞生时就有了内置的"第五纵队",在与外部敌人的任何冲突中,都需要内部监督。另外,亚洲国家的军事和行政结构处于"低水平",不能依靠它们来编制欧洲国家公开发表的那种军事统计数据。而且,亚洲的交通线要么"有缺陷,要么根本不存在",完全不同于欧洲的公路和铁路网络。因此,亚洲的情报工作要艰苦得多,需要不断努力发展可靠的情报来源,需要能够搜集有关军事资源、路线等事实材料的特别侦察技术。由此产生的情报产品,"地名词典、路线书和军事报告",是正在进行的高强度工作,需要不断细致地更新。然而,军队要想与时俱进,就需要一种特殊的情报网络,该网络由印度陆军中受过测量和情报搜集训练的土著士兵组成。为了避免与会者无法充分理解这一点,宾利举了一个历史上的例子。马克·贝尔上校是印度陆军原情报部门的一名关键成员,他依靠指导团的沙·索瓦尔(Sha Sowar)的服务,成功地对波斯进行了侦察(DC1:3-4)。

因此,这些都是"特殊情况"的要素,必须纳入对"特别想法1号"的评定之中。宾利认为,只有这样,在伦敦编制的参谋人员手册才可能有用,实际上,英国人需要在野蛮战争的条件下作战,而当地人是这些战争的密谋者,如果训练得当,他们是军事地理和统计信息的宝贵来源。因此,重要的是不要过于照搬参谋人员手册中的组织形式。亚洲更原始的战争状态似乎需要一个按不同路线建立起来的军事组织。

从负责人的评论可以清楚地看出,评价过程远远超出了教科书对行动计划成败的认定。军官们需要在他们的答复中表明,他们已经认识到亚洲的情况不同于欧洲,他们必须对如何处理这些差异有所了解。至少这种展示需要熟悉演习前的阅读清单，并掌握专门针对当前案例的情报表格。掌握了这些要点之后，参与者必须通过一种严格限定的写作形式来组织他们对问题的解决方案。评定要用简短的陈述句，允许在空白处加上关键词，以便"一眼"就能领会报告的细节。

作为对参与者的指导，对"特别想法 1 号"的"正确"解决方案遵循了宾利的评估。解决办法中包括一份情报单位的组织表，上面清楚地列出了职责，以及一份按照原来的命令为迪洛姆 1913 年的演习编制的军官任务清单。此外，还计划获得有关海德尔·阿里部队的资料。

当时，和平时期的演习与战争时期的演习联系在一起，因为演习讲述的是发生在 1913 年 1 月至 4 月之间的虚构事件，而不是发生在 1780 年。在"特别想法 2 号"中，参与者获得了关于英国部队目前部署情况的资料和一套军事情报来源，包括路线书、军事报告、迈索尔的名人录、迈索尔军队手册，以及印度南部和卡纳蒂克的地图，这些地图在 130 年前几乎不存在。利用这些资源，军官们需要准备一份 1500 字的评定书，内容涉及英国军队的适当战略部署和集中，以及关于对方军队部署的预判。除了规划英国部队的地理位置外，他们还将利用目前的军事报告和路线书，对补给和运输需求进行分析，包括对作战地区现有资源的评估。以这种方式组织"特别想法 2 号"的目的，是要使军官们认识到路线书和军事报告的积极价值和局限性，适当集中兵力的必要性，以及"战略和战术行动与行政和财政需要之间的密切联系"。[49]

如果我们回顾麦格雷戈时代看到的关于印度防御的计划和报告，那么在"特别想法2号"中，也许值得注意的是，在演习规划和军官训练方面，呈现出一种新的现实主义。仿佛伦敦对西姆拉制订印度防御计划方法的许多负面消息最终得到了证实。演习文件还指出了在和平时期各类情报的实际用途。它们是关键要素，通过教学和规范写作生成的素材形成了和平时期的机构，能够立即适应战争状态。

其余的练习遵循相同的结构。特别的想法接连不断地出现，军官们在充分了解后提出解决办法，负责人对这些提交的材料发表评论，通常强调本地实用性而不是创造性，练习以一个正确的解决方案结束。如前所述，演习的第二部分转向了战时情报。因此，第二部分的每一项练习都是围绕实地活动安排的。例如，"特别想法3号"测试了参与者总结某一天战场情况的能力。他们将对摘要进行加密，并连同一份显示部队目前部署情况的地图、一份包括总部与总部各单位之间通讯记录的情报日记一起发给总部。日记的目的是要使参谋们认识到有条不紊地记录各交通线的必要性，然后将这些记录转化为简明扼要的摘要，供上级参考。"特别想法4号"，是让参谋人员练习如何编制简单的图文报告，强调补给和战争行动之间的密切联系。"特别想法5号"涉及使用间谍网络和从各种其他来源搜集资料，所有这些资料都必须有系统地加以组织，以便得出可靠的推论，当然，这些推论将向司令部报告。最后，"特别想法6号"是编写关于敌军分布情况的报告，编制一个显示分布情况的可视全景图，并提出一个进攻建议。

通过对其结构的总结，可以看出，1913 年战棋推演的目的在于指导军官在与亚洲战争有关的特殊条件下如何建立战争规划制度，以及如何在这样的制度下作为参谋人员执行任务，但事实远不止于这些。宾利告诉与会者，他被要求就参谋人员手册的明确性进行报告，也表明了这一点。这一要求来自陆军部，因此，这一点很重要。这标志着西姆拉与英国高层之间出现了一种更为融洽的关系。宾利在讲话中明确表示，英国军方官员对印度的战棋推演感兴趣，认为这是对该手册的实际检验。这种检验至少在理论上能够使印度和英国军队的做法相一致，从而实现帝国防御委员会和英国总参谋部希望促进的那种合作互动。

190　　与伦敦关系的改善还有另一个重要意义：它标志着在布尔战争后一系列军事改革建立起来的训练和规划体制，如今已在印度建立起来。军官们在进行这项工作时采取了系统的步骤，每个步骤都设法培养不同的技能，环环相扣，与欧洲最先进的参谋培训是一致的，尤其是在德意志帝国军队中体现出来的那种技术。然而，与此同时，尽管 1913 年的训练演习非常复杂，它却错过了一个关键点。自 1857 年印度民族大起义后重组以来，印度陆军基本上一直在从事"野蛮"战争。大部分实际的军事活动发生在印度西北边境地区。但是，本章回顾的记录显示，没有任何迹象表明在西北边境长期进行的那种游击战有任何训练制度，至少在纸面上没有。似乎也没有应对旁遮普—阿富汗山区对印度陆军构成特殊后勤挑战的演习。虽然如上所述，像宾利这样的军官可能会强调印度战争的不同，但直到第一次世界大战后，有关边界战争特殊情况的小册子和更可靠的战地手册才被编纂和出版。

如果说训练制度似乎面对的是与印度陆军面临的现实不同的情况，那么这里讨论的情报类型提出了不同类型的问题。正如我们所看到的，他们可以转向修辞，甚至是意识形态的描述，就像麦格雷戈，以及在某种程度上那些指挥印度陆军的人，在与伦敦就边界政策和军队资金问题进行辩论时所做的那样。但这些可能被理解为滥用情报的例子似乎只涉及将一个事实置于另一个之上，或者忽略不支持特定立场的事实。宾利所宣扬的那种东方学常识，即把亚洲构建成一个"野蛮"的特例，有许多缺点和不足，这已经够令人不安的了。然而，更令人不安的是对尚武种族的本质进行简化，并将那些抵抗英国霸权的人所具有的特殊特征系统化。

同样令人不安的是那些本应让初学者了解东方精神的"真实"材料。例如，宾利推荐了两个来源。第一个是《暴徒的自白》，作者菲利普·梅多斯·泰勒（Philip Meadows Taylor）承认它是一部小说，不过据说是根据东印度公司一个名叫阿米尔·阿里（Ameer Ali）的囚犯自白写成的。在这个故事中，当阿里被捕时，他供出了其他暴徒，并生动详细地回忆起他谋杀的许多人，包括他自己的妹妹。[50]这不仅是英印相遇的特殊产物，让人对它的"真实"价值有所怀疑，而且它是关于土著居民的主要"知识"形式之一，就像殉夫自焚一样，为英国在印度的统治辩护。[51]

宾利推荐的第二本书同样令人怀疑。这本书是印度士兵西塔·拉姆·潘迪（Sita Ram Pandey）回忆录的英译本。然而，正如回忆录的研究人员总是指出的那样，似乎不存在原作。此外，译者詹姆斯·诺盖特（James Norgate）在 1873 年的版本中声称，他在 10 年前就在一本已经停刊的印度期刊上首次发表了自己的译本，《泰晤士报》对此发表了热情洋溢的评论，但这两种说法都无法得到证实。尽管如此，诺盖特的英文译本后来被重新翻译成乌尔都语，并成为用乌尔都语训练英国军官的主要文本。沃尔特·哈卡拉（Walter Hakala）认为，这部作品大受欢迎的一个原因是，它传递了一种"真实的"印度声音，这种声音在真实性和时代性方面存在问题，这是两种众所周知的东方特征，但他也对英国人表示忠诚和感激，因为他们允许他在军队服役。[52]

但也许更重要的是，在"神秘空间"（Slotkin，1990）的框架下，如阿富汗和西北边境，在那里，俄国入侵的噩梦和惩罚行动的必要性成为常态，印度由忠诚的士兵和野蛮的暴徒组成，狂热者变成了认识论的范畴。他具有特定的、统一的特征：无知、迷信、阴谋和对英国人的非理性仇恨。按照定义，那些追随狂热者就是野蛮人，这也是一个认识论范畴，在宾利的报告发表几十年后仍在人类学（典型）中流行。[53]这些类别的真实价值是在亚洲军事情报发展的几十年中产生的，并为一代又一代针对帕坦各部落的暴力形式辩护。这个事实不仅将惩罚性行为正常化为军事上的必要——因此它们可以像单纯的演习那样系统地进行组织——而且断言，这种措施正是帕坦人对"文明"英国人的期望。按照这种逻辑，如果英国人没有炸毁塔楼和毁坏果园，帕坦人就会蔑视他们。这些幻想铭刻在安全机制的科学合理性之中，模糊和混淆了事实与虚构、想象与现实之间的界线。

# 第 8 章

# 帝国安全机制在亚洲和英国的影响

在上一章中，我们看到情报产品——路线书、军事报告、手　
册和精确地图——是英国帝国安全机制内的基本资源，以各种方
式被利用。这些资源有时被人为操纵，以产生预期结果（例如，
在英国为印度陆军的倡议获得更多支持），有时又被作为证据，
以质疑战略对话者的论点和筹谋。情报之所以能够被用作权威证
据，正是因为它们被认为是意识形态中立的，是经验观察到的事
实的集合。但我也认为，在争夺资源的斗争中，事实陈述可能会
存在偏差和偏见。或者，当那些反抗英国人的特征的刻板印象和
虚构形象出现时，就会对政策和受安全与信息机制影响的人产生
长期影响。在这一章中，我想探讨帝国安全机制的影响如何超越
前几章讨论的专业观点。为了了解我所认为的深远影响，我分析
了日本和中国的军事改革，帕坦人在西北边疆抵抗英国，被称为
"小型战争"的殖民地和帝国的冲突，英国公众对印度安全问题
的讨论，英国民众对殖民战争的描述。我首先谈谈东亚新型军队
的建立。

## 日本、中国和新型军队

　　印度陆军情报部门认为，东亚是保护印度和英国在亚洲利益的安全体系的一部分。到 19 世纪 60 年代，英国为确保帝国在东方的利益所做的努力导致印度陆军部队两次入侵中国（1839—1842 年，1857—1860 年），以及与日本的海军交战。这些暴力冲突的结果是该地区出现了一种"新秩序"，这种"新秩序"在赋予英国和各欧美大国在该地区特权的条约中得到了制度化。条约的"权利"包括对外国商品征收低关税、最惠国待遇、在清朝都城北京和德川幕府（Tokugawa Shogunate）都城江户（Edo）设常驻公使，以及向西方贸易开放新港口。在这些通商口岸，外国国民在当地管辖权以外（换句话说，他们享有治外法权），只能由他们自己的领事对罪行进行审判。这些不平等条约的直接影响是中日日益丧失主权。当条约权利被认为受到侵犯时，西方人就以武力相威胁。例如，关于第二次鸦片战争（1856 年至 1860 年）的理由，英法两国官员的言辞是指责清政府"侵犯"了条约权利。[1]

　　然而，英国军事外交机构的这种特殊表现在许多方面是不寻常的。首先，它不仅寻求保护英国进入中国的权利，而且还将其他欧洲大国、美国以及最终的日本纳入了一个法律框架——基于一系列军事行动所产生的条约，英国在军事和外交上都保证了这种法律框架的完整性。其次，通过将本国安全利益置于东亚其他主权实体的利益之上，英国外交官和军事领导人宣称东亚地区是国际政治"正

194

常"力量平衡的一个例外。然而，与此同时，中国和日本越来越无法控制他们与西方列强的关系，被迫遵守欧洲的国与国关系规则或"国际法"。换句话说，中国和日本领导人被迫改变他们的治理模式。此外，一些领导人意识到，如果他们要抵御他们所理解的外来侵略，就必须获得抵抗的手段，需要新的武器和新的军队，需要学习新的战争方法。中国和日本被迫修改了各自的安全机制，如果它们想重新掌控对外关系，就必须建立混合型安全机制。19 世纪 60 年代，两国开始发展这种机制。我要首先谈谈日本的变化，部分原因在于那里的某些军事发展对中国产生了直接影响。

**195**

## 日本及其军事设施建设

1858 年，当美国代表说服德川幕府通过和平方式"开放日本"，就可以避免中国遭受的那种暴力时，日本被卷入了东亚正在出现的新秩序。其结果是签订了一份"通商友好条约"，看起来很像清朝签署的协定。条约生效后不久，美国和欧洲国家在日本设立了领事馆。对外国人的不满很快就出现了，并在 1863 年以单方面的军事对抗达到高潮。当时，英国海军炮击了海滨小城鹿儿岛，报复在日本发生的针对外国人的"暴行"。尽管与英国对中国城市的攻击相比，这一遭遇微不足道，但这一事件向幕府展示了欧洲列强的高超军事技术。日本政府决心通过获得欧洲武器和按欧洲方式建立一支新型军队来改善日本的安全状态。为了实现后者，日本领导人决定聘请外国专家，这次是欧洲的军事教官。[2]

在确定法国军队是欧洲首屈一指的军事组织后，日本政府于1867 年与法国政府签订了一项合同，法国向日本派遣少量的教官，但他们的努力因日本内战而中断。在幕府解散和明治天皇为首的新政府成立后，一个更强大的法国使团于 1872 年抵达，总共约有 25 名教官。[3]接下来的五年里，法国军官和军士们对日本新兵进行训练，教他们军事礼仪和礼节，并指导他们如何保养装备和制服，制服的样式是欧洲的长裤和束腰外衣。技术课程强调从营级到连及各单位的责任和战术。虽然一些高级军官反对强调小分队作战，部分原因在于这种演习忽视了战略问题，但法国人相信，军队完全掌握较低级别的训练前，日本人不需要应付更复杂的演习。[4]

196　　　然而，更复杂的制度开始出现。1871 年，成立了陆军参谋局，1878 年成为参谋本部。当时，参谋人员也脱离了政府的管辖，按照普鲁士模式，直属于天皇。1875 年，成立了陆军士官学校。到 19世纪 80 年代初，人们开始担心在法国的指导下取得进展的速度，由陆军大臣大山岩将军和其他三名高级军官率领的军事调查团参观了欧洲的军事设施。在德国，他们拜访了普鲁士战争大臣布朗萨特·冯·谢伦多夫（Bronsart von Shellendorf）将军，大山请求他推荐一名军官到日本新近成立的陆军大学任教。冯·谢伦多夫咨询了参谋长毛奇，推荐了曾参加过普奥战争和普法战争的退伍军人克莱门斯·梅克尔（Klemens Meckel）少校。梅克尔也是柏林战争学院的毕业生，曾多次发表关于战术和新技术的论文，并在德国陆军参谋学院任教多年。1885 年，他在日本的陆军大学担任首席讲师。[5]

　　他最早提出的倡议之一是引进普鲁士战地服务手册，该手册在

19 世纪 90 年代初成为日本军队的标准。接着，梅克尔开始训练日本军官大部队的战略战术。陆军大学的课程从法国对技术熟练程度的强调转变为德国对战争艺术的广泛教育模式（Drea，2009：59）。有了这个新的方向，梅克尔准备了一个战略计划，以保卫日本岛屿免受两栖入侵。在他早期的演讲中，梅克尔从军事史、战术和总参谋部的运作开始。为了说明他的观点，他使用了普法战争的地图和作战计划，这是一种吸引学生的教学技巧。

在第一年年底，梅克尔引进了参谋乘骑作业的做法，甚至在 1888 年他离开后，这种做法每年都在继续。参谋乘骑作业为的是应对日本诸岛不同地区可能面临的入侵，重点是建立一支灵活的部队，能够迅速调动和迅速行动，以应付威胁。乘骑作业从一开始就涉及最基本的要素——部队的动员和调动——接着分析地形和兵力的部署。在乘骑作业的每一个阶段，梅克尔都会对自己的命令提出质疑，把这项练习变成老师和学生之间的批判性交流。

1888 年，梅克尔将他的指导提升到另一个层次，进行了第一次 **197** 大规模的军事演习。演习在九州北部举行，持续了一个月，演习包括模拟登陆和击退侵略军。就像在普鲁士模式中一样，训练的每个部分都以指导者的评论和问答环节结束。演习结果随后被汇编并发表。根据普雷塞森（Presseisen）的说法，直到 20 世纪，这种练习仍然是日本参谋培训的基准（1965：115-25）。

在 1888 年的军事演习中，梅克尔确立了训练和执行的基本模式，这是梅克尔对日本日耳曼式军事机构发展产生持久影响的一个例子。他的规划产生的其他重大影响来自翻译和传播他在陆军大学的讲义，以及翻译他在抵达日本之前有关军事问题的著作。他向日本参谋本部提出了关于发展军队的建议，是对这些讲义和出版物的补充。其中包括他的观点，即陆军师团而不是现在的驻军系统或军团，是日本防御的适当组织形式。他认为，独立的师团既提供了灵活性，又提供了处理防御性需求所需的复杂组织。在另一份报告中，他提出了军队机构职责的适当划分。在他的计划中，陆军省处理所有行政事务，包括采购、医疗和兽医职责。但参谋本部应该是军队的作战规划机构，负责管理交通和后勤，指挥陆军大学。最后，他建议设立一个独立的总督察，有权评估军队的状况。

梅克尔建立的训练体制构成了新军的核心，但日本军方领导人并不仅仅依靠陆军大学来指导下级军官。直到 19 世纪 90 年代，许多日本官员还经常被送到法国和德国的军事学校。此外，到 19 世纪最后十年，日本武官开始出现在欧洲各国首都；在那里，他们搜集了欧洲军队的军事统计数据。此外，日本军队还独立创建了医学、运输和卫生方面的专门培训学校，所有这些学校都是在世纪之交建立起来的。[6]

198　　　　1890 年，梅克尔创建的新军在名古屋附近举行了军事演习，邀请了在日本设有使领馆的外国列强代表参加。这次演习模拟发动了一场有 3 万多士兵和 23 艘军舰参加的入侵。欧洲军官对此印象深刻（Presseisen，1965：117-18，133）。五年后，当日本在历时八个月的甲午战争（1894—1895）中击败中国，并像英国和其他大国早些时候那样，迫使中国签订条约，西方军事观察家们印象更为深刻。当时，日本军队已经建立了一个军事情报部门（Nish，1987；

Best，2002）。日本军队伙同其他七个盟国镇压义和团运动，日本迅速成长为远东地区的强国。

为了两面下注，英国政府于 1902 年着手建立英国和日本的联盟。该协议承诺，如果一方参战，另一方将保持中立，如果其中一方与不止一个交战国交战，则提供支持。大约与此同时，伦敦陆军部开始用日语培训武官，以便派往东京的英国公使馆。1904 年，日俄战争爆发，日本军队领导人认识到"国际"军事礼仪的必要性，邀请英国军官观摩。观察团关于日本军事机器的许多积极报告是由陆军部的总参谋部汇编的，并于 1906 年出版。[7]与此同时，越来越多的英军官，其中一些来自印度陆军，开始在东京接受日语培训。[8]自 1863 年英国轰炸鹿儿岛港后的 40 年里，日本已经把自己变成了一个帝国主义强国，至少在当时它可以成为确保大英帝国在亚洲安全的合作伙伴。

## 中国与军事西化

1840 年和 1860 年鸦片战争失败后，强加于清朝的"新秩序"　**199**包括：英式的总理衙门，由英国人赫德爵士领导的海关总署负责处理对外贸易，在欧洲各国首都设专使，以及将国际法翻译成中文。[9]一些清朝官员认为，有必要在制度上进一步适应国际秩序。中国必须通过军事改革来加强自己，包括购置新武器、建立军官训练机构，以及借鉴日本的组织形式组建新军队。随着这些改革的实施，清廷内部各派系，以及帝国官僚机构中的因循守旧者，纷纷表示反对。正是他们的抵制，使得中国引进的军事外交机构与日本当时出现的对应机构有着截然不同的面貌。[10]

两国军事改革不同轨迹的部分原因在于，清朝是由长城以北的满族人建立的政权。为了巩固统治，清朝皇帝通过分散权力和建立绕过中国传统王朝治理形式的制度，维持了大约 200 年的皇位（Hevia，1995：30-36）。不像大不列颠那样有一个强大的政府集中力量进行军队改革，或者像日本那样在军事上实行体制改革，清政府的少数官员（洋务派），有的担任中央职务，有的担任省级职务，开始了他们自己的改革努力。因此，军事权威和发展是分散的，而不是建立一个有明确指挥系统的协调一致的安全机制。因此，一些改革派领导人能够建立个人权力基础。

但重要的变化确实发生了。例如，新成立的总理衙门的成员往往能够通过坚持严格解读条约条款积极应对欧洲的挑战，阻止或至少遏制欧洲列强对中国的渗透。例如，鲁道夫（2008）和莱因哈特（2007 and forthcoming）讨论了清朝外务官员（总理衙门）有效地利用条约阻止欧洲对长江流域更大商业渗透的案例。与当时和后来一些学者的看法相反，许多对外交成功做出贡献的官员并不反对引进蒸汽船和电报等欧美技术。他们感兴趣的是确保建造和拥有新交通和通信技术的将是清政府，而不是外国公司。这一点可以理解，他们担心，如果外国人控制了这些技术将对清政府的主权构成直接威胁。[11]

对主权的关切也促使人们努力获得欧洲和美国的武器，并建立一套军事训练制度和一支新军队。第一次和第二次鸦片战争的失败，再加上清朝在 19 世纪 50 年代和 60 年代镇压太平天国运动时雇用欧美军事顾问的经验，使清政府精英内部的活跃分子对中国和欧美之间巨大的军事差距进行了清醒的评估（Smith，1994）。因成功镇压世纪中叶太平天国等力量而声名鹊起的官员，如李鸿章、左宗棠等，以及张之洞等封疆大吏，还有沿海省份的中层官员和各通商口岸的观察员，得出结论认为，欧洲的挑战在中国历史上是前所未有的。他们认为，学习错综复杂的国际法和外交实践，并将资金转移到购置欧洲列强羞辱清朝的强大武器上，对于清朝的生存至关重要。[12]但是，关于海防和塞防之争，各方没有达成明确的共识。在王朝被中国东部的闽南起义搞得心烦意乱时，新疆出现了分裂势力。[13]

与此同时，随着世纪中叶的农民起义被镇压，一些巡抚着手建立兵工厂，用于制造西式的大炮、步枪、机械加工设备和蒸汽船。第一家兵工厂出现在苏州，由马格里（Halliday Macartney）运营管理，他是一个受雇于李鸿章的英国人。同年在上海开办了一家兵工 201
厂，它也是中国其他地区兵工厂工作人员的训练场所。两年后，在上海附近建立了一个更大的工厂——江南制造局，这是第一个生产无烟火药和用于沿海和河流防御的大炮的工厂（Kennedy，1978：48）。很快，工厂在北方的天津和更远的长江边的南京开设。这些和其他相关的场所通常是由外国主管（如马格里）或外国技术人员担任顾问。在这些兵工厂中，中国学生学习复杂的欧洲科学和军备技术（Elman，2006：172-80）。到世纪末，江南制造局之类的工厂已经开始生产带有膛线炮管的钢质大炮和高爆弹药，这些大炮安装在长江沿岸和都城北京附近的大沽炮台。江南制造的一些大型火炮仿照了阿姆斯特朗在英国制造的武器，阿姆斯特朗聘请了工程师来设计原型，并对生产设施进行改进，以制造更大的大炮（其中一些很可能是1905年英国在长江流域侦察时发现的大炮）。随着这些发展，兵工厂也开始按照美国和欧洲的设计制造步枪。但是，由于缺少一个像总参谋部这样的中央指挥机构，无法关心技术标准，因此19世纪90年代初制造了两种不同口径的步枪，一种以德国毛瑟枪为基础，另一种以奥地利曼利夏枪（Mannlicker）为基础。这意味着，与欧洲和日本军队不同，清军各部队没有训练和使用的通用步枪（Kennedy，1978：107，110，129-31）。

最初，清朝军工产业发展的资金来源于赫德管理下的海关的收入（Kuo，1978：514）。这些资金还用来建立陆军和海军，聘请外国专家担任教员，并支付中国学生在科学、数学和工程领域的海外培训费用。[14]福州和江南制造局成立了翻译局，并最终扩展为武备学堂（Kuo，1978：525-29，531-37；Elman，2006）。此外，19世纪80年代初，李鸿章在天津建立了一所军事学堂，并像日本军事领导人一样，聘请了德国教官，引进了新课程（Smith，1978：24）。与此同时，张之洞在湖北开办了一家类似的机构（Deng，1997：20）。其中一些机构受益于与欧美传教士进行的世俗教育项目的接触与合作（Cohen，1978：576-80）。然而，与此同时，各学校之间似乎缺乏协调。

新军队的训练也缺乏协调。建立按照欧洲军事方法训练的军队，同采用西方军事技术一样，往往是由地方官员倡议的。例如，张之洞 1894 年署理两江总督时，组织了"自强军"。它是按照德国方式组建的，由 8 个步兵营、2 个骑兵中队、2 个炮兵营和 1 个工兵营组成，所有这些人都穿着欧洲风格的制服，配有同样风格的装备。张之洞雇用了 35 名现役和非现役的军官训练他的士兵，并在一段时间内指挥部队（Powell，1955：62）。袁世凯的北洋新军就是这种半自主操练的一个类似但稍晚一些的例子。1902 年，袁世凯在保定创办了一所军官培训学校，并派遣部分毕业生赴日进修。他还带来 14 名日本军官到保定教书（MacKinnon，1980：94）。

李鸿章和张之洞所进行的军事改革的第一次重大考验发生在 1884 年至 1885 年的中法战争，结果喜忧参半。虽然清军在越南边境和台湾守住了自己的阵地，但法国海军摧毁了福州造船厂（Rawlinson，1967：109-28）。此后，中央政府在指导技术发展方面发挥了较为积极的作用，设立海军衙门，筹集的资金来自外国贷款。省府也受到减免税收的压力（Liu and Smith，1980：254-55）。但财政短缺继续困扰着教育和技术转让，同时政府内部的反对派力量则减缓或破坏这些项目。此外，自强派发现很难建立一个有效利用和奖励那些接受过新技能培训的人的制度结构，就像欧洲大陆和英国出现的职业人士考绩制度，以及支配日本的集中的军事训练和管理制度。

尽管存在这些困难，外国情报搜集者发现清政府的努力仍然值得称赞。1894 年甲午战争前夕，一些专家认为中国走在了日本前面，甚至预言如果中日两国开战，中国将取得胜利。[15]从这个角度来看，不难得出这样的结论：像日本帝国一样，清政府也在向欧式的民族国家转型，并建立了新的安全机构。然而，并不是所有人都对清政府的军事改革给予积极评价。正如我们在第 6 章中看到的，印度陆军情报官员马克·贝尔和温盖特都认为，中国军队的变革是肤浅的、无序的、随意的。1895 年中国被日本打败时，贝尔和其他持怀疑态度者的评估似乎是合理的。即使在 20 世纪的头十年，清政府内部的一些人把日本作为中国学习的更合适的榜样，越来越多的军校学员被派往日本接受教育，军事改革也并没有像日本那样在中国产生一支统一的、中央集权的国家军队。[16]相反，地方存在军事势力，受制于各派系的领导而不是清政府。众所周知，1911 年清王朝灭亡后，军事改革造成的支离破碎的结构直接导致了军阀混战的时代，整个中国更容易被掠夺性的西方列强利用。[17]直到 1949 年中华人民共和国成立，中国才成为一个统一领导的国家，再次掌控自己的领土和军队。

## 印度对英帝国主义的迁就和抵制

当中日两国领导人正试图仿效大不列颠和其他欧洲大国的生存手段改革或建立新的安全制度时，南亚和中亚各国人民则以其他方式与英国人打交道。一些成为英国在 1857 年后建立的帝国安全机制的参与者。由于他们对英国统治的支持，当地军队获得了奖励和特权，成为麦考利勋爵（Lord Macauley）在著名的《教育纪要》（*Minute on Education*）中设想的忠诚的印度军事中间人。其他国家继续在军事上抵抗英国，发展新的游击战术，并通过各种手段获得英国的武器。在这里，我关注的是印度陆军吸纳印度的"尚武种族"和西北边境的战争。

## 尚武种族和新的印度陆军

如果没有大多数当地居民的合作，英国人就不可能在印度建立和维持一个安全机制。在军事上，这意味着要识别具有军人素质的印度男性。这并非易事，正如 1911 年印度陆军的乔治·麦克姆恩（George MacMunn）将军所言，"东西方的本质区别之一是，在东方，除了某些例外，只有某些阶级和氏族才能携带武器；其他人没有战士所需的勇气"。[18]回想一下，1857 年印度反抗英国统治的民族大起义之后，英国在印度的军事领导人决心通过向军队中注入由"尚武种族"组成的团来改造军队。这就是麦克姆恩所说的"某些阶级和氏族"。

强调征募尚武种族也有英国种族特征观念以外的基础。像麦克姆恩这样的军事历史学家经常指出，印度西北部的"叛乱"部队，包括锡克教徒和帕坦人，以及来自同一地区的一些新的非正规骑兵部队，仍然忠于英国。英国人和尚武种族之间的协议开始成为一种便利的方式，将印度的群体分成忠诚和敌对两个阶层，这种合作形式成为大英帝国其他地区分治策略的典范。[19]这些部队还为英国统治提供了不仅可以部署在中国，而且可以部署在西北边境的部队。在那里，忠诚的尚武种族可能遇到更顽强的尚武种族。例如，在提拉（Tirah）战役中，锡克教徒和廓尔喀团有效地对抗了奥拉克扎伊人

205

和阿夫里迪帕坦人。

从旁遮普并入英属印度到 1908 年的六十年间，印度陆军在西北边境参加了 48 次军事行动，这一事实表明，忠诚团体参与英属印度安全机制的规模显而易见。在这些战斗中，21 个印度陆军骑兵团、68 个步兵营、3 个工兵团、女王自己的向导团和几支当地炮兵部队与英国正规兵团联合作战。参与这些战役带来的军事荣誉——个人勋章和集体嘉奖——以及团队精神，是印度陆军军团与王室紧密联系的一种方式。他们还通过他们的事迹，包括沙德韦尔（1898）和詹姆斯（1898）等战地记者的报道，哈钦森（1898）等人的半官方历史，以及鲁德亚德·吉卜林和 G. A. 亨蒂（G. A. Henty）等作家广为流传的作品与王室相连。

女王陛下也享有特权。其中一些特权与 19 世纪末在旁遮普出现的新形式殖民有关。英国水利工程师在旁遮普中部和西部开辟了大片边缘土地，允许在那里建立军事农业定居点。[20]土地被授予来自尚武种族的士兵，将他们和他们的家庭和宗族与其他印度人区别开来，并将他们作为忠诚的朋友和仆人捆绑在国王身上。这些士兵和他们的家庭也可以依靠政府保护他们的经济利益、子女的教育和退伍后的优先就业。[21]

除了建立可靠的本土利益集团，尚武种族招募政策也产生了长期影响。首先，这一政策创造了一个特权阶层，在独立后，他们充当了关键的权力掮客，尤其是在巴基斯坦和尼泊尔。此外，许多军团的起源可以追溯到 1860 年印度陆军的重组和 20 世纪初基钦纳的改革，这些军团至今仍存在于巴基斯坦和印度军队中。例如，费恩

（Fane）和普罗宾（Probyn）的骑兵团，在经历了 20 世纪的更名和合并后，现在是巴基斯坦装甲部队的第 9 枪骑兵团和第 5 骑兵团。

这里需要注意的是尚武种族与帝国主义国家的利益交织在一起，不仅维持了英属南亚军事安全，而且为保护英国在东亚和非洲的利益提供了相当大的灵活性。在 1857 年大起义中组建起来的一些部队，如费恩和普罗宾的骑兵团，在 1860 年同其他印度陆军和英国军团入侵华北。1900 年的侵华军队几乎全部来自印度。印度陆军也在阿比西尼亚服役（1867~1868），一些来自印度陆军的英国官员参加了埃及战役（1882）。第一次世界大战期间，印度军团参与西线、加里波利、西奈、巴勒斯坦、美索不达米亚和东非战役。[22]

此外，印度士兵是印度测绘局的测量员、各种边界委员会的成员和在中国开展的精确测绘行动的参与者。如第 5 章所述，在英国觉得难以渗透的边境地区，印度士兵充当本地线人和秘密特工，搜集地理数据和军事统计数据（Raj，2006）。有些人还和英国人一起参加了波斯和美索不达米亚的秘密侦察远征。[23]由于这些活动，很难想象英属印度的殖民安全机制或其附属机构之一——印度陆军的情报部门——在没有印度尚武和不那么尚武的种族参与的情况下能够有效运作。

南亚地区的人民被成功地纳入印度的安全机制也为英帝国主义在亚洲和非洲其他地区提供了先例。大多数非白人殖民地都有由英国官员领导的军队或警察安全部队，即使在非殖民地，英国人也不反对征收这样或那样的地方税。例如，在中国，英国在第一次和第 **207**

二次鸦片战争以及 1900 年义和团运动后期的侵华作战期间，都招募了所谓的苦力部队来承担重任。如前所述，他们还在 19 世纪 90 年代末建立了一个中国军团（Barnes，1902）。

### 边境战争和帕坦人的抵抗

19 世纪中叶，英国判定阿富汗是英国的保护国，它对印度的防御至关重要，因此必须维持从山区通往坎大哈和喀布尔的交通线。时断时续地建立了军事基地和前哨，改善了道路，阿富汗和英属印度之间的边界或多或少地得以建立。然而，英国人的这些行动在某种程度上遭到住在山区的部落的抵制。由此导致的军事行动规模如此之大，以至于需要更多的印度军团来应对。从 1849 年吞并旁遮普到 1908 年，来自 43 个不同英国团的营参加了反对山区说帕坦语或普什图语的人的战役。涉及大量英国和印度陆军士兵的边境战争表明当地人对于似乎一直在扩张的帝国安全机制的另一面反应：公开、通常是暴力地反对英国的扩张。

英国军方官员如何解释其安全机制向中亚扩张受阻？在阿富汗边境问题上，基本上有两种思路。第一种观点认为，山区部落由非常独立的个体组成，他们经常反抗甚至是自己长辈的权威。因此，他们可能会对英国入侵他们的领土感到生气，这并不奇怪。如前所述，另一种解释是，这些部落特别容易受到伊斯兰宗教领袖或毛拉的鼓动。这些相当简单的——直接矛盾的——解释与先前章节中讨论的尚武种族手册中对帕坦信仰相对敏感的态度截然不同。

更重要的是，虽然从 19 世纪 60 年代至 80 年代一直存在冲突，但 1893 年阿富汗的埃米尔与印度政府之间的勘界工作完成后，事件升级了。双方达成协议后，印度政府于 1894 年派考察队进入瓦济里斯坦南部，通过设立界桩划定边界。这些测量员很快就遭到了瓦济里人和马苏德人部落的攻击。根据内维尔在他的边境战争史中的说法，爆发的原因是"充满猜疑地守护着独立"，再加上他们的集体狂热[24]，在这里是由波温达毛拉（Mullah Powindah）激发的（内维尔显然在这些对帕坦人的刻画中看不出什么矛盾）。然而，与此同时，内维尔承认，在 1894 年起义被镇压之后，在瓦纳、托奇山谷和古勒姆山谷、吉德拉尔、马拉根德山口和萨马纳山脉（Samana Ridge）（1912：57）建立了军事哨所。回顾前面的讨论（第 6 章），即从 1895 年起，沿边界的"狂热暴行"增加。其他统计摘要指出，对英国军官的攻击不仅增加，而且盗窃武器和对哨兵与前哨的攻击也在增加。[25]因此，英国在山区从西南到东北不断增加的军事存在，可被理解为导致随后冲突的原因。但同样清楚的是，尽管一些英国观察员至少可以理解帕坦人希望英国军队远离山区的愿望，但像内维尔这样的描述，除了嫉妒和狂热，通常很少关注住在山区的人的动机。他们把帝国的安全利益视为理所当然，并兜售有关帕坦人性格的陈词滥调。

在建立军事哨所的地方，在勘察队经过的地方，都爆发了战争，1897~1898 年，几乎持续不断的战争涉及约 7 万名英国士兵。正如 1894 年一样，起义的规模被归结为狂热，一般不认为是由于英国军队在山区增加力量。相反，民间一直流传着关于疯狂的苦行

僧或疯狂的毛拉的故事[26]，他们承诺会出现奇迹，比如不受英国子

**209** 弹的伤害。其他的报道提到了斯瓦特（Swat）的阿洪德（Akhud）、哈达毛拉（Hadda Mullah）和萨伊德·阿克巴尔毛拉（Mullah Sayyid Akbar）的参与，他们都被指责煽动了部落。[27]

1897 年至 1898 年的提拉战役是为镇压山区人民而发起的"惩罚性"远征中最典型的一次。随着开伯尔山口关闭，印度和阿富汗埃米尔在喀布尔的自由通信被阻断，威廉·洛克哈特爵士（Sir William Lockhart）率领一支由英国和印度陆军组成的 3.5 万人的部队向山口以西的提拉地区进发。在那里，他们遇到了大约 5 万名阿夫里迪和奥拉克扎伊的战斗人员。部落成员装备了马蒂尼–亨利步枪、施耐德步枪，甚至还有一些李–梅特福德步枪（英国陆军中最新的步枪），弹药似乎是部落成员自己制造的（James，1898：152）。战斗非常激烈，但大炮和训练有素的英国部队的纪律，最终让印度陆军得以穿过奥拉克扎伊地区，进入了肥沃的提拉山谷，据说那里以前从未有过白人。[28]随着英国和印度陆军向前推进，托马斯·霍尔迪奇上校和他的测量员对该地区进行了首次测绘。1897~1898 年的许多战役都为霍尔迪奇填补英国边疆地图上最后的空白提供了机会。[29]

英军一进入提拉，阿夫里迪和奥拉克扎伊的队伍就溃散了，开始游击战和狙击射击。懊恼的洛克哈特转而对山谷里的居民发动全面战争。庄稼被没收，果园被毁，村庄被洗劫，瞭望塔和房

**210** 屋被烧毁或炸毁，最后，山谷居民的牛羊被捕获。[30]唯一留存下来的似乎是清真寺。正如《先驱报》和《伦敦每日新闻》的记者莱

昂内尔·詹姆斯上尉（Capt. Lionel James）对这场战役所做的总结：

> 英军在提拉山谷里从这头到那头使用炮火、挥舞刀剑进行毁灭……挖出并消耗了这个乡村的粮食和饲料，包围核桃林并将树连根拔起，阻止了秋季的土壤耕作，使当地居民在暴露的、荒凉的、严寒的山顶上过着逃亡者的生活。（1898：231）

洛克哈特还计算出有一百多个村庄被摧毁，许多瞭望塔被炸毁。[31]他们还非常高兴地找到了萨伊德·阿克巴尔的住所，他是被指责煽动狂热的毛拉之一。他的房子被毁，更重要的是，一组文件被缴获，这些文件"证明"了毛拉之间的越境阴谋。[32]

随着冬天的来临，阿夫里迪部落的长老们开始要求和平，他们中的许多人佩戴着在印度陆军服役的勋章。罗伯特·沃伯顿爵士是名经验丰富的边境事务官员，在一次会议上，他提到自己曾与一名老兵进行过一次交流，后者对他说："我们除了没有你们的野战炮，我们和你们任何人一样优秀。"[33]这是英国面临问题的症结所在。阿夫里迪和其他群体可能会要求和平，但他们肯定不认为自己被英国或印度士兵打败；他们只是被迫屈服于更好的武器。

当洛克哈特的部队通过重新开放的开伯尔山口撤回印度时，沿途每一步都被狙击手尾随。在这场历时五个月的战役中，一千多名英国和印度陆军士兵和数不清的帕坦人丧生，另有数百名妇女、儿童和老人在 1897 年至 1898 年的冬季挨饿。[34]还有成千上万

211

的驮畜由于缺乏食物和水而死亡，或者因为疲劳而倒下并被杀死（MacMunn，1936：238；Holdich，1901a：355-56）。十多年后，内维尔认为，提拉战役中的后卫行动，是"文明军队在野蛮战争中必须执行的最困难的行动"，使这场战役特别值得军事读者研究（1912：307）。[35]通过这种方式，我们将注意力从惩罚性山地战渐增的灾难转移到对自然化和技术化山地战的战术考量和特征的研究上。

　　因此，人们寄期望于那些负责向帕坦部落发起远征的人能够组织一个适当的计划和训练制度以应对山地战。在对19世纪90年代到20世纪30年代的几次战役活动的研究中，莫尔曼承认，随着武器技术的变化，双方都出现了新战术。但他也指出了一个事实，虽然英国人可能从每一场战役中吸取了某些教训，包括重视帕坦游击队战士的适应能力，但正如我们所看到的，直到20世纪20年代，这些教训并没有编入山地战手册（Moreman，1998：136）。持续到20世纪30年代的溃败以及近乎溃败通常被归因于军队缺乏训练，这当然指的是尚武种族。安全机制似乎只搜集人名、隶属关系和战役记录，而对山区处于战争状态的原因和性质，就像今天阿富汗的局势一样，在战争的迷雾中或有意的无知中消失了。

　　军事灾难虽然是可以理解的，却被随意地纳入边疆战争的训练，这一事实与英国思维中的另一个盲点相关。就像其他抵制大英帝国和殖民扩张的案例一样，人们冲动地得出这样的结论：只有狂热的宗教领袖或愚昧的统治者才会考虑反对英国，并心甘情愿地招致不可避免的严厉惩罚。正如戴维斯在1932年所言，只有"无知、偏执、受教士支配"的当地人才会追随这种非理性的领导人。因此，帕坦人的集体"狂热"似乎足以证明洛克哈特所进行的那种战争是合理的。然而，戴维斯也承认，山区中还有另一种变化，这种变化在 1897 年发生时影响了大多数部落：盐税大幅提高。与当时的英国官员一样，他认为增税与起义之间没有直接因果关系，除了给毛拉们带来私心（Davies，1932：97-98）。

如果英国官员低估了山区群体的经济利益，他们也忽视了强烈反对英国在山区驻扎的其他可能的解释。当考察队穿越旁遮普和阿富汗之间的山脉，竖立石柱并确定英属印度和阿富汗之间的边界时，他们进入的地区也充满了朝圣路线和圣人的神圣埋葬地。换句话说，山上点缀着圣者祠或神龛，英国人至少从 1857 年亨利·贝柳对喀布尔使团的描述发表以后就知道这些圣地。[36]像罗伯特·沃伯顿爵士这样的边境官员明白，帕坦人对这些地点周围的外人很敏感。在他的自传中，他讲述了 1880 年发生在开伯尔山口附近的圣者祠的一件事。他解释说，塔利布（学生，寻求智慧的人，Ridgeway's Talib-um-ilms）很快就会在那里祈祷，如果他们看到英国游客，他们会攻击游客并绞死他们（1900：96）。

英国人对此不太了解，但肯定知道的是，圣者祠只是山民朝觐的圣地。一些遗址被认为具有治愈特定疾病的能力，可能与该地区早于伊斯兰教的信仰有关。[37]此外，在 19 世纪的最后十年里，山上的宗教圣地可能还有其他意义。圣者祠是伊斯兰复兴主义（Islamic revivalism）的焦点，芭芭拉·梅特卡夫（Barbara Metcalf）曾指出，1860 年至 1900 年期间，它遍布于印度北部和西北部（1982）。但

213

是，无论是埋葬圣人的地方，奇迹力量的地方，还是改革伊斯兰教的地方，圣地都构成了神圣的山区地理，这些地方显然在测量、测绘或搜集军事统计的认识论项目中没有多少价值。[38]此外，即使有明确的证据表明，这些山脉很可能与不只一种神圣地理交错在一起，似乎也没有激起英国测量员的兴趣。帕米尔山脉上悬浮的佛陀被记录下来，没有任何评论（图 8.1）。[39]

**图 8.1　佛陀，来自帕米尔委员会**

此外，还有一种可能是，许多圣者祠与正统伊斯兰教无关，而是与苏菲派有关。苏菲派强调个体追求与安拉的合一，强调修行者的身体训练和精神训练。实现这种结合的人被视为拥有精神力量，可以像天主教圣徒那样，在真主和普通人之间进行沟通。他们死后，他们的精神力量被认为与他们同在，并将通过他们的后代，或大师传递下去。在一个充斥着宗族间竞争与争夺土地权利和男性荣誉的社会中，大师是少数能够调解纠纷的世外权威之一。此外，由于大师也非常重视对圣者祠的保护和维持，所以当朝圣的圣地受到外人或异教徒的亵渎威胁时，他们可以作为部落间的联系人（Rittenburg，1988：38-41）。

正如我们所见，贝柳、里奇韦和沃伯顿都知道神殿的重要性。 **214**但是，由于大多数英国民事和军事官员只把帕坦人团体的信仰视为迷信或伊斯兰教的一种低级形式，不承认他们正在侵犯神圣的空间。他们也不承认这样做既为帕坦人的抵抗提供了理由，也为部落间联盟反对他们提供了机会。换句话说，印度陆军中的英国当权者将不得不承认，毛拉的"狂热"也可以被解释为对不请自来的入侵者无知亵渎圣地的愤怒。

涉及边界划分的暴力事件可能还有另外一个原因，即使人们知道这一点，也会把它当作迷信而不予理会。杜普雷指出，阿富汗有一种地方神龛，它们的标志是成堆的石头。这样的神龛可能表明一个重要的奇迹地点，或具有治疗能力的一口井或温泉。游客经常往石堆上加石头（1976：4-5）。因此，当勘测队开始将石堆成界桩时，他们可能无意中模仿了当地的一种做法。人们可以想象，当地人认为测绘员的柱子是在嘲笑他们的信仰，或者试图通过引入虚假的神龛来破坏该地区的神圣地理。

尽管如此，为什么英国人在编制军事手册时，只对尚武种族， **215**甚至是帕坦新兵的文化特征有实质性的了解，这个问题仍然没有备案。即使是罗伯特·桑德曼倡导的另一项推进政策，也无助于回答这个问题。如前所述，桑德曼认为，他在部落中取得的成功在于与现有机构合作，并将他们纳入基于部落责任的边界安全机制。桑德曼之所以能够用这些术语来构建问题，是因为他相信，人类的共同本性能使边疆人民出于自身利益与英国人共同奋斗（Thornton，1895：356）。诉诸普世主义虽然令人钦佩，但几乎没有给帕坦宗教信仰的特殊性留出空间。

然而，其他军官对部落民众的评价就不那么慷慨了。尽管英国军事官员在他们的著作中对帕坦人的军事技能表达了勉强的钦佩，但他们无法接受这样一个事实，即这些部落奋起反抗并继续抵抗英国人。对于那些在道德和文化上被视为劣势人的反抗，唯一的解决办法就是战争。但为了参与 1897~1898 年在提拉山谷，或者 1900 年在北京及其周边地区的残酷的报复性战争，英国人不得不把他们的对手设定成固执、奸诈、嫉妒、愚昧，只懂得野蛮惩罚而不懂得理性辩论的人（Hevia，2003：195-240）。正如莫尔曼所证明的那样，到 19 世纪最后十年，野蛮战争的概念已成为亚洲和非洲战争军事文献（1998：41）的一种规范，与欧洲列强之间进行的文明战争不同。这也成了常识。

**小型战争的殖民冲突**

到 19 世纪末，军事情报部门的官员开始区分两种形式的战争。文明战争指的是技术发达国家之间的冲突，而非发生在印度西北边境的冲突。后者发生在非洲和亚洲,被称为"野蛮战争"或非正规战争。一边是穿制服、训练有素的部队,装备精良的武器,并以战略战术和后勤科学为指导——正如我们所看到的,所有这些都是最近才发展起来的。另一组则很少表现出这些"现代"特征。非正规部队被认为是临时组建的,很少或根本没有组织或训练,其武器被认为远不如欧洲或欧洲领导的当地军队所携带的武器。"非正规"一词也引起人们注意这些冲突发生之地的自然地形——沙漠、丛林、山区、荒野地区——那里没有铁路,几乎没有改善的公路,支持军队的资源也有限。在这样的地形上,正规军很难确保交通线安全。此外,诸如野蛮战争一样的非正规冲突暗示了常规战争规则不适用。回想一下前面关于"惩罚性远征"的讨论,有人认为文明力量的这种"象征性"行动是必要的,因为这是驯服帕坦部落和"不文明"的中国义和团的唯一有效方法。

但还有另一个名字开始与这些冲突联系在一起,这个名字将过去的殖民时期的非正规战争与今天的反叛乱行动联系在一起。[40]这个词就是"小型战争",这个概念如果不是查尔斯·卡尔韦尔创造的,在他 1896 年的同名书中也得到了突出的体现。卡尔韦尔或许是第一个将 19 世纪的不对称冲突视为一种全球现象的军事理论家,其影响不限于大英帝国。在他的作品中,卡尔韦尔从比较全球进程的角度分析了这些冲突,并发展了一套分类范畴,地形的物理特征、人口类型和战争实践都可以归入其中。

查尔斯·卡尔韦尔是谁? 他的作品有什么意义? 卡尔韦尔是 1870 年后英国改革军官培训计划培养出来的新人之一。1877 年,他从皇家军事学院的两年课程中毕业，在皇家野战炮兵部队服役，并在伍尔维奇完成了新军官的高级训练课程。之后他在印度和南非服役，分别参加了第二次阿富汗战争和第一次布尔战争。1884 年，他回到英国，在坎伯利完成了为期两年的参谋学院课程。在他早期的职业生涯中，他经常在军事期刊上发表文章，其中包括皇家联合军种研究院的期刊。1886 年，他在研究院发表的一篇关于 1865 年以来殖民地战争教训的文章为他赢得了一枚金质奖章。

217　　　1887 年，卡尔韦尔被派往陆军部的情报部门。在这个职位上，他在奥匈帝国、奥斯曼帝国以及法国在北非的殖民地执行了几次侦察任务，并编写了军事报告，例如《土耳其在亚洲》（1892）。1901 年至 1902 年，他在南非担任一个机动纵队的指挥官，之后在陆军部动员部门任职。1907 年，卡尔韦尔退伍，领取半薪，但在第一次世界大战爆发时被召回部队。他被提升为少将，担任陆军部军事行动和情报主任一职。因此，除了西姆拉的情报部门外，卡尔韦尔几乎在本研究中讨论的所有关键机构中任职，并且是第 5 章和第 6 章中概述的规训和监管的众多实例的创建者。1893 年，在伦敦陆军部任职期间，他开始写作《小型战争》（*Small Wars*），第 1 版于 1896 年作为官方出版物出版。[41] 1903 年出版了第 2 版，其中有关于山区和灌木丛战争的新章节；1906 年出版第 3 版，并增加了一些案例。[42]

　　从结构上讲，《小型战争》是一本在许多层面上都很复杂的书，可以有多种解读方式。例如，这也许是 19 世纪下半叶被侵略人民对欧美帝国扩张所进行的抵抗中最全面的一项纪录；[43] 但它很少被这样解读。从军事技术的角度来看，它通常也不被视为帝国/殖民冲突的全球历史。此外，它似乎从未被解读为帝国安全机制及其信息系统失败的例子。相反，《小型战争》主要是一本讲述如何发动非正规战争的书，也是一本应对土著反对外国占领领土的策略指南。

　　就像当时其他优秀的情报官员一样，卡尔韦尔将他的课题作为一项汇编和归档工作。他的类别包括叛乱的起因、小型战争的目标、情报、供应、战役的进行、战术和通信线路。这种对分类的强调使这本书更像是科学书籍而不是历史书。它以一种有序的方式呈现了一种特殊类型的战争，这种战争被认为既有普遍性（对欧洲统治的反抗遍及全球）又有特殊性（地形和当地居民的素质各不相同）。这么来看，《小型战争》对于这些冲突给正规军及其情报系统造成的压力有很多要说的。在整本书中，显而易见的是，这种遭遇在 19 世纪为规范空间和规范事实的传统体裁例如路线书和军事报告带来了问题。卡尔韦尔解释说，在很多情况下，像军事报告、手册和地名词典这样的作品在不文明地区要么不存在，要么存在但包含的信息不足以进行规划。[44]因此，这本书中潜藏着一种非常真实的意识，即认识论的危机：非正规战争已经开始对常规军队构成威胁。为什么会这样？为什么安全机制的认识论因素受到与野蛮人或未开化军队作战的过度压力或威胁？

　　文明国家的军队、地形、通信和军事资源的准确信息随时可以获得，与之不同，关于小型战争爆发地的类似信息却十分有限。他认为，在这两者中，第一个最为重要。与对抗"正规""现代"军

218

队的战争相比，小型战争主要是"对抗自然"的战役，即对抗被侵略国家崎岖不平或未开发的地形所造成的困难（1906：68）。该书余下章节的大部分内容都围绕着这一观点展开。正如马克·贝尔所指出的，对路线、地形和水与粮食供应地点的了解有限，使得战争无序、通信线故障、战役旷日持久，有时甚至是彻底的灾难。

219      我们不妨在这里稍事停顿，考虑一下这些观察结果的含义。如果对"自然"的认识是战争中如此重要的一个因素，人们可能会问，为什么缺乏这种认识不能阻止非正规战争呢？无知并没有阻止这类战争，部分原因可能与"帝国理性"的修辞和帝国主义国家的膨胀倾向有很大关系。卡尔韦尔解释说，小型战争是"征服或兼并的战争，镇压叛乱的战争……或解决被兼并领土的战争，以及消除侮辱、为错误报仇或推翻危险敌人的战争"（1906：25）。因此，这些战争与权力平衡无关，而权力平衡是"文明"世界中军事外交机构最关心的问题。相反，它们涉及帝国扩张、管理抵抗和应对扩张带来的各种挑战。在这些战争中，英国的指挥官们不仅相信他们军队的绝对优势，而且认为有必要为了象征性和教育的目的而展示这种优势。卡尔韦尔没有质疑这些战争的必要性，也没有怀疑这些战争是正当的。相反，他提出了一系列的警告，首先是地理问题，以及由于缺乏对地形的了解而给战术和后勤带来的问题。

然而，与此同时，在20世纪初《小型战争》（1906）第3版出版时，让卡尔韦尔如此担忧的知识差距在一定程度上缩小了。如上所述，随着军事行动的进行，第一手实地侦察的机会大大增加，知识迅速扩充，特别是关于中国和印度西北边境的知识迅速扩充。虽然卡尔韦尔没有讨论这些变化，但他意识到非正规战争不仅依赖情报，而且总是产生新的知识，不仅是地理知识，还有关于当地居民的知识。此外，每一场战役所产生的信息，在卡尔韦尔的比较分析的帮助下，似乎与其他战场的经验相一致。

　　例如，在关于情报的章节中，卡尔韦尔强调，必须仔细斟酌来自当地线人的信息，因为世界上的野蛮和未开化民族，即使在他们想说出真相的时候，都对"时间、数字和距离"（例如，见《从印度兵到印度连长》）的概念很模糊（1906：50）。但是，英国在非洲和印度的经验向卡尔韦尔表明，一个高效和组织良好的战地情报单位可以避免这个问题，主要是通过积极的现场侦察。

　　这些战争中产生的关键知识与非正规部队的能力有关。正是因为组织水平低，敌人才有更大的机动性和速度。对卡尔韦尔来说，这个条件基本上否定了战争的"战略规则"，他所谓的"战略规则"指的是在阵地上机动（1906：52）。非正规部队也具有某些战术优势，因为它们在熟悉的地方作战，可以依靠当地的非战斗人员获取占领军的行动信息。当地人可能不懂现代武器和战术，但由于"更接近自然"，他们比欧洲人更善于观察。"出于一种本能，"卡尔韦尔告诉我们，"他们解读军事征兆，即使是在完全缺乏勇气或战斗力的情况下。"因此，他们能够以一种神秘的方式远距离、高速地传播这些信息（1906：54）。

　　土著部队和非正规部队的这些特点——战术优势、机动性、轻量级操作和神秘的道路系统——将成为今后研究低强度冲突和游击战的基础知识。这些假定的特征将成为世界军事技术精英的卓越才智竞争的对象。在随后的军事报告和手册中，如上文所讨论的《印度边疆战争》中，这些特征也被归因于西北边境的帕坦人。

帝国的军队应该如何处理这个看似有机但又无形的网络，并成功地平息或镇压抵抗？卡尔韦尔借鉴了全球文明军队的经验，提出了一些观察和建议。首先，关于本地交通系统，他建议用"虚构的信息"使其超载。其次，通过系统地描述自然和建筑环境，积极搜集战场物理地形的知识，从而抵消本土的战术优势。最后，虽然当地人可能是野蛮或不文明的，他们仍然拥有自身珍惜的东西。作为惩罚和镇压的一般策略，目标——这里卡尔韦尔引用加尼特·沃尔斯利的话——应该是确定当地人珍视的东西，将其摧毁或者夺走（1906：40，145-46）。

在某些情况下，中国也许是最合适的例子，被认为最有价值的东西是北京的皇城。1860年和1900年，英国入侵中国北方，占领都城迫使清廷让步。就帕坦人而言，最珍贵的是他们的塔楼、家园、核桃树、果树林和食物供应。因此，有必要夺取这些价值极高的物品，摧毁那些无法轻易取代的东西。此外，如果不采取这种行动，如果当地人所珍视的东西不成为文明暴力的主要目标，当地人就不会那么在意侵略者。"未开化的族群，"卡尔韦尔向他的读者保证，"把仁慈当成懦弱。"（1906：148）[45]

因此，小型战争的成功主要取决于一种特殊形式的经验知识，这种经验知识是英国和其他军人长期以来在许多地方积累起来的。

这种知识表明了普遍的模式，这些模式构成了对非正规战争的想象，用来弥补缺乏更可靠的军事统计数字的不足。另外，由于地理知识不足，在进行实地侦察之前，任何这类战役都充满危险。在这种情况下，卡尔韦尔建议，由于非正规部队的流动性和土著的奸诈不忠诚，在征服之前保护和不过度扩大交通线是很重要的（1906：50，115-24）。

总而言之，到 20 世纪初，大英帝国的安全机制发现自己面临两种截然不同的战争："文明"冲突与"非正规"冲突。在伦敦陆军部，情报官员搜集的军事地理和统计数据让许多人得出结论，大英帝国面临的主要威胁不在于俄国向中亚和东亚的扩张，而是德国在欧洲大陆实力的增长。此外，丰富的情报数据使詹姆斯·格里尔森等军官得出这样的结论，也使训练和计划向欧洲大陆派遣远征军成为可能。然而，与此同时，重组后的英国陆军在"文明战争"方面没有实际经验。相比之下，驻扎在印度和非洲的英军在非正规战争方面有着丰富的经验，他们至少从 19 世纪中叶就开始积极参与非正规战争。但在殖民地、中国、阿富汗边境地区，小型战争的实践者，正如卡尔韦尔指出的，尽管渴望复制陆军部情报部门的纪律和监管做法，但由于缺乏有助于规划欧洲行动的统计信息，他们受到了限制。

在整个研究过程中，我们看到印度陆军为缩小知识差距所做的各种努力。然而，从对卡尔韦尔、内维尔、阿富汗和瓦济里斯坦的军事报告以及诸如《印度边疆战争》之类的手册阅读中，也可以清楚地看到，冲突地区的地理和统计知识主要是通过战役本身搜集

222

的。从这些接触中，一种反抗的他者类型随着处理这种类型的特殊方法出现了：惩罚性远征。1900 年，对提拉山谷的大屠杀，对北京的洗劫以及攻入紫禁城，这些都是沃尔斯利提出并被卡尔韦尔反复强调的——找到他们珍视的东西，然后从他们手中夺走。然而，这种完全男性化的帝国知识和行动形式，也被不规则的、不确定的地形和当地人的流动性对帝国安全机制构成的威胁所干扰和困扰。卡尔韦尔的《小型战争》无法避免灾难，即使是那些掌握了强大的帝国技术和各种形式知识的人，也是如此。换句话说，试图为帝国空间的指挥和控制提供全面知识的认识论体系，在苏丹沙漠、西北边境的山区和南非的伊桑德瓦纳（Isandlwana）——祖鲁人在那里摧毁了一个英国团（1879）——等地遇到了限制。最终，决定殖民冲突的往往是优越的武力和残酷的实践，而不是实证主义的知识和分类方案。依靠暴力，即使不是最廉价的手段，似乎也是对付"原始人"和"野蛮人"最适当和最公认的方式。

## 英国安全机制的影响

印度的安全政策在英国并没有得到普遍的好评。一些人质疑俄国是否对印度有任何企图，而另一些人则反对大英帝国的进一步扩张。在后一种情况下，批评人士包括约翰·布赖特（John Bright）、理查德·科布登（Richard Cobden）以及后来的霍布森，他们指出了帝国的巨大成本，无论是在亚洲还是在其他地方都是如此。印度的一些官员同意他们的看法，例如，他们反对推进政策，因为它浪费人力和财力。这些批评都暗含着对帝国安全机制的本质和正当性的质疑，包括它所代表的财政负担，以及安全问题在多大程度上转移了人们对英国紧迫问题的注意力。有些人问，阿富汗边界、东亚或一般殖民地距离不列颠群岛数千英里，它们与大不列颠人民的福祉有何关系？还有人指责帝国展现了英国国民性中最糟糕的一面，怀疑英国是否可以既是一个民主国家，又是一个帝国。[46]

223

这些担忧反过来又成为有关大英帝国性质的广泛讨论的一部分。英国人如何获得和扩张他们的帝国？是否有可能无限期地维持全球霸权，还是需要对帝国秩序进行谨慎的改革？这些问题引发了19 世纪最后 25 年英国的地缘政治和地缘战略辩论。

早在 1898 年被任命为印度总督之前，寇松勋爵就撰写了一系列书籍和文章，认为大英帝国的未来取决于对英国有利的东方问题的解决方案。这个问题，正如在英国讨论的那样，关乎奥斯曼帝国和清帝国的命运，当时它们正面临着来自欧洲和俄国向西亚、中亚、东亚扩张的巨大压力（Curzon，1889a，1889b，1892，1896）。当这些帝国崩溃时（肯定会这样），寇松认为英国必须能够进行干预，以确保其亚洲领土的安全。其他人，如约翰·西利（1883）、查尔斯·迪尔克（1890，1899）和 J. A. 弗芬德（1886），认为亚洲殖民地仅仅给了英国人一种满足感，即为那些不能自治的人提供良好的治理，他们认为帝国的长远未来在与"大不列颠"联邦，即加拿大、新西兰、澳大利亚和南非这些"血缘共同体"或"白人"殖民地建立紧密合作关系。[47]

无论是对于帝国主义的支持者还是批评者来说，历史因果关系的本质以及对当代事件的解读，在对英国海外扩张的意义和影响的辩论、争论和分析中都发挥了核心作用。在这一节中，我将集中讨论三位作者，他们在这些问题上有很大的发言权，尽管他们的观点截然不同。我选择的三个人都有在印度的实践经验。阿尔弗雷德·莱尔爵士（Sir Alfred Lyall）是英属印度的一名官员，后来成为印度议会成员。亨利·汉纳（Henry Hanna）是印度陆军的军官。最后一位是罗伯特·布鲁斯（Robert Bruce），他是边境的官员，同时是罗伯特·桑德曼的门生。我从莱尔开始。

　　1891年，阿尔弗雷德·莱尔发表了两篇文章，其中一篇反对约翰·西利的观点，即英国"无意"、"盲目"且"偶然"获得了印度，"在我们的殖民过程中几乎没有经过足够的计算或策划"，而且英国有留在印度的道德义务。[48]另一篇文章为英国在亚洲的扩张提供了理论和历史解释。莱尔介入对大英帝国的意义和重要性的争论，是基于他在印度担任官员30年的经验。他曾在地区和省级任职，担任总督利顿勋爵的秘书三年，退休后被任命为印度议会成员。在印度期间，莱尔在英国著名期刊上发表了多篇论文，其中涉及印度宗教、比较印度和中国的信仰及治理、评估英国在亚洲的未来等。作为亚洲事务专家，莱尔告诫印度不要过快改革，并支持英俄解决东方问题。这两种立场都源自他对宗教和历史的研究、他在印度的经历以及他对英帝国的理解。

　　在第一篇文章中，莱尔指出，西利对英国如何获得印度的描述是"与已知事实相矛盾的"。[49]其中一个事实是印度曾多次被外来入侵者征服，英国只是最新近的一个。更重要的是，入侵者的征服是一种历史规律，有助于解释印度宗教、社会和独特状态。专制统治者的反复入侵和统治破坏了印度社会和本土制度的进步发展。因此，莱尔观察到，当专制统治被削弱时，印度又回到了无政府状态，只有通过另一波专制征服才能解决的混乱状态。结果是衰退或发展停滞，没有超越野蛮或早期文明阶段的进化。 **225**

　　英国人在 17 世纪陷入的是一个"蒙古治世"（Pax Mugolica），这是一种"头重脚轻"的专制秩序，摧毁了所有本土的政治制度（1891a：85）。接下来的一个世纪，莫卧儿帝国开始衰落。1738 年，阿富汗冒险家纳迪尔沙（Nadir Shah）洗劫了德里，开启了一个无政府的新时代。由于各王公间以及法英两国之间的对抗，印度四分五裂，变得更加混乱。英国人与法国人的对抗，并不是由于缺乏理智或没有意义的偶发事件，而是持续不断的生存竞争，这种竞争在美洲和亚洲都上演过。英国人在 1763 年的关于印度的竞争中获胜。从那时到 1805 年，一系列英国领导人——克莱武（Clive）、黑斯廷斯（Hastings）、康华里（Cornwallis）和韦尔斯利——组建了一支遵守欧洲纪律的本土军队，打败了他们的印度对手，夺取了印度次大陆大部分地区的主权。

　　然而，有意征服只是英国在印度故事的一部分。对莱尔来说，另一个主要因素与这样一个事实有关：与过去的统治者不同，英国的首要目标并不是为了自身利益而剥削印度。相反，英国人宣称自己正在改变这个国家，正如西利所观察到的那样，不仅建立了法律、秩序和良好的治理，而且还建立了西利的评估中也缺少的一些东西。莱尔认为，英国引入科学和欧洲的思想，正在刺激印度知识分子的精神转变，使他们摆脱印度教的纠缠。正如他所说，英国的理性和公正的治理，以及对"光明与自由"的承诺，正在为"该大陆的文明提供一种巨大的推动力和一个全新的方向"（1891a：94；1882，1：300-2）。印度正在发生变化，但一切还为时过早。因此，英国有两项责任：一个责任，正如人道主义者可能会争辩的那样，是继续进行关于文明转型的良好工作；另一个责任，本质上是一种政治现实主义立场，是保护英国利益和印度人不受外来掠夺者的侵害，这些掠夺者不再是中亚的野蛮部落，而是现代欧洲强国，尤其是俄国。

如果莱尔已经为英国在印度扩张并留在那里找到了实际和合理的理由，这些理由与西利的观点存在争议，那么他也为英国在印度的扩张提供了更为复杂的解释。扩张当然是防御性的，但它究竟是如何发生的呢？英属印度发展背后的逻辑或理由是什么？莱尔的答案在另一篇题为《边界与保护国》（Frontiers and Protectorates）的文章中。他在文章中提出，进步的几代英国人一直在寻求具备自然特性和防御能力的边界拓展英国疆域。他认为，这条"真正的边界线"不仅划定了受管理的土地，而且划定了受保护的土地（1891b：317）。莱尔所说的受管理和保护的土地是什么意思？它们有什么不同？他解释说，在印度扩张总是需要"两步走"。第一步标记行政上控制的高级限度，它带来了法律和秩序以及合理的治理制度。第二步是在实际治理（土地保护）之前就划定了战略和政治边界。这种巩固和提出保护或缓冲的双重行动始终是一个动态的过程。"保护国制度"在不断变化的行政控制边界之外，"保护国体系"的运作是英国在很长一段时间内征服印度的原因，更重要的是，它解释了统治扩张的基本原理。那么，为什么这一进程要一直持续到整个亚洲都在英国的行政控制之下？他解释说，在自然屏障的作用下，扩张被阻止，西北边境就是一个很好的例子。在其他情况下，领土扩张在其他形式的"顽强抵抗"出现时停止，例如，"另一个组织良好的国家"。在这种情况下，当两个强国的边界相邻时，便出现了一个"文明外交"的进程，在这个进程中边界被确定和批准。在其他情况下，例如阿富汗，两个强国的会晤可能因地理障碍而中断。然后，介于两者之间的领土将成为一个势力范围或一个缓冲区。

　　总之，莱尔发现了英国占领印度的明显意图和蓄意扩张的政策。从本质上说，他还确定了一系列"推进政策"，随着英国边境和受保护国在印度次大陆高歌猛进，这些政策一个接一个。因此，我认为，他反对西利的解释——一个没有帝国缔造者争论的帝国——不仅仅是对代理地位的吹毛求疵。莱尔发展起来的理论架构，特别是在《边界与保护国》一文中体现出来的理论观点，具有广泛的意义。首先，莱尔确定并详细阐述了，早在情报部门和总参谋部在印度陆军开展行动之前就已经存在的安全机制的逻辑。如果我把这两者做一比较，边界和保护国就是倒退回旧式的领土帝国主义，它以稳定无序的边疆为基础为自己辩护。莱尔的贡献是阐明最初的安全机制在实践中是如何运作的。另一种安全机制是莱尔在印度的职业生涯即将结束时出现的，它把注意力集中在维护已获得的领土上，但采取了新颖的方式。它不是通过法

227

律或行政规则来保卫领土，而是通过指挥信息命令和管理交通线来保卫领土，这些交通线可以用来部署部队以应对可预见的和预期的威胁和抵抗。它使得保护国远远超出莱尔所认为的印度自然边界的地形屏障。

其次，莱尔认识到，19 世纪建立帝国的逻辑是在国际法和主权概念发展之外运作的，而主权概念是欧洲均势安全机制发展的重要组成部分。他指出了一个重要的观点，例如，他特别提到对非洲和亚洲其他地区的争夺：

> 在这些受保护国中，上级国家和当地统治者之间的相互权利和义务究竟是什么，这一问题还没有得到明确的解决；没有人明确规定，特许公司向不同国籍的人提供大量土地适用何种法律，或政府的权利和责任在公司和母国之间进行何等程度的划分。（1891：325）

他对缺乏明确的规则表示担忧。特别是 18 世纪以后的印度事态发展将在欧洲强国之间产生潜在的冲突。莱尔在理解疆界和帝国建立的新动态时似乎指出，自拿破仑战争以后在欧洲运作的那种安全机制，即军事外交机构，正受到 19 世纪末新帝国主义的严重压力。

如果莱尔令西利在帝国的本质和皇权的构成要素上的观点显得天真，莱尔还指出，帝国在亚洲的存在和维持，除了英国有责任保护和振兴欠发达的印度之外，还有其他一些原因。在莱尔看来，西利的帝国的道德经济只是英国留在印度的部分原因。英国之所以留在亚洲，还因为印度作为大英帝国在亚洲的安全网络基地发挥了关键作用。然而，尽管莱尔的英国扩张理论十分复杂，但它似乎确实忽略了一个不容置疑的问题。如果印度的边界止于苏莱曼山脉和兴都库什山脉，这是否意味着山脉中存在一个保护国或利益范围？劳伦斯对这个问题的回答是否定的。但推进政策使劳伦斯的"微妙怠置"失效了。英国人不仅冒险进入山区，而且在 1893 年的杜兰德协议下，他们把印度边境推进到帕坦领土的深处。随着边界的扩大，在山区出现了一种情况，产生了前一节讨论的各种帕坦人的暴动。

228

1895～1896 年，孟加拉野战部队上校亨利·巴瑟斯特·汉纳（Henry Bathurst Hanna）谈到了印度西北部出现的新安全机制的影响。汉纳在三篇长篇论文（1895a，1895b，1896）中指出，"推进政策"损害了"维护英属印度的基本保障"（1896：110）。自克里米亚战争以后，该政策的理由是，一旦俄国巩固了对中亚的统治，他们就会对印度采取行动。该政策保护从阿富汗进入印度的通道，并最终将防御工事推进到旁遮普—阿富汗边境的山区。汉纳在他的第一篇论文中提供了全面数据，证明了俄国入侵印度是不可能的。正如陆军部情报官员对印度陆军设想的情景的坦率批评中所展示的那样，汉纳的结论是，俄国人无法确保通过阿富汗的交通线，也无法调动足够的驮畜在阿富汗运送物资。此外，通往印度的线路——赫拉特—坎大哈前线也可能受到来自波斯的攻击。即使俄国人设法解决了这些问题，他们的军队也必须通过漫长的瓶颈通道突入印度西北部平原。在那里，他们会发现印度真正的天然防线——印度河，以及装备精良、供应充足的英国和印度军团（1895a）。

在第二篇文章中，汉纳认为，守卫科学的边界——沿阿富汗边境的战略优势点——是不合理的。[50]特别是，他发现在阿富汗—旁遮普山区建立设防哨所的整个过程在战略上是站不住脚的，因为这些单位几乎不可能迅速提供补给、增援或解围。堡垒和哨所也造成了另一个问题。它们是与山地部落的摩擦点，并使山地部落对英国人产生了很大的敌意（1895 b：63–71）。

229      在最后一篇文章中，汉纳谈到了维持推进政策的成本。他认为，为了使边界军事化，印度政府不得不使西北地区和旁遮普省的大部分人口陷入贫困，并使印度其他地区的经济紧张到可能很快威胁到内部的稳定。他建议从山区撤除设防的营地，并在印度河建立防线，那里与印度其他地区的交通线路畅通无阻。随后他详细说明了此举将带来的大量节省——包括军队规模的缩减（1896：115–30）。

起初，汉纳的建议被忽视了，但当寇松勋爵1899年成为总督后，他制定了一套包含汉纳建议内容的改革措施。虽然尚不清楚寇松是否读过汉纳的书，但他也得出结论，前方设防的哨所既站不住脚，又对山区部落具有挑衅性。寇松把部队从这些阵地撤出，集中在后方；组织机动游击纵队，以便在发生冲突时迅速部署；在关键关口附近建立前哨，这些关口通过简易铁路与后方相连。然后，他借鉴了桑德曼的边疆管理一书，让英国政府官员引入部落服务体系，包括建立地方民兵组织，以及在英国军官指挥下进行训练。最后，寇松通过建立一个新省重组了边界的行政管理。[51]

新的结构将决策权置于与帕坦团体直接接触的人手中。然而，尽管寇松的改革似乎缓解了这一问题，但并没有消除对抗和惩罚性远征。1902 年和 1908 年发生了几次大的冲突，后一次冲突导致巴扎尔谷被摧毁，其规模类似于提拉远征。[52] 1919 年，英国在入侵阿富汗的同时，还对山区进行了惩罚性的远征，并在 20 世纪 30 年代中期引发了更多的骚乱。[53] 此外，由于第一次世界大战期间的技术发展（机动运输、飞机、大炮和轻型机枪），新武器的出现，边境战争变得更加致命。印度陆军甚至考虑使用芥子气和空中轰炸，尽管最终似乎只部署了后者。[54] 事实上，到 20 世纪 30 年代，对边境沿线被认定为犯罪分子的财产进行轰炸，成为派遣探险队进入山区的廉价替代品。[55]

汉纳最后一篇文章发表后不久，另一种批评出现了。该观点认为，英国在山区的存在是合理的，因为从旁遮普和俾路支一侧到阿富汗坎大哈—喀布尔线的交通线路必须得到保护。然而，正如罗伯特·桑德曼在他的"部落责任"体系中所表明的那样，通过与部落合作，而不是通过建立设防的前哨，可以更好地保障这些线路的安全。此外，这些观察报告的作者、桑德曼的同事、边境官员理查德·布鲁斯（Richard Bruce）继续辩称，部落制度是更合适的推进政策。在布鲁斯看来，问题不在于桑德曼的体系对瓦济里、马苏德和阿夫里迪等团体不起作用，而是没有以足够的精力和投入来推行。为什么会这样呢？布鲁斯认为这是因为边疆执勤的奖励绝大多数都给了军人，政治专员不仅没有为与部落保持良好关系付出的努力而获得荣誉，而且地位和威望也不足以打动部落领袖。此外，实施"惩罚性远征的打击政策"要比从事赢得帕坦"民心"的艰苦计划容易得多。然而，在边疆生活了30年后，他仍然坚信，事实已经证明，而且在未来将继续证明，外交方式在确保边疆安全方面更加有效。布鲁斯总结说，应该推进到杜兰德线的不是军事前哨，而是桑德曼体系。[56]

**231**    布鲁斯对桑德曼边境安全方法优点的介绍应该听起来耳熟。这与卢格德勋爵（Lord Lugard）在非洲实行间接统治的理念非常相似，亚洲其他地区也跟进，将确保英国利益安全的部分负担转移给当地居民。桑德曼和布鲁斯处理殖民地人民的方法看起来很像自由主义和人道主义帝国主义，强调改善土著的经济状况。但我认为还有另一种看待它的方式。如果我们把桑德曼的方法看作是安全机构的外交要素的一种变体，那么软帝国主义和硬帝国主义的两种"推进政策"告诉我们，帝国边界上外交与军事的关系具有重要意义。布鲁斯的批评指出安全机构中固有的紧张和矛盾，特别是在种族化的情况下，当地人的抵抗只能被理解为野蛮。布鲁斯没有理由相信，在边疆战争和焦土报复的极端条件下，国家机器的各个部分会相互补充，就像欧洲大陆的情况一样。英国在西北边境和中国的活动表明了相反的情况：惩罚性措施和炮舰外交都是解决分歧的简单方法，而和平解决这些分歧需要大量得不到赞赏和认可的努力。

在这三位作者的作品中，我们看到了帝国秩序中明显存在的问题和紧张关系。19世纪末，帝国发现自己周边都是新兴势力（如德国、美国、日本），似乎四面楚歌，同时还面临殖民地内部尚未解决的安全和治理问题。这些争论的关键是对帝国历史记录的解释和对人类行为本质的看法。莱尔认为，在英国行动者的理性行动中，作用和意图都显而易见，这些行动者也在广泛的战略和政治考量的框架内运作。在汉纳的作品中，作用逐渐弱化到极端的超军事化和不合逻辑，从而破坏了整个帝国的事业。最后，布鲁斯对在帝国边界上运作的军事外交机制提出了令人不安的批评。在强调种族类型学和鼓吹野蛮战争情势下，求助于"合法"的暴力来解决争端比每天努力培养跨"种族"的社会关系要容易得多。此外，使用暴力还受到奖励制度的鼓励，在这种制度下，职业晋升是通过在军事活动中的表现来实现的。

　　此外，英国人知道，在西北边疆部落中，男性荣誉与报复侮辱行为（例如，"血仇"）密切相关。他们能想象到提拉山谷的毁灭会导致什么样的后果。印度陆军在中国的行动可以说也是如此，英国官员认为，他们是在与本土的"面子"观念进行斗争。1900 年，英国人采取了一些破坏性的措施，目的是让中国人"丢脸"。在这两起事件中，英国文职官员和军方官员似乎都认为有计划的暴力行为会给他们带来永久性的教训。相反，在西北边境，军事化产生了一种无休止的战争和无休止的报复行为的安全机制；在中国，英国的暴行成为"百年屈辱"的关键事件，影响了中国的民族主义（Hevia，2003：332-45）。

## 帝国和英国的流行文化

正如理查德·布鲁斯所言，如果说殖民战争成就了军人生涯，那么它也促进了报纸、书籍和肥皂剧的销售，并激发了画家、诗人、歌曲作家的灵感，在 20 世纪，还激发了电影制作人的灵感。[57] 19 世纪晚期英国在印度西北边境和中国北方的军事行动，与英国和印度军队在非洲和东南亚参与的其他野蛮战争一起占据了一席之地。帝国疆界发生的事件以新的或重组的媒体形式——世界博览会和展览、图文并茂的报纸和冒险小说，其中许多是针对男孩的——向欧洲大陆和北美的公众传播。[58]这些新形式的媒体得到了庞大的运输和通信系统的支持，这些系统将中国和印度的东海岸与全球轮船和铁路网络连接起来，使记者能够在两到三周内赶赴现场。横跨太平洋和印度洋的海底电缆，使新闻工作者能够通过电报与欧洲和北美进行高速通信。这种环境下出现了一种新的记者，即战地记者，他们通常是受日报或周报的特派，出现在现场记录，有时还参与轰动性的活动，坚定的勇气和自我牺牲是常态。[59]

这些事件本身，即查尔斯·卡尔韦尔所说的"小型战争"，被新闻记者、政治家和罗伯特·西利等公共知识分子常态化为勇敢爱国的英国士兵和忠诚的当地部队与野蛮、狡诈的土著之间的对抗。与军方对反抗英国统治的理解类似，大众媒体的成员将殖民战争和土著叛乱的起因描述为无知、不文明的民族和狂热分子的误导行为。疯狂的毛拉（图 8.2）、野蛮人"诅咒异教徒"（见 *ILN*，February 19，

234

图 8.2　疯狂的毛拉，《图片报》，1897 年 9 月 18 日

1898：255）和中国义和团的照片出现在图文并茂的报刊上，他们都是娱乐的对象——这群衣衫不整的人怎么能与穿着制服、训练有素的英国士兵对抗呢？——这实在是让人感到焦虑。我以前写过关于英国安全利益、帝国战争和19世纪末至20世纪初英国流行文化之间联系的文章。在那部作品中，我追溯了1860年和1900年英印联军入侵中国期间，与清军发生暴力冲突的报纸报道、青少年文学作品和广告中的文字和视觉表现。在英语文献中，特别是涉及1900年欧美驻北京公使馆被围攻事件的文献中，战争被视为给愚昧无知的人教训，其后果则被安排成因果报应（2003：273-81，301-5）。与当地的强烈抵抗相比，英国或欧美士兵的暴行在通俗报道中很少提及。[60]

235　　　相反，通常的表现形式包括悲剧性的、浪漫的或伤感的叙事，并点缀着帝国战争的壮观画面。例如，青少年小说围绕着帝国的浪漫故事，讲述伟大的博弈和冒险故事，以及英国人对心怀感激的殖民地人民表现出的父爱和情感。这些故事充满了勇敢、自我牺牲、忠诚、责任感、骑士精神、高贵和爱国主义等男子气概和基督教美德，并且产生了这样的论调：对于欠发达的文明世界进行统治是值得的（Richards，1992）。值得注意的是，这些故事往往直接取材于战地记者的报道。G. A. 亨蒂的作品就是这种情况，年轻的英雄发现自己被直接置于官方历史和报道的中心，在那里他们展示了帝国男性主义的内在美德，并了解了它的意义和代价，为原本混乱的殖民世界带来秩序。[61]类似的叙事模式在诸如《伦敦新闻画报》（*Illustrated London News*，*ILN*）

和《图片报》等媒体对战争的文字和视觉呈现中很明显。在这两种情况下，大量的报道都是关于殖民地的冲突，以及女王严厉正直的士兵必然战胜混乱和无序。

例如，在 1897~1898 年印度西北边境的战役中，《伦敦新闻画报》进行了大量报道。报道通常从英国和印度军队在各个起义地点的初步部署开始，然后描述关键性的战役，山区战争的艰难困苦，如伏击和狙击火力，英国和印度部队"运送死者"去埋葬，最终的报应，包括摧毁村庄和起义领袖组织对抗英军的地点，以及让参与战斗的部队返回英国。读者可以逐字逐句地跟随这种老套叙述的展开，直到英国和印度军队恢复秩序。

236

图 8.3　烧死一个狂热分子，《图片报》，1879 年 2 月 8 日，第 140 页

在日报和每周出版的画报等媒介上，英国公众得到了清晰的图像，有文字描述，也有图片，看到那些违反文明社会"公正"法律的人受到惩罚。例如，在第二次阿富汗战争（1878～1880）期间，《图片报》上（February 8，1879：140；图 8.3）刊登了一幅"刺客"被扔进燃烧着的圆木堆里的照片。附随的文字解释说，此人不是发生暗杀未遂事件的贾拉拉巴德的居民，而是一个"游荡的加齐，或者说是狂热分子"，他在全国四处游荡，希望尽可能多地谋杀异教徒，并"像他想象的那样"殉道。文章接着指出，他的想象毫无意义，因为"身体燃烧……人死后不适合被尊为殉道者和圣人；**因此追加宣判**"（即火葬；补充强调，第 126 页）。在 19 世纪 90 年代中期的骚乱期间，也发生了一起类似事件，焚烧了被处决的狂热分子尸体。然而，这一次，一张照片更生动地证明了这个狂热者的本性——三名蓬头垢面的人在处决前被戴上了镣铐（*The Graphic*，November 28，1896：678；图 8.4）。绞刑和焚烧尸体，是专门为解决和攻击土著信仰而设计的。

237　　　帝国针对狂热分子的教训与那些面对整个人群的教训相辅相成。回想一下之前关于帕坦村塔楼被炸毁的讨论。这类事件的图像在阿富汗战争期间和 19 世纪 90 年代后期出现在《图片报》里（February 15，1879：165）。1897 年，在对托奇山谷战役的报道中，一组蚀刻画显示了一个名为"谢兰"的村庄的塔楼被炸毁，防御墙被英国士兵炸毁（*The Graphic*，August 28，1897：280，图 8.5）。其他的例证中出现英军发动攻击的画面（*ILN*，December 18，1897：875；图 8.6），山地战争的危险包括狙击手的火力和伏击（*ILN*，

**图 8.4　上着镣铐的狂热分子,《图片报》,
1896 年 11 月 28 日,第 678 页**

December 18, 1897: 882-83; 图 8.7 和 8.8), 作为惩罚, 许多村
庄被点燃, 天空烟雾弥漫 [*The Graphic*, February 5, 1898: 4 (图
8.9); 以及 *ILN*, January 8, 1898: 53]。通过这些图片和文字, 英
国公众了解了印度陆军在阿富汗边境面临的特殊问题。由于边疆
战争的图像与英军参与的许多其他殖民军事活动并在一起, 像
《图片报》和《伦敦新闻画报》这样的消息来源将帝国安全机制
面临的诸多挑战与人们喜欢的、认为必要的解决方案完美地联系
在一起。

238

图 8.5　破坏谢兰，《图片报》，1897 年 8 月 28 日，第 280 页

239

图 8.6　攻击,《伦敦新闻画报》,1897 年 12 月 18 日,第 875 页

240

图 8.7　狙击手从上面射击，《伦敦新闻画报》，
1897 年 12 月 18 日，第 882 页

241

图 8.8　屠杀被拦截的士兵，《伦敦新闻画报》，
1897 年 12 月 18 日，第 883 页

242

图 8.9　烧毁村庄，《图片报》，1898 年 2 月 5 日，第 4 页

　　官方报道和报纸也为另一种流行娱乐形式提供了素材：在公园里、在世界博览会上、在舞台上，以及在曼彻斯特郊外一个名为贝尔维花园（Belle Vue Gardens）的特别设计的表演场所，重现军事冲突。在本·谢泼德（Ben Shephard）所称的"演艺界帝国主义"（1986）中，贝尔维花园提供了一个固定的长期场所，从 1850 年前后到第一次世界大战期间，报刊上战役和围城的图片搬到了舞台上。贝尔维花园尤其以烟火表演而闻名，它还发挥了有益的意识形态作用，解释了殖民战争的残酷，同时向公众宣传新技术的力量和用途。举个例子，贝尔维花园的剧本作者这样描述恩图曼战役，当时有近 1 万名苏丹穆斯林被杀，另有 1.3 万人受伤，而英国只有 47 人死亡。他解释说：

> 在与狂热的半野蛮敌人的斗争中，顽强的勇气被证明是次要的。文明资源必须付诸行动；只有在我们这个发明时代，最致命的武器才能应付人类的野蛮狂奔，对他们来说，死亡和胜利都是天堂。它还证明：文明必须通过现代的手段进行征服，必须承认，铁路是埃及抵御沙尘和贫瘠的最强大力量，那是埃及最强大的敌人。[62]只有通过它才能保持对苏丹的重新征服。（引自 Mayer，1992：191）

　　关于最新的武器和铁路线在对付西北边境的"狂热分子"方面的效用也差不多是这样表述的，支持前线军事化的人的确是这样说的。我们不知道这个剧本作者是否在一年后贝尔维花园呈现印度军队与阿夫里迪人和奥拉克扎伊人之间的冲突时重复了他对苏丹的看法。然而，有一点是清楚的，那就是在 1896 年到 1903 年之间爆发了雪崩般的冲突，包括南部非洲的马塔贝莱战争、布尔战争、印度的帕坦战争和中国的义和团运动，其中许多都根据大众媒体的报道在贝尔维花园上演（Mayer，1992）。

影视帝国主义和大众媒体在意识形态上得到了大量非小说类出版物的支持，这些出版物讲述了大英帝国的历史、伟人的生活以及英国陆军和海军的伟大战役。1889 年，麦克米伦推出了名为"英国实干家"的系列图书，很快就售罄。G. R. 洛（G. R. Low）的《英军战役》非常受欢迎。在 19 世纪 90 年代，连载"福尔摩斯故事"的《河岸杂志》（*Strand Magazine*）推出了一个名为"胜利的故事：由赢家讲述"（Stories of the VC：Told by those who have won it）的系列。[63]英勇的实干家的故事，加上报纸上关于殖民战争的报道，营造了一种即使是更有思想的观察家也无法逃脱的氛围。

244　　例如，1897 年，温斯顿·丘吉尔作为《每日电讯报》和《先驱报》的记者报道了马拉坎德（Malakand）野战部队的战役，提供了大量关于帕坦游击队战斗的战术细节，这显然给他留下了深刻印象。他甚至承认他们的动机是爱国主义。也许更重要的是，丘吉尔认为英国在边境的势力范围与帕坦人的"生存范围"重叠并相冲突。然而，与此同时，他却认为帕坦人不过是"众多祭司"暴政下迷信的狂热分子。"圣者祠"，一个他熟悉的词，被看作是恋物癖的对象，在那里信徒们留下祭品来支持一些被误导的、完全荒谬的因果关系信念（1898：6-7，92，204，213）。

　　如果像丘吉尔这样的记者，就像我在这里所说的，被叙事惯例所支配，限制了他们理解边疆人民复杂性的能力，那么其他的惯例也同样限制了英国人自己。亨蒂和其他帝国的普及者把英国参与者的动机简化为简单的经济利益和模范的英雄行为。另一些人则把杰出的士兵奉为圣徒，成为英国所有年龄层、性别和社会阶层的楷模。19 世纪末，坎大哈的弗雷德里克·罗伯茨勋爵就是这样一位贵族，他成功领导了第二次阿富汗战争。罗伯茨是孟加拉第一欧洲燧发枪团的亚伯拉罕·罗伯茨将军的儿子，出生在坎普尔（Cawnpore），在英国接受教育。1852 年，20 岁的他回到印度，被分配到白沙瓦的一个部队。1857 年印度民族大起义爆发时，罗伯茨是重夺德里并解除勒克瑙之围的旁遮普军队的一员。换句话说，他参与了两个关键事件，这两个事件在未来几年被神话化，象征着英国保留印度的意志和决心。

　　在接下来的 40 年里，罗伯茨在西北地区的许多军事行动中服役，在印度陆军情报部门的创建中扮演了关键角色，1880 年，他率领一支一万人的军队从喀布尔到坎大哈，解除了被阿尤布汗（Ayub Khan）军队围困的驻军，从而成为英国伟大军事领袖之一。随后，他指挥军队打败可汗，结束了第二次阿富汗战争。19 世纪 90 年代末回到英国后，他出版了两卷本的回忆录《在印度的 41 年》。[64] 1900 年，在英国陆军经历了一系列惨败和对布尔人无果而终的战役后，罗伯茨被任命为驻南非英军司令。他领导了一场战役，夺取了南非的主要城市，在行军中击败了一个接一个的布尔军队。1900 年底回到英国后，他被授予嘉德勋章、伯爵爵位、10 万英镑以及英国陆军总司令的职位。不久之后，G. A. 亨蒂出版了《与罗伯茨一起去比勒陀利亚》（*With Roberts to Pretoria*，1902），把罗伯茨列入了英雄名册。

从这篇对罗伯茨职业生涯的简要回顾中，我们可以清楚地看到，他的功绩足以成为英帝国男子气概的典范。此外，罗伯茨似乎在最艰难的环境下展现出了他的领导才能，这种品质与那个时代军人气概的最高典范——威灵顿公爵（Duke of Wellington）相匹配。威灵顿公爵曾率领英国陆军在滑铁卢击败拿破仑。因此，毫不奇怪他在世时就成了许多传记的对象，其中比较有趣的一本是由维奥莱特·布鲁克-亨特（Violet Brooke-Hunt）撰写的。[65]

布鲁克-亨特关于罗伯茨的书在很多方面都是圣徒化的。19 世纪 50 年代罗伯茨回到印度时，布鲁克-亨特告诉读者，他之所以引人注目，是因为他身高不高；这使他获得了"小鲍勃"的绰号（1914：16），后来，就是平头百姓鲍勃（plain Bobs）。这个绰号就成为一种爱称，同时也成为某人的地位高于身材的标志。布鲁克-亨特将罗伯茨置身于 1857 年镇压印度民族大起义的重大事件和英勇人物之中，无论罗伯茨是否见过他们，包括亨利·劳伦斯和亨利·哈夫洛克。将罗伯茨置于其他伟人的近旁，由此产生了一系列的联系。他与他们共同拥有的品质——坚定的勇气、高贵和自我牺牲——表明，"印度最勇敢、最敏锐的年轻参谋"注定会成就伟业（1914：89）。和劳伦斯和哈夫洛克一样，罗伯茨在其他重要方面也堪称楷模。在整个传记中，布鲁克-亨特一直注意到他的谦逊、虔诚、坚定的基督教信仰和节制，这些品质使他有别于其他士兵。

不出意料，罗伯茨在西北边境地区树立了勇敢、冷静、果断、忠于职守的形象。经过 41 年无私的服务，罗伯茨离开印度时，人们普遍表达了对他的敬意。布鲁克–亨特指出，"欧洲人、印度教徒、穆斯林、锡克教徒，士兵和平民都加入了向他辞行的行列"（1914：281）。第一次世界大战爆发后，印度陆军被迅速派往前线，罗伯茨始终忠贞不渝，决心去看望战壕里的"昔日好友"，给他们"一些鼓励的话语"，这样他们就不会觉得自己像"异乡的陌生人"（1914：360）。不幸的是，他访问的那天非常寒冷；罗伯茨患了肺炎，不久就去世了。

正如布鲁克–亨特所呈现的那样，弗雷德里克·罗伯茨的一生，与维多利亚时代的畅销书和基督教英雄主义的典范福克斯（Foxe）的《殉道者之书》中的故事如出一辙。其他人的生活，例如号称"中国通"的查尔斯·戈登（Charles "Chinese" Gordon），他于1885 年在喀土穆被苏丹马赫迪（Mahdi）的军队杀死，也受到了这种对待。[66]正因如此，像罗伯茨和戈登这样的圣徒传记有助于解释为什么殖民战争在英国会如此不受关注，以及为什么像提拉山谷战役这样的灭绝战争的描述很少给人留下负面印象，即使这些细节出现在报纸和书籍上。

也许更重要的是，在罗伯茨的传记中有许多他自己的情感表达，以及下属对他的情感表达，更不用说他的传记作者了。罗伯茨在其职业生涯的各个阶段，尤其是 1914 年作为他生命的最后一幕所展示的那种风格，得到了士兵们的广泛认同，并受到英国社会各阶层的鼓励。丘吉尔在描述战争结束后士兵们围着营火唱的歌

（1898：208）中提到了这一点，这种伤感主义贯穿吉卜林描绘军队生活的故事和诗歌。因此，如果说英勇的围攻和勇于自我牺牲的士兵的救援占据了公众对帝国的一部分关注，那么另一部分则是对那些为维护帝国和基督教文明而英勇战斗的人们的强烈情感表达。书中几乎没有篇幅揭露英国人的暴行，也没有篇幅讲述布鲁斯所说的英国军官的唯利是图。

247　　　罗伯茨所代表的多愁善感，再加上他的其他品质，也表明，正如霍布森所说的，使这个时代充满活力的不仅仅是利己主义。通过少数模范人物的生活，殖民战争超越了人性的低级本能，被提升到新的高度，在那里，责任、英勇的男子气概、牺牲精神和基督教的虔诚都有充分的表达空间。在这些无私的美德之外，帝国形象也被描绘成推崇冒险，能够提供轻松兴奋的机会。或许值得注意的是，布鲁克-亨特首次出版罗伯茨勋爵传记的同一年，鲁德亚德·吉卜林出版了《基姆》。在《基姆》中，人们看到了一种近乎孩童般的对冒险和竞争的喜悦，就像在学校里学到的游戏一样（Mangan，1986）。吉卜林把这种竞争的乐趣变成了一场"伟大的博弈"，整个亚洲都是这场博弈的竞技场。

　　随着情绪和冒险开始主导公众表达领域，大众媒体几乎没有空间考虑帕坦人的宗教信仰、中国农民对欧洲人入侵中国内陆的愤怒或推进政策的代价。此外，几乎没有理由审查或批评建立在侦察、信息管理和合理规划基础上的庞大安全机制，也没有理由探讨该机制对整个亚洲的影响。因此，在画报、音乐厅、剧院和国际展览等，[67]大多数英国人了解殖民世界的地方，充满了教化使命、正义战争和英勇牺牲的幻想，正如吉卜林所言："以免我们忘记。"[68]

在第一次世界大战后，这些在帝国边疆上英勇自我牺牲的形象在电影这一新媒体中得以保留。例如，《傲世军魂》（1935 年）、《轻骑兵的冲锋》（1936 年）和《古庙战笳声》（1939 年）等电影都严格区分了文明和野蛮，在英国和美国取得了巨大的成功。[69]印刷媒体继续快速发展。例如，布莱克伍德以短篇小说集《前哨的故事》为开端，共出版了十二卷。其中《边疆故事》（Bethell，ed.，1936）搜集了十四篇西北边境的故事，所有这些故事都显示或者作者有边疆生活经验或者在有边疆经验的专家指导下写作的迹象。[70]"致命的"毛拉，帕坦血仇，东方宿命论，毁坏庄稼、房屋和塔楼的惩罚性远征，坚定的军官和忠诚的尚武种族[71]的故事又流传到下一代人［就我的作品而言，1938 年它在格林威治的射手山学校（Shooter's Hill School）被授予"高级级长奖"］。然而，至少有一个例子与过去显著不同。第一次世界大战期间产生的新技术——配备机枪和炸弹的飞机、装甲车和威力更大的大炮——据说改变了印度陆军和山区民众之间冲突的性质。对帕坦村庄使用这些武器导致了国内对英属印度陆军的攻击，留下了一种"痛苦"和"报复"的感觉。"边疆的博大胸怀"已经不复存在了，这是一种更早时代的骑士精神，这种精神可以把帕坦人变成类似于 17、18 世纪抵抗英格兰军队的苏格兰高地人。[72]这种对帝国的怀念并不罕见。然而，在这个案例中，它表明，到了 20 世纪 30 年代，至少对某些人来说，1898 年的提拉山谷惩罚性远征事件已经被遗忘。

248

# 第 9 章

# 帝国安全与亚洲的转型

249　　1893 年，莫蒂默·杜兰德前往喀布尔的埃米尔·阿卜杜勒-拉赫曼宫廷期间，他注意到一个特殊现象。埃米尔怀疑英国地图的准确性，正如他所说，原因在于他去过这些地方。杜兰德回忆起其中一个令人难以置信的表情，他说埃米尔派人送来了"一大张纸和一盒彩色粉笔"，画了一幅草图，但杜兰德认为这幅草图"与所讨论的国家毫无相似之处"。在另一个场合，埃米尔评论说，英国地图总是把他的"所谓侵犯"描绘得非常大，而英国对阿富汗领土的侵犯总是被描绘成"微不足道的小事"。[1]在杜兰德拜访埃米尔的时候，清廷驻伦敦公使薛福成代表清政府和英国政府开启了滇缅界务、商务谈判。鉴于双方所拥有的地图并不一致。薛福成担心，如果清政府官员不表达自己的决心，他们就会失去领土，从而使云南更容易受到英国的进一步侵犯。[2]

　　阿卜杜勒-拉赫曼和薛福成的担忧指明了大英帝国安全机制改变亚洲空间的根本方式。亚洲通过同样的知识技术被重新配置，这些知识技术曾使欧洲国家成为有明确界限的主权实体。各主权之间的关系现在将通过军事外交形式的知识和实践来组织，并以这种方式帮助解决亚洲提出的一个问题：这片广袤大陆的战略和政治版图的长期不确定性。

因此，日益发展的技术科学在解决领土不确定性问题上具有双 **250** 重效应。英国军队动用的技术科学形式使得人们可以从地缘政治的角度把亚洲想象成一个整体。也就是说，一旦亚洲被构建为一系列邻近的主权国家和附属国，就有可能计算潜在主权实体之间的权力平衡。通过统计数据和路线报告对大陆及其代理人进行科学的重新配置和重新描述，也使以军事目的为目标的亚洲地缘战略建设成为可能。帝国的军事疆界（回想一下亨利·布拉肯伯里的担忧），以及跨越和维护这些疆界的交通线，通过情报行动变得清晰可见。因此，大英帝国机构搜集的信息能够作为已知的因素进入帝国防御的训练和计划制度中。

杜兰德十分肯定，埃米尔的草图不可能符合真实的物理地形。与此同时，尽管埃米尔的评论和薛福成的担忧表明，他们意识到了欧洲向亚洲扩张所导致的变化，他们自己也不能轻易地复制英国陆军情报部门从中国北部到美索不达米亚精心制作的关于领土和人口的积极的、有用的知识。就埃米尔而言，他对王国地理的了解是不能接受的，与解决"东方问题"的任务无关。他的王国的所有边界要么是英国人创造的，要么是英俄合作创造的。就清政府而言，由于英国表现出了使用武力强加不平等条约的意愿，官员们除了参与英国定义的、通过欧洲"国际法"强制执行的边界划定外交之外，几乎没有其他选择。

帝国安全机制的明确任务是保护英国在亚洲的利益。它们被定义为维持南亚和东南亚的殖民政权，推进英国在中国和东亚的商业活动。实现这些目标的地缘战略，涉及保护英国与东方之间的主要交通线，特别是海上航线。保护措施包括建立一系列海军和军事基地，从地中海开始，穿过印度洋到达马六甲海峡，进入南海。此外，沿着海上线路还建立了保护国和战略殖民地（如与苏伊士运河接壤的领土，红海南面的亚丁，太平洋和印度洋之间的新加坡，等等）。英国军事外交机构被组织起来，以确保这些交通线的安全，并维持作为英国属地的亚洲领土。

亚洲作为一个议题，需要我们采取各种干预措施，以确保安全的理论和实践相辅相成。如果亚洲人不能解决亚洲的问题，而且由于他们既不能认识到问题的原因，也不能认识到问题的解决办法，那么具有适当知识技术的白人就会这样做。当英国的政客、殖民地的行政官员和军事人员组织了一个基于领土信息和军事统计数据的安全机制时，他们说服自己相信，干预是为了当地居民的利益。

换句话说，大英帝国的安全机制把亚洲变成了一个不稳定的地区，被可疑人群占据。为了应对地形问题和未开化或半开化诸民族所带来的威胁，负责维护大英帝国安全的人认为，就像莱尔解释的那样，掌握地方和民族的专业知识是扩张和巩固的关键组成部分。1857 年后，在亚洲，帝国的维护不再被理解为纯粹的保护商业利益，而是一系列东方问题，这些问题的解决有助于维持和复制安全体制本身。同样重要的是，复制帝国的过程产生的影响一直延续到20 世纪，其中之一是，为了防止亚洲的棘手地区威胁到整个"东方"的欧美利益，必须建立管理或遏制机制。

本章所讨论的问题涉及大英帝国在亚洲的军事外交机构活力及其知识形式持续到今天的程度。尽管二战后美国对亚洲部分地区进行了大量军事干预，亚洲仍被视为很棘手。如果两者之间的确存在一定的关联，那么这本书中讨论的美国及其盟友的活动与英国安全机制的活动之间的关系究竟是什么呢？

## 从帝国到霸权

第二次世界大战结束时，只剩下两个重要强国：苏联和美国，前者直接控制了昔日的沙俄帝国和东欧部分地区，后者的海军和空军力量已经具备全球性的影响。由于破产和依赖美国，英国在亚洲的帝国很快瓦解了。其后出现了一批独立的民族国家，其主权仿效欧洲的形式（如印度、巴基斯坦、缅甸）。然而，这些国家被认为是软弱和不稳定的：它们的政治体制是新的，而且往往是从外部引进的，经济不发达，人口受教育程度低。从美国领导人的观点来看，亚洲的新国家直接受到支配亚洲北部的苏联巨人的威胁。因此，美国安全机制的任务——无论是地缘战略还是地缘政治——是确保苏联不再在亚洲进一步扩张。通过外交、经济和军事力量强行遏制苏联。

当然，遏制俄国人的想法是英国领导人思考其亚洲帝国安全问题的核心要素。尽管二战前美国在该地区的利益主要涉及对中国市场的渗透，但至少有一位美国战略家的看法与英国类似，那就是阿尔弗雷德·塞耶·马汉（Alfred Thayer Mahan）。19 世纪与 20 世纪之交，马汉以"亚洲问题"为题发表了一系列文章。在这些文章中，马汉的观点是，俄国"遵从自然法则和种族本能"，正在向南进入西亚和中亚。目前俄国扩张的唯一障碍是大英帝国。[3]但在马汉看来，亚洲问题不只是英俄对峙的简单问题。其他大国，如美国、德国和日本，已经扩展到亚洲的不同地区，这种扩张在一定程度上取决于英国所促进的区域稳定。从这种关系中，四大国之间产生了"利益团结"（solidarity of interests）。从长远来看，保护这些利益的最好办法是该区域的土著群体建立强大、进步的国家，认识到他们自己的利益与四大国的利益是一致的。但要实现这种发展，大国必须在土耳其、波斯和中国等地进行投资，并认识到，新的经济和政治秩序的形成和确立需要时间。马汉认为，为了争取时间，英国、美国、德国和日本必须达成一项正式协议，在遏制俄国方面进行合作。

在马汉的沉思中，我们看到了二战后美国应对亚洲问题战略思想的雏形。除了前殖民地和较弱的亚洲国家的"现代化"之外，美国遏制苏联的方式包括以综合军事指挥机构（如北约组织、美日安全条约）、区域经济合作组织、协商一致决策程序和发展计划的资金为基础的集体安全体系。在这种安全机制下，美国被公认为霸权国家，它把该地区的其他国家视为势力范围（现在被认为是美国政治发挥影响力的领域）和保护国或附属国（现在被理解为美国占据地缘政治优势的场所；参见，例如，Brzezinski, 1997：28-29）。美国的霸权还包括在亚洲周边部署战略军事基地，从西边的希腊和土耳其到东边的日本、中国台湾和菲律宾。尽管美国在全球的军事基地数量要多得多，但它的亚洲军事基地却常常位于英国认为对印度防御至关重要的位置。[4]这些基地不仅保护了美国与南亚和东亚之间的交通线，而且提供了通往沙特阿拉伯、伊拉克、伊朗和波斯湾油田的安全通道。它们还为在亚洲大陆开展各种公开和秘密行动提供了平台，比如越南战争。

直到1991年苏联解体和1980年代中国的经济改革，所有这些行动都是以遏制共产主义的名义进行的，同时还有一个战略假设，即如果与苏联和中国接壤的任何一个国家也走向共产主义，其他国家就会像多米诺骨牌一样倒下。[5]目前，美国关注的似乎是确保地区稳定，以便美国和跨国公司能够继续进入亚洲市场，同时确保美国及其欧洲和亚洲盟友的中东石油供应。[6]

除了建立在战略基地基础上的安全机制外，第二个因素可以追溯到大英帝国在亚洲的历史，一直到冷战和后冷战时期，这与另一种安全问题有关，这种安全问题在这里只被稍微提及。正如之前关于阿富汗的讨论所指出的，英国人经常担心伊斯兰宗教人物煽动帕坦教派狂热的力量。这些担忧可能在第一次世界大战期间和战后最为突出。当战争爆发时，奥斯曼帝国加入了同盟国，伊斯坦布尔的苏丹/哈里发宣布对协约国发动"圣战"。帝国内有超过100万的穆斯林，在他们看来，英国人面临着令人生畏的安全问题，尤其是在印度：穆斯林有可能从外部入侵；心怀不满的臣民进行内部颠覆活动以响应苏丹的号召；构成印度陆军关键组成部分的伊斯兰"尚武种族"也潜藏叛乱风险。

面对一个可能针对其在亚洲的帝国的跨地区穆斯林联盟，英国

254

领导人制定了一系列新的优先事项和政治战略。首先，他们支持阿拉伯民族主义，包括鼓励阿拉伯人反抗奥斯曼帝国统治。其次，他们制定了安抚帝国内部穆斯林的政策，在一段时间内穆斯林比其他群体更受青睐。最后，在战争期间，驻开罗的英国最高司令部提出了这样一种观点：虽然应该有一个哈里发，但他不一定是奥斯曼帝国的苏丹。虽然没有建立另一个哈里发国，但对这种可能性进行了广泛的讨论。[7]

战后，在法国的帮助下，英国分裂了奥斯曼帝国。后来，当英国战后的阴谋对哈里发构成威胁时，印度的穆斯林发起了不合作运动。然而，1924 年，当土耳其新政府废除哈里发时，这个问题淡化了。[8]尽管如此，在印度的英国人仍然对泛伊斯兰运动的可能性保持警惕。一种担忧是，穆斯林鼓动者可能会煽动西北边境的部落或印度的穆斯林，甚至可能会建立一个阿富汗-布尔什维克联盟。[9]

255　　　这些对英国在亚洲利益安全的担忧，也体现在二战后美国长期介入该地区事务的历史中。美国在亚洲的安全存在包括对专制政权的支持，推翻政府（1950 年代的伊朗，最近的阿富汗和伊拉克），朝鲜和越南的地面战争，在该大陆许多国家的秘密行动，如上所述，在整个区域建立基地和军事前哨。长期以来，这些行动的表面理由一直是苏联的威胁，但自 20 世纪 90 年代以来，美国政府一直认为，打着国际恐怖主义幌子的泛伊斯兰主义是美国在中东和亚洲其他地区利益的主要威胁。过去二十年来，人们主要关注的一个问题是"基地"组织（Al Qaeda），其领导人乌萨马·本·拉登（Osama bin Laden）呼吁泛伊斯兰团结，恢复哈里发国，清除伊斯兰国家的腐败政府，并将与美国开战看作是穆斯林的自卫行为。[10]

2001 年 9 月 11 日，"基地"组织成员劫持民航客机袭击美国，撞毁了纽约的世贸中心，并且还将五角大楼和华盛顿特区的白宫作为袭击目标。美国政府对这些袭击的解读和反应，与一个世纪前英国在印度西北边境发生的边境纠纷类似。美国政府将"基地"组织的行动称为恐怖袭击，这是 19 世纪英国狂热暴行的当代版本。就像第二次阿富汗战争（1878—1880 年），英国人废黜了谢尔·阿里，让阿卜杜勒·拉明（Abdur Rahmin）成为埃米尔，美国及其包括英国在内的盟友对阿富汗发动了类似于惩罚性远征的行动，推翻了塔利班政府，扶植了一个新政权。不久之后，小布什政府声称萨达姆·侯赛因为恐怖分子提供安全的避风港，并拥有大规模杀伤性武器，于是发动了对伊拉克的入侵，导致伊拉克政权更迭。[11]然而，与英国统治时期不同的是，美国人不仅用消除恐怖主义威胁的措辞来为他们的行动正名，而且还用给阿富汗和伊拉克人民带来自由和民主的言辞来为他们的行动正名。[12]美国领导的联盟不会殖民任何一个国家，而是会一直留在那里，直到法律、秩序和良好的政府建立起来。

美国政府认为，中国给美国的安全机制带来了其他问题。19 世纪英国对俄国控制中国的担忧似乎在 1949 年中国共产党执政时成为现实。在中华人民共和国成立之后，美国将遏制范围扩大到东亚和东南亚。两场战争（朝鲜战争和越南战争）表明了美国阻止共产主义进一步扩大影响力的意愿。20 世纪 60 年代初中苏关系破裂，以及尼克松政府认识到与中国恢复邦交可能会结束越南战争，并有

256

一个对抗苏联的可能盟友，使得 70 年代的紧张局势有所缓和。1979 年，美中两国正式建交。此后，美国加强了与中国的联系，自觉地支持中国重返"国际大家庭"。[13]

**257** 然而，自 20 世纪 80 年代以来，一些美国人将中国视为美国的"新问题"。中国的改革开放前所未有，经济蓬勃发展。在许多人看来，共产党的领导，快速的经济增长和自由市场，再加上军力的提升，似乎对美国在亚洲的利益构成了威胁。但是旧的统治形式，如条约赔偿和治外法权不再是一种选择。一些观察人士发出了大声的警告，而另一些人，尤其是那些在美国从事中国研究的人，试图从历史的角度来看待中国的崛起，这个角度不那么强调中国是一个"威胁"，而更多地强调中国融入全球贸易和外交秩序。[14]尽管如此，美国国家安全机构为可能的对抗做好了准备，五角大楼也不时表示关切。[15]毫无疑问，就像之前的英国陆军部和海军部一样，美国军方也在亚洲大陆的一些秘密地点维护和更新应急预案，并进行与中国作战的军事演习。

美国安全机制的另一个特征是，英国在亚洲的活动必然会导致美国继续致力于提供有关该地区的相关军事、经济和政治知识。第二次世界大战后，美国政府和私人基金会对区域研究项目和战略科学的投资对这些知识的发展至关重要，这体现在美国大学里（学生们学习政治学、社会学、心理学和人类学）。[16]英国人在 1916 年成立东方与非洲研究学院（SOAS）时，就已经沿着这个路线建立了一些东西。[17]然而，美国在战后时期发起的倡议，其规模比英国在 20 世纪初发起的倡议大得多。福特、洛克菲勒和卡内基基金会为外国地区研究项目的发展提供了初期资金。1950 年，福特的外国地区奖学金，最初由社会科学研究委员会和美国学术协会理事会管理，帮助在美国主要的公立和私立大学建立了各种地区中心。八年后，根据《国防教育法》（NDEA）第六章，[18]联邦政府开始为中心和研究设施的维持和扩展以及关键语言项目提供资金。[19]这些项目建立在第二次世界大战期间，当时大学和国家之间已经建立了联系，密切关注战时的培训和研究项目。[20]语言研究与包括历史、地理、人类学、哲学、经济学、政治和文学在内的跨学科的区域和国别研究相结合。

258

　　区域研究对于提供被调查对象的多面性、跨学科的图景是有用的，并且在某些学科内，专家还可以就政策和方案提出建议，这些建议可能有助于改变有关区域或国家（例如，在美军占领时期，日本的民主国家建设）。然而，随着美国和苏联在"第三世界"[21]的全球竞争的到来，学术界、政府和军事规划者采用了一种称为"作战系统论"的方法——一种共同的语言、一套概念或理论结构，这种方法既超越了区域，又确定了将它们联系在一起的共同要素。

　　与激励 19 世纪英国安全机制发展的工程学知识不同，20 世纪出现在美国的安全机制是以管理科学和行政技术为基础的，社会科学家加入了政府机构的研究团队。作战系统方法是在第二次世界大战期间发展起来的，它由三个基本部分组成：调查过去的表现作为明确界定问题的一种手段；统计分析和建立模型以帮助解释问题，使用微观经济分析来制定一系列适当的干预措施。[22]

　　随着系统方法的完善，它综合了来自物理科学、数学、定量社

259 会科学和工程学的思想和工具，并用信息和通信的控制论术语重新表述问题。[23]罗伯特·利林菲尔德（Robert Lilienfeld）认为，系统分析是一种非常适合官僚规划者和中央集权者的意识形态。[24]因为支持者和实践者结合了来自多个学科和知识技术的元素。该系统方法承诺全面解决问题，并提供高效划算的解决方案，它为民政机构、军事官僚机构、企业、智库以及不同规模大学中的个人和部门提供了共同语言，使它们联系在一起。同时，它也可以吸收区域研究的成果作为结构化数据，或者像塔尔科特·帕森斯（Talcott Parsons）和爱德华·希尔斯（Edward Shils）那样作为模式变量。[25]在这个表述中，系统分析，再加上社会和文化模式，成为衡量"现代化"的工具。通过这个过程，第三世界应该走上通向民主资本主义民族国家的普遍历史道路（Latham，2000：44-46）。

但也许最重要的是，由于作战系统方法最初是作为一种处理技术与战争之间复杂关系的手段而发展起来的，它与美国资本主义和军事基地的全球扩张紧密结合，为美国安全机制的规划、部署和后勤保障提供了一套庞大的技术工具包。一旦这些计划以战棋推演或军事干预的形式付诸实施，无论是同苏联的"边缘政策"对抗，还是美国从1950年以来对较小国家和地区进行的许多军事干预，系统方法都成为评价行动效果的必不可少的手段。[26]

不过，如果将包含社会科学跨学科研究和区域研究的系统方法与英国工兵和炮兵军官生成的军事知识区分开来，那么英国的过去

260 与美国的现在就没有完全分开。在这两者之间架起桥梁的人物是查尔斯·卡尔韦尔和他的著作《小型战争》。在反叛乱战略和战术的

比较研究中，参加过伊拉克战争的老兵约翰·纳格尔（John Nagl）上校特别指出，卡尔韦尔是个关键人物，他提炼了小型战争的本质，并把在大英帝国的战争与西班牙在古巴的战争、美国对菲律宾的战争放在同一个框架内（Nagl，2005：39）。最近，卡尔韦尔的书重新被美国陆军战地手册《反叛乱 FM 3-24》（2006）和《反叛乱战术 FM 3-24.2》（2009）视为"经典"。[27]那么，卡尔韦尔对美国军事思想家的吸引力究竟是什么呢？

第一，正如纳格尔所言，卡尔韦尔决定将小型战争作为一种可以进行全球比较的现象来研究，这或许是他开创性工作中最重要的方面，它超越了对具体冲突的通常描述，将其置于更广阔的战略和战术研究领域。此外，这种一般化的知识来自卡尔韦尔提出的一套原始的分类学，如山地、丛林和游击战争，这促进了跨区域的比较。第二，通过强调小型战争中不对称的权力关系，卡尔韦尔将这种对抗描述为非正规战争；也就是说，他把这种冲突看作是一种不同于"文明"战争规则进行的战争，因而需要不同形式的战略思维和战术实践。第三，这一点在 2001 年 9 月 11 日小布什政府决定入侵阿富汗之后变得尤为重要。卡尔韦尔提供了大量英国人与居住在巴基斯坦和阿富汗之间山区的帕坦人（现称普什图人）部落山地作战方面的经验。据说乌萨马·本·拉登就是在这些山里找到了安全的避难所。第四，卡尔韦尔喜欢用分类图式对信息进行排序。这种风格也许对那些仍像之前的英国人一样，编写战地手册希冀为不可控的战争寻求合理和系统结构的美国军事教官有一定的吸引力。事实上，当代的反叛乱战地手册由这样一些章节组成，这些章节定义了问题，突出了处理问题的重要步骤，并列出了一系列定义、计划、建议和指导方针。

**261**        然而，相似之处似乎已经不存在，因为即使粗略地阅读一下这些手册，也能清楚地看到，控制和管理这些来源中数据的方式与卡尔韦尔演示结构中的分类顺序并不一致；最近的手册也没有包括卡尔韦尔的观点，即部落起义就像自然灾害一样是偶发事件——它们的兴起、繁荣和消亡都是如此。与入侵和英国殖民领土接壤的未开化地区不同，反叛乱行动发生在一个主权国家，叛乱组织（游击队或恐怖分子）要么寻求推翻现有政府，要么试图脱离其控制，形成一个独立的领土实体。据称，反叛乱计划能够防止这种情况发生。除了融入非正规战争的战术外，反叛乱行动还寻求通过提供经济支持、善治模式以及改善或创建"东道国"安全机制的规划和培训制度来稳定现有政府。[28]因此，与英国在西北边境和清朝采取的短期惩罚性行动不同，平叛涉及代表东道国进行军事控制，作出国家建设发展计划，丰富资源和作出长期承诺。

简而言之，尽管英帝国安全机制产生的类型学和分析对军队课堂和战地手册中的战术考虑仍然具有教学价值，但 21 世纪美国对待叛乱和反叛乱的方式与典型的卡尔韦尔分析过的干预和快速撤军存在显著的不同。在目前的伪装下，平叛似乎与美国早期的非正规战争经验或 1980 年代苏联在阿富汗的经验都不同，而这一主题在
**262** 反叛乱手册中显然是缺失的。[29]相反，镇压叛乱所需要和产生的知识似乎绝大多数是以可测量的数字形式表达的。目前这种形式的知识被称为度量，即对操作系统中"特定性能水平"的测量。[30]

此外，系统分析的最新版本与新信息技术紧密结合，信息技术比上面讨论的"骆驼方程"要强大得多——高速计算机装有复杂的软件程序可以处理大量数据，使得超出任何个人或专家集体能力的指标综合汇总成为可能。因此，通过使用性能指标，可以识别复杂系统中流程任意阶段的情况并进行战术干预以提高效率。

然而，为什么当代版本的系统方法论对理解叛乱和计划如何应对叛乱有用呢？支持者认为，这个问题的一个答案是，叛乱本身就是复杂的系统。[31]当代反叛乱战略家之一的戴维·基尔卡伦（David Kilcullen）认为，叛乱是"复杂且适应性强的"有机系统。因此，它们像其他多面系统一样是可知的——它们在运行过程的各个点产生信息，这些证据可以搜集和测量（2010：192-98）。通过分析战场情报产生的数据，即训练有素的观察员或远距离电子监视所能识别的迹象，反叛乱的人员可以建立基准，并制定战术干预措施，以扰乱或改变"敌人"系统内的行动模式。然后，这些干预措施的效果可以测量并判定其表现。[32]

第二个答案认为，像伊拉克和阿富汗这样的当代叛乱具有独特和前所未有的性质。之所以会出现这种情况，是因为过去四十年里世界发生了历史性的变化，其中涉及"人口爆炸、城市化、全球化、技术、宗教激进主义的传播、资源需求、气候变化和自然灾害，以及大规模杀伤性武器的扩散"。[33]这些变化使当代叛乱分子有可能通过最新的通信技术（如互联网、手机）在全球进行传播宣传，获得广泛分散的资源，并与提供秘密资金的全球秘密网络连接，这与卡尔韦尔讨论的"野蛮"部落团体不同。[34]因此，当代叛

263

乱的这些特点需要新的战术、适应能力和知识形式，而不是以往小规模战争中所使用的知识。

其中一种新形式的知识被称为"社会网络分析"。[35]所涉的社会网络应被理解为具有不同于反叛乱分子的可识别的文化形式的载体。识别这些"模式变量"需要社会科学家（社会和文化人类学家、社会学家）或在社会科学家组织的陆军项目中受过专门训练的士兵的专业知识。为了渗透进这些网络并"决定性地影响当地居民"，士兵和社会科学家被组织成美国陆军所称的"人文地形小组"（Human Terrain Teams）。[36]

使用"文化"专家直接采访当地居民（"人文地形"）可以产生可靠和有意义的结果来支持和平。他们还应该在阿富汗人民中建立对反叛乱努力的信任，传递美国的善意，并对他们的困境表示同情和理解。[37]这里的主张是，通过敏感的文化交流，美国人将能够解码土著一方，并产生可操作的（客观的）信息以供军事单位在战场上使用的行为模式，同时赢得民心。这一方法可以合理地反映叛乱的性质、原因、战术和人员，并为消灭叛乱奠定基础。这种风格显然超越了以后勤为导向的英印军队军事报告，尽管在内容层面上有相似之处。

但也许最令人感兴趣的是，在制定有效的反叛乱战略和战术时，将文化作为主要考虑因素。虽然与英国情报军事报告和尚武种族手册的民族志部分有某些相似之处，在镇压叛乱中，文化似乎被赋予了比早期的话语形式更多的意义。反叛乱手册将文化称为"意义之网"，[38]但也将其描述为制约个人行动范围的"操作代码"。它是由信念、价值观、态度和知觉组成的，所有这些都与交际符号或语言系统密切相关（Petraeus and Amos，2007：89-94）。此外，不同于可以通过有限的形式确定的社会结构，文化编码可以是任意的和高度可变的，因此对于了解战地行动成功与否至关重要。正如基尔卡伦所说，文化能力是一种"关键作战能力"，因为文化建立了"系统行为的协议"。或者，使用度量系统分析的语言，文化在叛乱的结构中提供了许多"联系、边界和边界互动"。因此，测量发生的精确位置是"文化决定的"。了解这些文化标志不仅能赋予叛乱分子在其他情况下看来毫无意义的行为以意义。指挥官、情报官员和秘密行动人员可以利用这些知识作为产生"行动效果"的"杠杆"（2010：222-24）。

阿富汗和普什图文化因此成为反叛乱分析变量的来源，如果要适当地确定、衡量和评估战术的影响，如果在实地工作的团队要避免向当地居民发送错误的信号，或者是误解发送给他们自身的信号，就需要了解这些因素。因此，在 21 世纪，文化是一个更加复杂和令人担忧的概念，而不是现在印度军方军事报告和尚武种族手册中看似无冒犯的民族学。此外，对文化的研究被认为是训练有素的专家的领域；因此，政府决定劝服那些研究文化的人投入到镇压叛乱的行动中去。尽管人文地形小组可能会让人想起罗伯特·桑德曼赢得山区部落"民心"的想法，但实际上，这些小组似乎不过是找出叛乱网络并确定其领导人的另一种手段。[39]至少从 2009 年底开始，美国的目标一直是"斩首"或摧毁阿富汗叛乱分子的领导层。[40]为实现这一目标，部署了配备有激光制导的"地狱火"导弹

265

的"捕食者"无人机[41]，发动"猎杀者"或特种部队的突然袭击。[42]这种策略显然不是英国人在惩罚性远征和空袭中想象的那种教学实践。此外，由于行刑队和无人机在杀死那些显然不是叛乱分子的人方面发挥了重要作用，正如普拉塔普·查特吉（Pratap Chatterjee）所观察到的，它们"似乎与反叛乱的发展和沟通目标直接冲突"。[43]

因此，就像之前的英国一样，美国领导人似乎更喜欢用军事手段解决本质上属于政治的问题。尽管进行了所有复杂的分析，花费了所有的金钱，进行了所有的计算，并产生了所有用来解释它的词语，但反叛乱就像早期旨在剥夺土著人民最珍视的东西的惩罚措施一样，似乎相当简单。其目的是对"东道国"的人口进行规训和管理，[44]使其与叛乱分子分开，同时为帝国权力承认的政府争取支持。然而，这仍然很难做到，尤其是在阿富汗。与大英帝国的安全体系一样，美国的安全体系则是在一套模糊或忽视阻力来源的分类和分析模式下运作。

今天的恐怖分子和叛乱分子所占据的空间与以前狂热分子和非正规分子所占据的空间类似，而自杀式炸弹袭击者与狂热暴行的肇事者并无不同。过去的"疯狂毛拉"现在是"强硬"或"激进"的宗教领袖，他们煽动暴徒对"异教徒"采取暴力行动。与此同时，山区的普什图人作为"部落"仍然处于前现代发展阶段。[45]这些地方包括文化在内的行为模式，而不是外国军队在阿富汗，尤其是在阿富汗—巴基斯坦山区的存在被认为是造成问题的原因。这种通过情报行动而为人所知的模式，在过去也被用来为惩罚性远征辩护。现在他们支持使用行刑队和无人机来打击叛乱分子的领导层。

266

当然，这是有区别的。英国人直截了当地说明了使用暴力的必要性，他们通常把攻击的目标指向一个整体。他们说，这是野蛮人和未开化的民族所能理解的一件事，也是他们对敌人最不期望的事。如果美国军方和文职领导人相信这一点，他们似乎不能如此公开地说出来。相反，他们被迫创造出虚构的阿富汗人，这些人的"心灵和思想"可以通过文化敏感的反叛乱项目来衡量其可靠性。

我们似乎已经远离了丹尼尔·德拉沃特、皮奇·卡纳汉、查尔斯·卡尔韦尔和马克·贝尔的世界。这种距离不仅仅是将之前描述的大博弈中的浪漫冒险与由工兵和炮兵办公室构建的工匠式技术军事情报区别开来。虽然我们仍然处于"专家统治"的框架之内（Mitchell，2002），但是专业知识的性质似乎已经从根本上发生了变化。现在的文职和军事领导人拥有商业和公共管理、公共政策和国际关系等高级学位，这些学术领域以系统论的变体为主导，他们在军事外交机构中运作，发展治理艺术以应对霸权国家的安全威胁。[46]

但如果说美国在阿富汗和伊拉克部署的安全机制与前任不同，它仍然具有英国的某些特征。对这两个政权来说，亚洲仍是一个"问题"，是威胁两国全球利益的不稳定之源。这些利益已经被察觉，反过来，就好像生活在亚洲大陆各地的人民是可疑的租客，而英美两国是明智的房东。无论是中国人、印度人、缅甸人、帕坦人还是阿富汗人，亚洲的人口都被构建成可以通过现代理性治理艺术（当时是工程学，现在是系统方法论）所产生的工具知识进行研究。他们要受到训练、指导、管理，并鼓励放弃一种明显被认为是劣等的生活方式。这些艺术的实践者对理解他人思想、规划和评估干预

267

措施的理性方法表现出坚定不移的信念。他们也对复杂问题的技术解决办法表现出类似的信念，这些问题可以是武器系统、组织和处理信息的方式或通信和监测技术。同之前的英国一样，美国及其盟友认为，安全最终将只是训练一支本土警察部队，以维持当地居民的秩序。安全专家似乎也有一种绝对的信念，即他们站在正确的一边，他们组织和处理世界的方式不仅是正确的，而且是优越和真实的，反对他们的人从根本上是不理智的。没有军事挫折，没有大量资源被浪费，没有明显的政策失败削弱他们的信念。换句话说，他们类似于"疯狂的现实主义者"，按照 C. 赖特·米尔斯（C. Wright Mills）的说法，战争似乎可以解决所有问题（1956：87-88）。

然而，英美的"帝国工具"掩盖了安全机制的人力成本，以及军事科技干预和工具性知识应用所造成的迷失、破碎和扭曲的生活。正如马克·布拉德利对越南战争的研究充分证明的那样，战后的越南仍然被饥饿的幽灵所困扰，他们的尸体在汽油弹袭击和地毯式轰炸中消失，而在美国，他们的家人和朋友仍在华盛顿特区的越南战争纪念馆守夜，等待行动中失踪人员的消息。[47]在当前的危机中，阿富汗总统哈米德·卡尔扎伊（Hamid Karzai），对美军发动的空袭和无人机袭击造成的平民死亡进行了多次、往往是情绪化的抗议。[48]据推测，他将从美国干预实现的安全国家中获益良多。然而，就连他这个现代民选的亚洲领导人，也敢于像阿富汗的埃米尔和清朝驻伦敦公使一样质疑军事情报部门耗费巨资积累起来的知识。

卡尔扎伊倾向于成为少数出现在美国媒体上的阿富汗人的声音

之一，但也有其他同样充满激情的目击者目睹了这个国家每天都正
在发生的战争灾难，其中许多是诗人。在担任 BBC 驻阿富汗记者
期间，乔纳森·查尔斯（Jonathan Charles）了解到诗歌对于阿富汗
人非常重要（他发现，他遇到的吟游诗人相当于美国和欧洲的电影
和摇滚明星）。2010 年底，查尔斯呼吁阿富汗人把他们撰写的战争
诗歌寄给他。人们的回应令他非常激动，从那以后他开始对一些诗
人进行采访。这些采访于 2011 年 1 月 21 日在 BBC 世界频道播出。[49]
其中包括扎雷什·哈菲兹（Zalesh Hafiz）写的一首诗。看到绝望的
父母在喀布尔街头卖孩子，听到爆炸声和枪声，看到肢解的尸体，
哈菲兹感到十分恶心，她想知道阿富汗人正在经历的一切是否可能
被称为生活。于是，她转向诗歌：

> 如果我是全世界的女王
> 我会从军阀那里收走所有的枪支和武器
> 我会教他们过一种人道的生活
> 我会开办更好的学校和大学
>
> 如果我是全世界的女王
> 我要提醒那些有权势的人，注意上帝的力量
> 我会告诉他们，只有上帝才是生与死的真正主人
>
> 如果我是全世界的女王
> 我会让各种肤色的人和睦相处

不是因为他们的肤色、种族、语言或信仰
而是因为他们共有的人性

如果我是全世界的女王
我要组成一支和平的白色军队，用以对抗仇恨和战争
我会让人们明白生命的真正意义
并向他们宣布我是和平女王
我是幸福的主宰。

与军事外交机构的逻辑形成鲜明对比的是，哈菲兹慷慨而真诚的人道主义指出了亚洲的真正问题。问题在于，无论是工兵、炮兵军官还是系统分析师，都无法超越他们的知识技术和他们所信赖的设备去创造秩序。英国和美国的安全机制没有提供任何方程式来计算哈菲兹目睹的悲剧。没有生命，就没有生活的微分方程或矩阵。

# 注　释

## 第 1 章　导言

1. 亨利·贝柳（Henry Bellew）是孟加拉军队中的一名外科医生，他著有多部关于印度和阿富汗西北边境的部落和种族的著作。他学习了普什图语，这是阿富汗和今天巴基斯坦普什图部落的语言，并出版了语法和语言词典。他的语言专长使他于 1857 年被派往阿富汗，并于 1873 年至 1874 年被派至中国新疆的喀什。这次演讲的题目是"卡菲里斯坦与卡菲尔人"，*Journal of the United Service Institution of India*，v. 8, no. 41 (1879)。

2. 可能是詹姆斯·伍德船长，他写了一本书，名为《通往奥克苏斯河源头的旅程》（*A Journey to the Source of the River Oxus* ），1872 年，由约翰·默里（John Murray）在伦敦出版。

3. 弗雷德里克·罗伯茨将军（General Frederick Roberts），在第二次阿富汗战争中，负责指挥印度军队。

4. 我使用的是欧文·豪（Irving Howe）1982 年编辑的故事版本，见第 38–39 页。

5. See the essays in Burton, ed., 2005 , and Stoler, 2009 .

6. 伦敦大英图书馆的印度事务部的档案鼓励这种分类方式。政治行政记录被编入标有"政治和秘密"或"P&S"的索引中，而军事索引标记为"MIL"。

7. 爱德华·萨义德（Edward Said）在引导人们注意文学作品方面极有影响力，见 1994。T. 理查兹（T. Richards）对帝国档案的研究本质上是文学史 (1993)。在贝利的研究中，除了《印度调查》（*Survey of India*，1996)，他很少关注军队。在关于印度三角测量的工作中，埃德尼（Edney）将制图操作与涉及人口和建筑环境数据搜集的实践分开 (1997)。但是，正如下面将要澄清的一样，进行调查的官员往往同时参与情报工作。

8. 安德鲁在一篇文章中指出了这一点，文章开始就提到学者们在说服英国政府公布情报记录方面遇到的困难，参见 1987：9。有时，解密的档案被重新归类为国家机密。2006 年，布什政府下令将位于华盛顿特区国家档案馆开放书架上各种来源的资料挪走，并重新归类为机密或最高机密。其中一些材料已经被公布在乔治华盛顿大学的国家安全档案中。见 "National Archives Pact Let C.I.A Withdraw Public Documents," *New York Times* , April 18, 2006，相关文献可以通过道琼斯路透商业资讯（Factiva）在网上搜到。

9. 作品很多。比如，见 Andrew and Noakes, 1987 and Robertson, 1987 中的文章。

10. 托马斯·弗格森 (Thomas Fergusson，1984) 是明显的例外，尽管他的著作与其说是对情报本质的探究，不如说是一段制度史。

11. 随后我们将清楚地看到，这里使用的"统计"是 19 世纪的意思，指的是数字数据和描述性数据。

12. 我这个术语借自詹姆斯·斯科特 (James Scott)，他的研究探讨了国家如何使其管理者理解国家的形式，为本研究提供了很多信息；见 1998。

13. 关于 19 世纪欧洲的军事化，见 McNeill, 1982，以及 Gillis, ed., 1989，书中所收录的文章，尤其是 Best and Geyer 的论文。也见 Pick（1993），他认为对于跨海峡入侵的恐惧加剧了英国的军事化进程。

14. "治理术"是众所周知的术语，不太为人所知的可能是其中的一组表达。福柯在 1978 年 2 月 1 日的一场讲座中介绍了这个词语，这是开始于 1976 年 3 月 17 日的十三场讲座中的第四讲，第一场讲座当时引入了"生命权力"的概念，并延伸到 1979 年的前三讲。我的感觉是，"治理术"只是在 2 月 1 日的演讲中概述出来的，对他使用这个词的充分理解，包括在军事外交机构的运用，必须伴随对 1978~1979 年一系列演讲的解读。见 1997: 239–63; 2007; and 2008: 1–73。

15. 安全的内部因素是警察。

16. 阿甘本引用的资料来源是一篇采访，载 Gordon, ed. 1980: 194–96。

17. 这里我指的是道路的存在和质量。

18. 这很可能是 19 世纪的情报外行们从铁路、铺设的道路、广播、电话和机械运输工具扩张的角度来做的。综上所述，这些异质元素改变了战争的性质，因此也改变了计划制度。构成情报的元素也必须相应做出改变。

19. 例如，R. 约翰逊（R. Johnson）认为这场大博弈一直持续到英属印度的终结（2006 年）。约翰逊的研究在其他方面也意义重大。他意识到了摩根提出的问题，采用有说服力的理由将间谍行为与情报区分开来，并且认为后者与我所称的军事统计数据有很大的关系。但他的书籍专注于间谍和大博弈，其结果是，军事情报的性质只被略加探究。

20. 印度陆军情报部门的两名成员将他们的作品命名为"印度的防御"，见 MacGregor, 1884 and Bell, 1890。在 20 世纪早期，作战演习和对它们的评论都带有这个标题；例如可参见 General Staff, War Office, 1904，以及第 7 章中的讨论。

21. 参见普维（Poovey），1998，关于知识被分类、编纂和制度化的形式的重要性。除了其官员出版的大量出版物和报告之外，伦敦陆军部的情报部门图书馆在 1886 年还收藏了 4 万多本书和许多专业期刊，每年还增加 5500 册。财政部认为它是世界上最完备的军事图书馆，见 Andrew, 1985 : 23。

22. See, for example, Schimmelpenninck van der Oye, 2001 .

23. 见 Hevia, 2003 : 170–74, 以及其中引用的材料。

## 第 2 章 19 世纪的军事变革

1.See the discussion in my 1995: 74–82，以及那里所引用的文献。

2. 我引用了鲍克（Bowker，2005）的"记忆实践"一词，他展示了过去 200 年里的记忆实践如何改变了科学，创造了全新的档案和科学研究的新对象。

3. 关于军事武官，见 Vagts, 1967 , and Witter, 2005。有关欧洲总参谋部出现的概况，见 Irvine, 1938b。

4. 黑德里克（Headrick）关于 19 世纪技术变革和战争变革的著作仍然是对该主题的最佳介绍之一 (1981)；也见 McNeill, 1982。

5. 爱德华·格莱亨（Edward Gleichen）曾多次在伦敦陆军部的情报部门工作，他回忆说，在一次这样的演习中，他加入了一个德国团。他还在回忆录中写道，他利用这次机会访问了外国参谋学院，目睹了新火炮的实地试验，并参观了克虏伯（Krupp）等军工厂，见 1932: 87–90, 268。

6. 印度军队情报部门的图书馆里面有伦敦皇家联合军种研究院的杂志，也有关于印度陆军的杂志。图书馆还有 *Journal des Sciences Militaries , Revue Militaire de L'Etranger* 和 *Journal of the Military Service Institution of the United States* 期刊。除了皇家地理学会出版物和联合王国的其他地理学会的出版物之外，该单位的图书馆还拥有德国、俄罗斯、意大利和法国等其他地方出版的地理期刊。

7. 我对情报部门功能的总结是基于 1874 年英国前往欧洲大陆实地调查的报告。成员布拉肯伯里（C. B. Brackenbury）指出，奥地利军事当局认为，对"事实"保密只会令自己的军队无知。布拉肯伯里建议将现有的奥地利出版物进行翻译并纳入英国情报档案；见 NAWO33/28, p.15。

8. In English, see, Bell, 1899; Henderson, 1916 ; and Mockler-Ferryman, 1903 .

9. 以下关于普鲁士/德国陆军发展的部分，主要来自布霍尔茨（Bucholz），见他 1991 年和 2001 年关于此主题的研究。也见 Dupuy 1984, Irvine 1938a, 1938b。

10. 关于国势学有很多参考资源，我这里利用了 Patriarca, 2003: 14–16, 及其参考文献；也见 Rich, 1998 : 43。

11. 关于军事演习和战棋推演的战争计划的详细介绍，见 Zuber 2004。关于战棋推演和战争计划之间的关系，很少有比这个更详细的资料。

12. 将军队管理和规划中引入的创新与德国工业发展进行比较是有益的，见 Kocha,1980 。

13. 19 世纪 80 年代，奥地利采用了一种非常类似的结构。按照 Lackey 的说法，普鲁士模式是由总参谋长 Friedrich von Beck-Rzikowsky 提出的，他改革了总参谋部并建立了规划制度，见 1995: 88–97。

14. 见，比如 Van Dyke, 1990 ; Rich, 1998 ; 以及 Schimmelpenninck van der Oye and Menning, eds, 2004 。也见 Marshall, 2006 ，讨论了俄国在中亚和东亚的军事行动。参见第 8 章关于该问题的进一步讨论。

15. 关于立法对于军队的影响，见 Kovacs, 1949。 这一段的大部分内容，引自美国海军陆战队将军 J. D. Hittle（1961），他在第二次世界大战期间撰写了军事参谋部的演进史。希特尔指出参谋部又增加了两个职能局，第四个局是后勤部门，在第一次越南战争和阿尔及利亚叛乱期间，又增加了心理战部门。他的最后一篇文章将当代的反叛乱战争与二战前的帝国战争进行比较，具有重要意义。我将在最后一章对这一差异做更多说明。

16. 艾伦·米切尔 (Allan Mitchell) 辩称，改革的大部分内容都是表面文章。他找到了"优柔寡断、浮躁、故意弄虚作假和巨大资源浪费"的证据 (1981：50)。

17. 见如 Grierson, 1888 and 1894。这些只是诸如此类不断扩大报告中的两个例证。

18. 有关作品是 *The Duties of the General Staff* by Paul Bronsart von Shellendorff。翻译的版本是第 3 版，由克莱门斯·梅克尔进行修订，他是参谋学院的教官，也是 19 世纪 80 年代日本军队的顾问（参见第 8 章）。英文版是官方出版物，由哈里森父子公司印刷。

### 第3章 帝国的形成、军队的职业化和专家的培养

1. 科恩估计，改革使得官员的数量减少了5758人，净节约为965240镑，见1965: 69–70。

2. 施皮尔斯（Spiers）提供了对该问题的详细概述。见1992: 30–36，也见Tucker, 1963 : 112 and Andrew, 1985 : 13, 21。

3. 这个理想化的系统似乎从来没有像预期的那样有效。布莱恩·邦德（Brian Bond）指出了其中的一些固有缺陷。第一，招募人员的主要基地在英格兰南部，而招募人员的理想目标是在工业发达的北部。第二，各营部队难以达到充分的兵力。结果，当他们被派往国外时，常常不得不向其他部队借兵。第三，资金永远短缺，这意味着训练资源不足，士兵的工资仍然很低。Bond, 1960：515–24.

4. 关于参加坎伯利英国陆军参谋学院为期两年的课程，见Gleichen, 1932 : 110–15。

5. *Report of the Commissioners appointed to consider the Best Mode of Reorganizing the System for Training Officers for the Scientific Corps; together with an Account of Foreign and Other Military Education*, House of Commons Sessional Papers，1857: xix–xx. 此后的引用简称为TOSC。

6. TOSC, xxvi–xxxi, xxxiv–xxxv, xxxviii–xxxix.

7. TOSC, xxvi.

8. 关于军队，邦德提出了一长串这样的抱怨，其中许多甚至是在克里米亚战争崩溃之前就提出的，见Bond, 1972 : 53–64。

9. *First Report on the Education of Officers by the Director-General of Military Education*, 1873, 56–57（此后的引用简称为FRDME）。分数如下：

| 数学 | 4500 | 法语 | 2000 |
|---|---|---|---|
| 英语 | 3000 | 德语 | 2000 |
| 拉丁语 | 3000 | 实验科学 | 2000 |
| 希腊语 | 3000 | 自然地理 | 2000 |
| | | 制图 | 1500 |

10. *Minutes of Evidence taken from the Royal Commission appointed to Inquire into the State of Military Education and into the Training of Candidates for Commissions in the Army* ,1870, ci–cvi( 此后的引用简称为 MMEC). 关于查塔姆的报告见附录七。

11. *First Report of the Royal Commission appointed to inquire into the Present State of Military Education and into the Training of Candidates for Commissions in the Army* , 1869（此后的引用简称为 RMEC）. Also see the first through fifth *Report on the Education of Officers by the Director-General of Military Education* dated 1873, 1876, 1883, 1889, and 1893,as well as *Report of the Board of Visitors to Inspect the Royal Military Academy Woolwich* , annually 1872–79.

12. 军官们还将学习如何布置营地，如何通过铁路和海上运输部队、武器和物资，如何运送伤病员，如何指挥远征军携带所有装备上下船。他们还将学习如何编写简明扼要的军事报告。所有这些技能都解决了远征克里米亚的根本缺陷。

13. 邦德指出，尽管发生了这些变化，但直到 19 世纪 90 年代，坎伯利才开始有效地发挥作用，让军官们做好准备，应对当代战争的复杂性，包括保卫不列颠群岛和开展海外探险；见 1972: 82–152。

14. 该杂志还刊登了一份外国军事期刊的清单，上面有文章标题的翻译。1898 年版列出了来自奥地利、法国、德国、意大利、俄国、西班牙和瑞士的期刊，见 42.1 (January/June 1898): 103–105。

15. 波特对 19 世纪工程师在军事和民用领域的影响进行了广泛的讨论；见

1889, 2, part III: 209–378，许多例子都更详细地支持了伯恩 (1986) 的总体观察。还有布坎南 (1986)，他研究了 19 世纪"散居"在全球的英国工程师，包括军事和民用工程师。

16. 以皮戈特为例，他学习日语，并在东京待了几年。在他的自传中，他还评论了工兵的不同职业，例如，在 1900 年的皇家工程师月度名单中，有 5 位殖民地总督和许多在政府部门任职的现役和退休军官。皮戈特还曾在战争部情报部门的远东部工作，在那里，他与驻伦敦的日本武官交换情报，包括第一次世界大战期间德国军队在青岛设防的资料；见 1950: 18–19, 90。

17. See Sandes, 1935，第 2 卷提供了印度工程活动的详细描述。

## 第 4 章  生成情报，制作档案

1. 除了本章引用的档案资料外，我还从其他人对英国军事情报的研究中获益。见 Fergusson, 1984 ; Andrew, 1985 :11–33; and Gudgin, 1999 : 19–37。

2. 我从 Edwin Collen 1878 年的报告中得出结论。参见 NA/WO33/32，下文简称 CR。1877 年，科伦被印度陆军派去视察该部队。当时，在该处工作的 16 名军官中的一半和 9 名士官中的 8 名，或者是皇家工兵，或者是皇家炮兵。

3. 布拉肯伯里在附录中详细讨论了军事知识在奥地利的形式，并举例说明，见 1874: 38–50。他对奥地利情报机构的描述更为全面，这可能是因为他遇到的奥地利军官比德国人和法国人更乐于提供情报。奥地利路线报告以表格的形式编制的；该报告将行军的空间和时间格式化，包括地形细节。这种报告在欧洲有着悠久的历史，可以追溯到罗马帝国时期，见 Talbert, 2010。这些报告的较早形式和较晚形式之间的区别，将在下一章中讨论，即包括使用新测量仪器所产生的数据。布拉肯伯里没有提到在德国或法国见过路线书，但没有理由相信奥地利的形式没有在这两个国家出现过。

4. Brackenbury，1874；也见第 30–31 页，他的结论和引文。

5. 在某些方面，这些情报实践可以追溯到 19 世纪早期在英国的努力，以及由皇家统计学会首创的对社会和地理空间的系统研究。以剑桥的一群杰出人物为中心，他们从对李嘉图政治经济学的反历史本质的批判中获得灵感，从他们所理解的社会自然科学中获得灵感，在亚历山大·冯·洪堡（Alexander von Humboldt）和阿道夫·凯特尔（Adolphe Quetelet）的工作启发下，该协会在 19 世纪 30 年代中期制定了"社会生活的原子化"(atomization of social life) 方案，并将其作为数据排序的工作类别。根据劳伦斯·戈德曼（Lawrence Goldman）的说法，最初的分类包括经济、政治、金融、医学和道德 / 智力统计，并细分为"许多组成部分"（1983:604）。以这种方式对信息进行排序的总体思路是，为了得出"安全而有用的结论"，可以在任何地方识别类似的现象（引自 Goldman，1983：603）。正如下面将要讨论的，这正是军事报告的逻辑。

6. 格莱亨（Gleichen）指出，在德国举行的年度帝国军事演习活动中，大规模行动是一种奇观；真正重要的活动发生在偏远地区的旅团级别，并且"严格限定于武官"（1932：266）。从格莱亨的回忆录中也可以清楚地看到，在资金短缺的情况下，该部门成员的活动范围异常广泛（在欧洲执行侦察任务时，军官经常自己支付旅费）。见 1932: 145–46。

7. 欲了解情报部门与财政部门之间的斗争，见 Gooch, 1974：8–9 and 22–24。

8. 弗格森为该部门的连续迭代和军事指挥的重组提供了组织结构图；见 1984: 243–52。

9. 1888 年，将军的副手负责动员工作。

10. 艾萨克的报告载于 NA/WO106/6083，见第 15 页。

11. 例如，格莱亨描述了他在 19 世纪 80 年代中期情报部门任职期间的类似活动，见 1932: 143–44。

12. 艾萨克提供了关于该部门不同版本的官员和士兵数量的数据，见 Isaac,

1957: 6–15。在格里尔森的指挥下，共有 38 名军官、15 名军事人员、2 名文职人员、2 名图书管理员、15 名文职绘图员、6 名印刷工、1 名摄影师和 1 名地图管理员。

13. 伦敦大英图书馆的印度官方档案中有一套完整的记录。

14. 由于历任总督对边境政策态度的转变，资料有限；见 Morgan, 1981：108–17 and 170–77。另外，英国也有一个告密者和土著秘密特工网络，提供有关中亚和西亚事件的政治情报；见 Johnson, 2006。

15. CR，122-124；CR, 122–24; 也见 "Report of the Committee on the Formation of an Intelligenc Department," in CR, 29–30, 它还建议调查部门与情报部门建立工作关系。

16. 关于机构的通讯员名单，参见 NA/FO228/1587。举个地区日记的例子，参见 NA/FO228/1149，"1894 年 8 月东段摘要"。这些日记在 19 世纪 80 年代和 90 年代似乎每月出版一次，但在伦敦的国家档案馆中只有少数几本。这里引用的是外交部档案中的北京公使馆档案。

17. 参见不同年份的《印度陆军季刊》，情报部门可以追溯到 1910 年，但它从组织图中消失了。这些人员仍在那里，但被列在副官之下。

## 第 5 章　规范亚洲空间：三角测量和路线书

1. See Bell, 1899：608. 正如贝尔所指出的，侦察也产生了"军事统计"，这将在下一章讨论。

2. 我在这里引用的文章很可能初见于贝尔的手稿，收录于 *Catalogue of Books in the Library of the Intelligence Branch of the Quarter Master General's Department in India* (1901; IOR L/MIL/17/11/49)。在"调查和测量"一节中有贝尔的一篇题为"侦察和侦察数据说明"的文章（1883）。目录上还有一份匿名手稿，题目是"与建立适合东方战争的野战情报机构有关的情报和建议"（1882）。它们都没有列入印度办公室的档案。除了这些可能已不复存在的作品之外，印度情报部门的《秘密和机密文件目录》(1899；IOR L/MIL/17/11/48) 列出一个极为吸引人眼球的题目，

"情报与调查"（1893）。

3. 根据埃德尼的说法，这条路线的调查可以追溯到 18 世纪晚期的印度 (1997:91–96)，尽管贝尔在这里所做的与军事统计和军事地理的联系是最近才发展起来的。

4. 关于地形测量的起源，见 Skelton, 1962 , 和 Arden-Close, 1969。

5. 他为侦察行动推荐的仪器和设备包括：棱镜罗盘、平面工作台、六分仪、经纬仪和水平仪，每一种都应该是旅行者极为熟练使用的。除了这些设备，贝尔还建议包括一个人工地平仪，两个半精密计时器和一个天文钟，一个两英尺的象牙折叠尺，一份航海历，一张星图，一个双筒望远镜或望远镜，一卷 100 英尺的胶带，一个 8 或 6 英寸照相机，一根测量 30 英尺深度的测深绳，各种各样的衣服和户外露营设备，以及"适合乡村旅行的礼物，估计能满足需求"。最后，他建议的时间是 3 至 4 个月；见 Bell, 1899 : 614–21。

6. 三角测量作为一种基本的地图绘制技术并非始于英国，而是始于法国。见 Headrick, 2000 : 95–106。我下面的结论有两个主要来源，《大英百科全书》第 11 版中的"调查"条目，以及 H.D. 哈钦森关于军事素描与制图的书，该书于 1886 年出版。哈钦森还描述了这里提到的所有设备及其用途；见 Hutchinson and Pearson, 1916 : 72–128。三角测量的早期版本载 Skelton, 1962 : 424–25。

7. 按种族划分的劳动分工起源于对印度的调查，见 Edney, 1990: 308–309 中的讨论。

8. See Scott-Moncrieff, 1916 : 317–34; 343–45. 我在这里引用的是第 3 版；第 1 版出版于 1894 年，第 2 版出版于 1902 年，但我一直无法找到这两本书的副本。

9. 最早的作品之一是弗朗西斯·罗伯茨 1878 年的作品，他在侦察一章中为和平时期的信息搜集奠定了基础。哈钦森的 *Military Sketching made easy, Military Maps explained* 第 1 版 1886 年出版；到 1916 年已经是第 7 版了。 也见 Vander Byl, 1901，它提供了一个非常容易获得的"如何"进行三角测量的方法。后口袋装有一份军事地形学中使用的"常规符号和术语"的清单。1903 年，莫克勒 - 费里曼对平面工作台的使用进行了详细讨论。这些以及其他关于军事制图的著作包括对各种仪器使用的解释。

10. 据我所知，只有一套完整的作品在美国。它藏于明尼苏达大学艾姆斯图书馆。我非常感谢唐纳德·克莱·纳翰逊让我接触到这些极其珍贵的文献。

11. 这 可 能 是 Alexander Keith Johnston，他 是 *The royal atlas of modern geography, exhibiting in a series of entirely original and authentic maps, the present condition of geographical discovery and research in the several countries, empires, and states of the world* 一书的作者，Blackwood 出版社 1861 年首次出版。

12. 这就是为什么这些来源如此罕见的主要原因。与其他形式的情报汇编一样，被取代的路线书也被销毁了。

13. 见 *Routes from Russian Central Asia towards Afghanistan and India, 1893 and 1894*, in IOR L/P&S/20/145。该报告分为三卷，组织如下：

第一卷：帕米尔的前进路线。第一部分载有一份简短的军事报告，内容是关于费尔干纳省（Ferghana Province）、喀什、帕米尔高原、上奥克苏斯河阿富汗省（Upper Oxus Afghan Provinces），这是在第二部分中路线经过的国家。

第二部分帕米尔前进路线，包括多拉山口（Dorah）和喀喇昆仑（Karakorum）山口之间，从 Chimken-Kulja 通往兴都库什（Hindu Kush）的邮政公路的所有路线。

第二卷：喀布尔前进路线，将包括从 Charjui 到 Kalai-Khumb 之间，从 Kazalinsk- Chimkend 到奥克苏斯河的所有路线，并对该国进行了描述。

第三卷：赫拉特前进路线，将包括从 Zuli kar 到博萨加（Bosaga）之间，从里海（Caspian）和希瓦（Khiva）到阿富汗边境的所有路线，描述了横贯里海的省份。

14. General Staff, India., 1912，in IOR L/P&S/20/B252.

15. 见，如，NA/FO228/1081, p. 108。该指南由印度军需官詹姆斯·布朗（James Brown）少将签署，签署日期为 1891 年 1 月 10 日。

16. See for example, the reports in the National Archives, WO 33/38, parts III and IV, 涵盖了 1876 年至 1881 年。在印度办事处的档案中，有同一时期的文件收藏；见 IOR /L/P&S/20/Memos 12, 16, 21 and 22。

17. 关于这次交流，见 *Correspondence with Russia respecting Central Asia*，1873，in House of Commons sessional papers。

18. See ibid., 2, 5–9, 15.

19. Ibid., 5.

20. Ibid., 6.

21. See the entry on George Douglas Campbell in the *Dictionary of National Biography*.

22. *Memorandum.Negotiations with the Russian Government for the Demarcation of the Boundary of Afghanistan Since the Annexation of Merv*, March 27, 1885（NA/FO881/5086）. 这一节从备忘录中摘录，其中包括来自俄国外交部的信件。

23. 正如霍尔迪奇所说，"关于库仑路线和海巴尔路线，我们确实了解一些；但是对于中间的阿夫里迪部的提拉，以及海巴尔以北的所有边界地区——包括穆赫曼德部（Mohmands）、斯瓦蒂部（Swatis）——我们所知道的比亚历山大军队中任何一名军官都要少"（1901a: 4）。

24. 这个地区的数据是莫兰估计的，见 2005：25。

25. Holdich, 1901a: 111, 但在文本中不止一次提到了准确位置的问题，也见第 58 页。

26. 这张地图在伦敦大英图书馆阿富汗边界委员会的地图收藏中；见 shelf mark 51800(36.), sheet 16。

27. House of Parliament, 1887: 252–53.

28. Ibid., 260–70.

29. Ibid., 253–60.

30. 霍尔迪奇利用这一事件证明，在某些条件下，"划界是不可能的"，见 1899: 471。

31. House of Parliament, 1888: No. 1: 14–15.

32. House of Parliament, 1888: No. 2.

33. 库珀和斯托勒总结了当地人对殖民"理性"的反抗；见 1997：5 中的引用资料。我只是简单地把河流添加到列表中。

34. 关于委员会的概况，见 *the Geographical Journal* 13.1 (January 1899 )，50–56。这篇文章指出，在英国方面，帕米尔高原上的点是通过印度的直接三角测量建立的（它由格林威治电报测定法确定），它们"从吉尔吉特穿过兴都库什进入帕米尔高原"。

35. 作为一名皇家工兵，沃布加入了印度军队，参加了第二次阿富汗战争和 1881 年的马苏德·瓦济里（Mahsud Waziri）远征队。他是第一个测量和绘制佐布谷（Zhob Valley）的人；是阿富汗—波斯边境委员会的成员；绘制亚丁内陆图；并在 1897~1898 年的提拉战役中领导调查小组，参见 Wauchope，1929:111。

36. 见 Black 1898：58–61，他指出沃布的成就将有助于与俄国的体系相联系。

## 第6章　规范亚洲的事实材料：军事报告和手册

1. 关于统计与地名词典的关系，参见 Emmett，1976。

2. 据我所知，该处图书馆现有的目录只有一份。见 *Catalogue of Books in the Library of the Intelligence Branch of the Quarter Master General's Department in India. Classified Order*。这本书 1901 年由加尔各答的政府印刷监督办公室出版，

编号为 10，大概取代了其他 9 个版本。见 IOR L/MIL/17/11/49。

3. 像这样的消息来源可以与其他消息来源合并，生成由图书馆生成的军事报告；例如，总参谋部出版的俄占中亚的书，印度，1914b。

4. 我借用了在坎大哈的政治代理人享利·罗林森的话。阿瑟·康诺利曾在书中描述了他的"伟大而高尚"的演习。罗林森提到有必要严格监控俄国在中亚地区的活动；见 1875: 203。

5. 资料可能是由俄国官员或科学考察团或穿越该地区的平民旅行者提供的。平民旅行者的作品包括 Marvin's various works published in 1884，Vambery, 1864，and Colquhoun, 1901。

6. 这里我引用了 Scott, 1998 : 77–79。

7. 他的政策的有效性的客观证据来自第二次阿富汗战争期间，当时桑德曼能够保持印度和坎大哈之间的交通线路畅通，并为英军占领这座城市提供补给；见 Thornton, 1895 : 122–61。 关于他在佐布谷的瓦济里的努力，见 Thornton, 1895 : 224–39。

8. 由于桑德曼的努力，精确测绘和搜集军事统计数据在一些地区也成为可能。沃布和霍尔迪奇都参与了这些探险；见 Thornton, 1895 : 215。

9. 官方的战争史表明，在入侵阿富汗之前，关于阿富汗的信息很少。材料的缺乏意味着战役计划不能"认真地"或"有条不紊地"加以考虑；见 Intelligence Branch, [Simla] 1907 :709–10。

10. 我的估计是基于本系列五卷书中的三卷。根据 J. L.Lee 的说法，这份报告已经印了十份，但是只有两份现在：一份在印度国家档案馆，另一份在伦敦档案馆的寇松文档（1996:446）。我只在寇松文档中找到了第二卷、四卷和五卷，参见 MSS EUR F112/388/1–5。错过的是第一卷梅特兰的日记和皮科克的日记。除了梅特兰日记的第二卷（1888，2），寇松文档包括第 4 卷，"Reports on tribes, namely Sarik Turcoman, Chahar Aimak Tribes and Hazaras," 1891, 和第 5 卷，"Miscellaneous

Reports,"1888。印度办事处在 20 世纪初有一套完整的报告，但当时被莫名其妙地销毁了。2011 年，印度办事处收藏馆的一位档案保管员告诉我，大英图书馆最近获得了一套完整的数据，但尚未编入目录。

11. 见，比如 Tod, 1899，与南方党关于缅中边界委员会的一份报告（托德是英国特遣队的情报专员），它包括一份标准格式的简短军事报告、一份公报、路线书、示意图和界碑的位置。

12. 有关阿富汗部落的其他资料，请参阅 1891 年出版的卷册。

13. 梅特兰的民族学报告所覆盖的地区与 2001 年美国以北方联盟的形式建立盟友的地区相同。

14. 与此同时，印度和伦敦的官员也在准备对俄国在中亚的军事能力进行评估。见，如 Capt. J. A. Douglas, *Memorandum on the Power of Russia to Operate against Northern Afghanistan* (1899), in Curzon Papers, MSS EU F111/695,British Library。

15. 在俄国推进的情况下，报告概述了 *Routes from Russian Central Asia towards Afghanistan and India* [ Intelligence Branch,（Simla）1893 –94 ] 的调查结果，这本身就是关于俄占中亚的其他资料来源和各种报告的汇编；见 Chief of Staff's Division, 1906b : 57–63。

16. 麦克姆恩（MacMunn）指出，一群哈扎拉人从阿富汗境内迁移到英属印度领土，并组成了第 106 个哈扎拉先锋团；1911:154。

17. 凯佩尔（Keppel）指出，各种步枪的运输都很活跃。这些枪是从欧洲偷运过来的，途经俾路支斯坦海岸的贫瘠地区，然后进入山区 (1911)。莫尔曼引用了一份关于武器走私的委员会报告，其中指出山区部落从英国人那里获得了大量的来复枪和零件，要么通过偷窃，作为礼物，要么作为废弃物品 (1998:70)。从 1890 年到 1914 年的官方印度军队报告中关于武器交易的详细研究，见 Moreman n.d.。

18. 阿富汗地名词典存于伦敦国家档案馆陆军部收藏处；见 WO287/31–34,

法拉赫卷是最后一卷。《瓦济里斯坦路线图》副本在 W0106/151。大英图书馆印度官方档案中有《阿富汗路线》的副本；见 L/P&S/20/B223/1。

19. 1893 年 11 月 12 日，阿卜杜·拉赫曼国王和莫蒂默·杜兰德爵士签署了边境协议。与该协议有关的文献见 Yuhas, ed.,2003。

20. 麦克姆恩注意到，那些加入正规军团为王室服务的帕坦人，因其精神抖擞、昂首阔步而受到钦佩（1933: 239–46），也见 1911:145–54。Trench（1985）指出，帕坦人是英国政治代理人在西北边境征募的当地民兵的一部分。

21. See, for example, Davies, 1932 : 57–70.

22. 我只看过最后一版。第 5 版列出了出版历史：第 2 版于 1908 年，第 3 版于 1917 年，第 4 版于 1924 年。

23. 汉密尔顿在 1901 年研究的附录一中提供了部落表。

24. 在大英图书馆可以找到部落表的例子，IOR L/MIL/17/13/105，这是关于瓦济里斯坦的马苏德人、瓦济里人和达翰尔人的第 3 版，日期为 1927 年；也见 L/P&S/20/B160–163。

25. 词典第 1 版于 1899 年出版 (b)，收录了下面的引言："这项作品的编制是为西北边境上的帕坦部落的众多分支提供一个索引，以这样一种形式，任何模糊的分支都可以很容易地归入适当的部落；但是，所有关于部落历史和族谱的详细资料，例如可以在较大的参考著作中找到的资料，都被排除在外。"［Intelligence Branch,（Simla）1899］第 2 版于 1910 年出版，被重新划分为四个从北部的斯瓦特地区到南部的俾路支的边境次区域，见 General Staff, India 1910。

26. See General Staff, India, 1914c；它注明第 1 版，1904 年；第 2 版，1906 年；第 3 版，1908 年。不幸的是，由于新版本包含销毁以前版本的说明，因此很难确定条目的形式和内容是否随时间发生了变化。

27. See NA WO106/1594a.

28. See Anon., 1905 , "Statement of Fanatical Outrages in the North-West Frontier

Province and Baluchistan." 该报告的时间从 1877 年至 1905 年，并指出 1895 年至 1905 年期间发生的攻击事件大幅增加，当时边境发生了多次起义，但被印度陆军残酷镇压。当事人一般被执行绞刑，然后焚烧尸体；详见第 8 章。

29. T. R. 莫尔曼 (T.R.Moreman,1998) 提供了一个关于西北边境战争的全面参考书目，超出了本研究使用的来源。莫尔曼主要对山区作战的技术问题以及英国为对付山区作战而开发的各种战术感兴趣。

30. 荣赫鹏关于这次旅行的记述，见 1896：21–184。

31. See Younghusband and Bell, 1886; and Younghusband, 1887a and 1887b .

32. 这是西姆拉和北京之间沟通的简要总结，是基于往来函件的公使馆记录，见 NA FO288: 600, 840, 882, 1111, 1149, 1186, 1586, 1396, 1586 和 1665, 也包括了 1877-1907 年之间的通信。

33. See NA WO 106/17. 这份文件之所以引人入胜，主要是因为每份报告都写得像是正在进行中的工作，这表明很可能还有同一观察员提交的其他报告，现在已经丢失。

34. 诺里的这本简短的手册可以与美国陆军同时制作的手册相提并论。虽然后者要长得多 (90 页 )，而且塞满了各种各样的信息，但诺里的优点是提供简洁的战术细节。 见 US War Department, Adjutant General's Office, 1900。有关这个来源的讨论，见 Hevia, 2003：141–42。

35. 见 Intelligence Branch [Simla], 1900b and 1900c。

36. 这些国家是俄国、美国、德国、奥地利、意大利、法国和日本。

37. 见 "Report on the Medical Services of the Allied Contingents in China," 1901, 载 NA WO 33/185, 覆盖了法国、德国、美国、日本和意大利的部门，以及 33/187 里面的一份关于日本、美国、德国、意大利和法国兽医部门的无标题报告。也见 "Notes on the Organization of the French Contingent, China Expeditionary Force," 1901, WO33/182; "Report on the Organization of the Italian Contingent, China

Expeditionary Force," 1900, WO33/183; 和 "Report on the Organization of the German Contingent, China Expeditionary Force," 1900, WO33/181。

38. See Cole, 1905 ; Rennick, 1903 and 1905 ; and Tweddell, 1902 .

39. 这里提到的这些小册子实属偶然。它们莫名其妙地混在文件里，其中包括上文提到的入侵云南应急计划；见 NA WO 106/71。

40. 来自北京武官的信件手写记录也在 NA WO106/25 里面。通信员包括 Col. Browne, mid 1890s–1902; Col. Ducat, 1903–1904; Col. Bower, 1905; and Col Pereira 1904–1909。这些报告都已经不复存在。

41. 这些日记没有出现在陆军部情报部门的记录中，但其中一些日记被转寄给了外交部，并保存在信件中。例如，参见 NA FO17/1654 (521–47, 559–80)。武官还密切关注派往日本留学的中国留学生人数 ( 见 NA FO17/1655: 35)，并在新地区执行侦察任务。例如，柏来乐（Pereira）上校侦察了安徽，并在一名印度测量员的陪同下，绘制了他认为是洪泽湖的地图 ( 见 NA FO374/434: 223-28)。

42. 这些努力的结果之一是在陆军部编写了一本关于清军的手册。它包括了许多这里提到的照片。见 General Staff, War Office, 1908。

43. 公使馆的语言课程是由托马斯·韦德（Thomas Wade）于 1861 年创立的；见 Hevia, 2003 : 131。

44. 这张地图是 1905 年南安普敦的英国地形测量局绘制的，现在大英图书馆收藏，标号为 60885(34)。在温盖特的主持下，还完成了长城以北地区的 9 张大幅地图，包括东北。其中一部分是同一组印度测量员进行横穿的结果。他们的调查与 1901 年至 1903 年"中国远征军"的军官、采矿测量员以及日本、中国、俄国和法国的侦察调查相结合；参见书架标号 MOD TSGS 1913。还有 1902 年北京地区调查的部分内容；参见书架标号 60885(32)。

45. 这似乎是英国人在中国组建的唯一一个中国军团，见 Barnes ( 1902 )。

46. See NA WO106/25.2. 格里尔森现在是一名少将，他在这本书的前言中指出，这篇文章应该与 1900 年情报部门在西姆拉编写的《关于扬子江及其防御、通商口岸和邻近省份的简短军事报告》一起阅读——1900 年报告见 IORL/P&S/20/177–1。有关扬子江防御工事的讨论，见 Halsey, 2007：274–81。然而，哈尔西的研究并不清楚清朝官员是否知道英国对扬子防御工事的侦察。

47. 印刷版是蚀刻的，但在当时，用照片原稿印刷蚀刻版并不少见。

48. Intelligence Branch [NCC], 1904, IOR L/P&S/20/185.

## 第 7 章　情报的用途

1. 例如，在边界问题的外交谈判中，情报可能也会发挥作用。格莱亨描述了这样一个例子，尽管他指出，即使在外交部从情报部门获取信息之后，政治官员也不一定会阅读情报报告；见 1932: 180–81。

2. 罗林森曾是波斯和阿富汗的一名军官，参加了第一次阿富汗战争。他是阿瑟·康诺利提到的"伟大而高尚"的演习的那位军官。到 19 世纪 60 年代，他已在议会任职，是印度议会成员，大英博物馆理事，皇家地理学会杰出成员和皇家亚洲学会理事。有关备忘录的副本载 IOR L/P&S/20/Memo 21, 标题为 "Memoranda on the Central Asian Question, 1868–1875"。罗林森在 1875 年出版的一本书中提出了基本相同的观点。

3. 见 Topographical and Statistical Department, 1873。这项工作也提供了一个很好的例子，说明了陆军部情报部门的前身能够进行汇编。翻译自奥格斯堡的《汇报》。

4. 有关这种类型的现存例子，见 Intelligence Branch [War Office], 1882a and 1882b ; and Intelligence Division, 1890。

5. 普雷斯顿（Preston，1969) 提供了关于麦格雷戈的战略思维的少数研究之一。他认为麦格雷戈的分析比下文战争部的批评更可信。

6. 冯·特罗塔的研究为 *Die Mobilmachung der Russischen Armée vor und während des Krieges, 1877–78 (1878)*。

7. 斯蒂芬是英国外交官、俄语语言学家和阿富汗边界委员会成员。

8. 在位于圣彼得堡的俄总参谋部，马文与远征阿哈尔特克（Akhal Teke）的俄国指挥官斯科别列夫将军、曾在斯科别列夫参谋部工作过的戈尔德科夫上校（Col. Gordekov）进行了交谈。在交谈中，两位俄国官员都强调了在中亚征募足够数量驮畜的困难；见 Marvin, 1882：103–4, 152。

9. 在讨论地形和路线时，卡梅伦使用诸如 *Gazetteer of Western Turkestan and the Indian Army's Routes in Central Asia* 的信息。

10. 卡梅伦也很烦恼，尽管麦格雷戈声称这份报告是机密的，但他和他的一位通信员还是把它泄露给了媒体。卡梅伦提供了一份英国报纸的详细名单，这些报纸要么直接引用了《印度的防御》的说法，要么对其中部分内容进行了详细解释 (1885:60)。

11.See St. John, 1885. 马克·贝尔对圣·约翰的报告发表了评论。尽管他不反对后者的评估，但他认为阿富汗边界委员会的情报部门已经证明阿富汗北部可以提供大量军队；见 IOR ORB.30/5523。

12. 吴士礼的话引自 Brownlow, 1889：2。吴士礼在 1889 年的备忘录中更全面地阐述了他对印度国防的看法。同年，未来的印度总督乔治•寇松更进一步，声称俄国在中亚的集结是为了牵制驻扎在印度的英国军队。在引用查尔斯·马文对斯科别列夫将军的采访时，寇松提到俄国的核心战略不是印度，而是博斯普鲁斯；见 Curzon, 1889a: 316–23。

13. 这些事实可能是从詹姆斯·格里尔森的评估中得出的，他的评估针对的是俄军库罗帕特金将军（Gen. Kuropatkin）入侵印度的计划，现已经在陆军部公布。布拉肯伯里的名字出现在报告上；见 Grierson, 1886。

14. 1891 年，布拉肯伯里开始了他印度总督委员会的军事委员任期，任期 5

年。据克里斯托弗·布赖斯（Christopher Brice）称，似乎没有证据表明他改变了对俄国的看法。布赖斯从对伍尔维奇皇家炮兵博物馆的布拉肯伯里文件的研究中得出了这个结论。根据他的调查结果，布拉肯伯里敦促印度军方从更广泛的角度看待俄国的威胁，而不仅仅是保卫印度。但是，布拉肯伯里在印度的主要贡献似乎是使军队的管理合理化和改组；Brice，2009:224–36。

15. 档案中没有演习记录的副本，只有军事行动负责人的反应；见 General Staff, War Office, 1904。

16. 这份评估报告长达 10 页，其中一栏是对这次演习的简要描述，另一栏是评论。格里尔森的评估中反复出现"不可能"、"认为不可行"等表达。见 General Staff, War Office, 1904。也见 Robertson 1921：134–36 的论述。

17. 格里尔森在批评印度陆军的战棋推演几年后，对从里海到阿富汗北部的俄国铁路系统进行的一次侦察得出结论：它无力支持阿富汗边境的一支大军。根据该报告，车站相距太远，车辆不足以在阿富汗边境维持一支庞大的部队，沿线马匹的饲料很有限，电报线路稀少，信号系统不足以快速调动列车。见 D.A.O，1907。

18. 关于骆驼问题的详细讨论，见 Gooch, 1974：219–23。动物运输争议的解决更加棘手，因为印度陆军后勤官员肯定很清楚边境地区对驮畜的巨大需求。1897 年，温斯顿·丘吉尔在报道马拉坎德野战部队时指出，他看到了一支绵延 1.5 英里（约合 1.6 公里）的驮畜队，据说车上有一个旅两天的补给。他注意到，"很少有人真正理解军队是一个庞大的集体，后面拖着一长串行进中的仓库、驿站、休息营地和通信设施，通过这些设施，军队可以建立安全稳固的基地"。山脉只会加剧问题，因为路况太差，只有骡子才能通过；见 1990: 196–97。沙德韦尔为 1897 年提拉远征给出的数字是大约 43000 只驮畜；1897 至 1898 年的所有山区战役中，使用的驮畜数量超过 71000；见 1898: 71。

19. 布尔人在南非战胜了英国陆军，激起了英国对教育、体育训练、关税和

军事组织进行改革的呼声，以提高"国家效率"。见 Searle, 1971 : 54–106。

20. 委员会的证据记录共 3 卷，共计 1700 多页。See Royal Commission on the War in South Africa, vol. 1–2,and appendices, published by Parliament in 1903.

21. 伊舍委员会的报告发表在 1904 年的 RWORC 上。它的一个关键变化是将军队的管理同战争规划分开，后者现在是总参谋部全权负责。关于改革，见 Fergusson, 1884 : 117–22, Bond, 1972 , and Kochanski, Sweetman and Beckett: all in French and Reid, 2002。关于帝国国防委员会，见 Searle, 1971 : 216–35。

22. Clarke, 1904–7, no. 28, p. 3. 该文件题为"关于在阿富汗作战所需运输计算基础的建议"。除此之外，荣赫鹏的计算也可能有所帮助，他解释了为什么骆驼可能比骡子更受青睐。由于阿富汗缺乏饲料，驮畜不得不为自己和其他驮畜运送谷物。荣赫鹏注意到，假设一条 200 英里长的交通线，那么一头能驮 160 磅谷物的骡子，往返过程中会消耗 128 磅。按照这个比率，需要 4 头骡子运养活自己的谷物，第 5 头骡子驮 160 磅重的其他物资。而骆驼可以携带 320 磅的谷物，而在相同的距离内消耗 64~96 磅。只要地势合理，骆驼就更经济。然而，山区战争限制了骆驼的使用 (1898:229)。

23. 这个公式的标题是"从先遣基地满载 n 头骆驼行进 r 段路程所需的骆驼数量"，它出现在克拉克那里，在前面的注释中引用过，在第 5 页。

$$2\left(n+\frac{n}{10}\right)\left\{1+\frac{6}{5}+\left(\frac{6}{5}\right)^2+\ldots+\left(\frac{6}{5}\right)^{r-1}\right\}$$

$$=\frac{11n}{5}\left\{1+\frac{6}{5}+\left(\frac{6}{5}\right)^2+\left(\frac{6}{5}\right)^3+\ldots+\left(\frac{6}{5}\right)^{r-1}\right\}$$

$$=\frac{11n}{5}\left\{\frac{\left(\frac{6}{5}\right)^r-1}{\frac{6}{5}-1}\right\}=11n\left\{\left(\frac{6}{5}\right)^r-1\right\}$$

从先遣基地出发，15 天的行程需要 611212 头骆驼。

24. 乔治·麦克蒙回忆说，1907 年，基钦纳将军要求看看陆军入侵阿富汗的计划。没有这样的计划；唯一存在的是那些涉及俄国的计划。麦克蒙声称，在告诉这位将军该计划已经公布后，他和其他三名来自情报部门和战略部门的官员在三天的时间里拼凑出了一些东西。令人感兴趣的是，他们不仅能够将计划整合在一起，而且正如麦克蒙所指出的那样，还能将计划与陆军部的术语结合在一起。该计划非常成功，因此决定在同样的基础上重新起草对俄战争计划；1930:65–68。

25. See Chief of the General Staff, India, 1911. 这里的骑行被称为参谋之旅。第二年，在旁遮普组织的一次参谋乘骑作业是基于这样一种情景：印度陆军在帝国其他地方增援的帮助下，对俄国入侵者发动进攻；见 Chief of the General Staff, India, 1912。

26. 官员的编号和名称可以在 IOR L/MIL/ 7/11162-11172 中找到。

27. 关于俄国在中亚和东亚的侦察活动，大部分是在科学考察的幌子下进行的，见 Brower, 1994。还见马歇尔关于侦察行动的增加和中亚军事统计的搜集 (2006:132, 136, 139, 144)。

28. 列别杰夫（Lebedeff）还使用了威廉·洛克哈特在 19 世纪 90 年代西北边境侦察行动中侦察的信息。亨利·汉纳对俄国军事实力的反思 (1895a，1895b，1896)，以及罗伯茨等人在皇家联合军种研究院期刊上发表的文章。他的计划是分阶段征服和占领阿富汗，修建通往坎大哈的铁路线，改善通往喀布尔的道路，但几乎没有考虑到阿富汗人反对俄国占领。

29. 英国档案中现存的对俄国入侵计划的翻译包括由罗伯特·米歇尔（Robert Michell, 1884）在外交部翻译的斯科别列夫将军的计划，以及当时由詹姆斯·格里尔森（1886）上尉翻译并分析的库罗波特金将军的计划。

30. 虽然在这项研究中使用的资料来源没有明确表明，但陆军部的情报官员

很可能知道 19 世纪末在俄国发生的战略重新评估。当时，俄国总参谋部对阿富汗的兴趣仅限于被界定为俄占中亚自然边境的兴都库什山脉和赫拉特周围地区。1900 年，参谋长库波特金放弃了这一观点，认为俄国面临的主要安全威胁是德国。此外，驻扎在俄占中亚的俄国参谋人员和军方权威人士似乎和英国一样，对穆斯林"狂热分子"感到担忧，"入侵阿富汗只会加剧这种焦虑"。See Marshall, 2006 : 140, 145–46, 149.

31. See DMO, 1905. 1906 年 8 月，格里尔森接替军事行动负责人后，他的继任者接手了他开创的对欧洲大陆的重新定位。格里尔森开始同法国总参谋部进行对话，进行了联合规划，特别着重德国通过比利时的推进。格里尔森回忆起 1911 年与法国工作人员一起研究德国动员问题，以确定如果德国人通过比利时和荷兰入侵法国，第一次冲突应该在哪里和什么时候发生 (1932:341–42)。关于陆军部对于大陆的重新定位，见 Fergusson, 1984: 205–9。古奇将对大陆远征部队的新关注称为"战略重新定位"，这不仅包括印度在陆军部军事规划方面的重心转移，还包括与海军部建立更密切的合作关系；见 1974: 165–94。也见 McDermott, 1979。

32. See Strachen, 2002: 85.1914 年，当印度军团奉命前往法国时，他们对远征准备不足。

33. 也许第一个在报告中包含战役活动的人是马克·贝尔 (1884)。历史部分借鉴了第一次和第二次鸦片战争的文献；见 vol.2: 353–440。

34. 第一次进行这样的汇编似乎是威廉·亨利·佩吉特 (William Henry Paget) 的《西北边疆部落探险记录》(A Record of Expeditions against the North–West Frontier Tribes, 1874)，这本书由梅森 (A. H. Mason) 于 1884 年更新，并以同样的标题再版。

35. 第一个版本出现在 1905 年，并在 1908 年、1917 年和 1924 年更新。早期的版本似乎都不存在。

36. 小册子和手册被浓缩成军官指南；它们解释了如何部署进攻和防御部

队，如何进行夜间行动，如何组织和保护交通线，如何设立营地和部署哨兵，如何训练这种战斗中投入使用的部队，以及如何准备这种战斗。为做进一步准备，已指示军官查阅有关边境地区的路线图、军事报告和地名志。See General Staff, India, 1920, and Army Headquamters, Endia, 1925. Also see *Mountain Warfare Notes*,1921.

37. 战地服务手册的标准范本可能是——*Field Service Regulations: Part 1– Operations*，其中第 1 部分 ( 也可能不是第 1 部分 ) 于 1909 年由总参谋部出版，并于 1912 年增订。

38. *Frontier Warfare–India*, 1939：169–72；一个不太详细的版本出现在印度陆军总部，1925:48。《印度边疆战争》关于村庄破坏的章节似乎也是 Villiers-Stuart and Skeen 的概要，后者是手册参考书目中提到的权威之一；见 Skeen, 1932：124–27。维利尔斯 – 斯图尔特详细阐述了村庄破坏的劳动分工，并强调了组织和速度的必要性；见 1925: 71–75。

39. 这种战术上的独创性也许是《印度边疆战争》一书中以大写字母总结的以下教训。

> 巡逻必须具有侵略性和好奇心，并不惜一切代价避免常规习惯和刻板方法。他们的理想应该是永远不要以同样的方式做同样的事情两次。(1939:165)

40. 这是上文提到的安德鲁·斯基恩将军的一本著作的标题。

41. "军事种族"，按重要性排序，是雅利安人的后裔拉其普特人 (rajput)，拉其普特人被细分为印度斯坦和旁遮普两支；锡克人、贾特人和古加尔人（Gugars）；以及印度境内的帕坦人和莫卧儿人。在印度边境，山地作战人员，如帕坦人、阿富汗人和廓尔喀人也被招募。这些人被组织成一个种族单位，由英国军官指挥。有关英国军事种族概念的研究，见 Streets-Salter, 2004。

42. 当然，这些手册并不是汇编西北边境和中亚"部落"民族的种族特征的唯一资料来源。情报部门有各种报告，并翻译了俄国关于中亚民族的著作。有关旁遮普穆斯林的报告，见 Harris, 1901；关于瓦济里部落，见 Mason, 1893；关于俄语译本的例子，见 Chief of Staff's Division, Army Heaquarters, Simla, 1909a: 22–42。

43. See General Staff, India, 1913 . 印度官方记录的报告副本中没有连续的页码。相反，有单独的标题和分页部分，所有这些部分都以 Intelligence Exercise. Army Headquarters, 1913 作为标头开始，接着是各部分的名称。我将在第一次引用中给出部分标题和页码。

44. From the "Introductory Lecture by Director," 1–10; 下文简称 ILD。

45. 完整的初步阅读清单在序言材料的第 4 页。其中包括 2 卷的《战地服务条例》，第 2 卷包括 "Indian Supplement"（见 General Staff, War Office, 1909）。所讨论的参谋人员手册可能是 1912 年版的，也标为临时性的；见 General Staff, War Office, 1912。

46. 第一本自传涉及参与所谓的卡利女神谋杀仪式；后者指的是军旅生涯，开始时相当于二等兵，后来晋升为军官。

47. "特别想法 1 号"没有页码：它只是紧跟着指挥官的介绍，日期是 1912 年 1 月 1 日。

48. "负责人对'特别想法 1 号'中提交的问题解决方案的评论"，第 2 页；以下简称 DC1。

49. 这是对"练习对象"的总结，紧接着第二个特殊概念。和前一个例子一样，接下来是宾利的评论，然后是正确的解决办法。

50. 这套 3 卷本的著作首次出版于 1839 年，整个 19 世纪似乎一直在印刷，1985 年由牛津再版。

51. 对《忏悔录》的批判性探讨，见 Poovey, 2004。关于英国对暴行的精彩报道，见 Gordon, 1969。

52.See Hakala, 2005. 萨法迪概述了这部作品的出版和翻译历史、学术解释，并提出了令人信服的论点，认为它是伪造的；见 Safadi, 2010。

53. 见 Trouillot, 2003 一书中的引言。

## 第 8 章　帝国安全机制在亚洲和英国的影响

1. 1860 年，英法联军入侵华北。清朝都城北京沦陷，城外的圆明园被洗劫和烧毁；见 Hevia, 2003 : 29–118。

2. 有关这些事件的更详细概述，见 Jansen, 2000 , chapters 9–11。

3. Drea 提供了以下关于法语教官的数字：1872 年，25 名；1873 年，24 名；1874 年，37 名；1875 年，43 名；1876 年，38 名；1877 年，13 名； 见 2009: 276–77。

4. Drea, 2009 : 57–58, and Presseisen, 1965 : 67.

5. Presseisen, 1965 : 61–63, 79–85, and Drea, 2009 : 58.

6. Drea, 2009 : 60–61; also see Lamarre, 1998: 597–98, 关于森林太郎（Mori Rintaro），他是一位军事卫生事业的先驱。

7. See General Staff, War Office, 1906；另外，最近重印的版本，前言由多布森（Dobson）撰写（2000）。

8. 弗朗西斯·皮戈特就是这些官员之一。1904 年，他来到日本，在那里接受了英国政府聘请的私人教师的大部分培训。皮戈特还对英国军官在日本的社会生活进行了有趣的记述；见 1950:24–49。第 38 页提到了印度陆军语言培训生。

9. 关于国际法和技术科学被翻译成中文过程的讨论，见 Liu, 2004: 108–39 和 Elman,2006: 165–80。

10. 关于反面示例，见 Kuo, 1978 : 529–31, 和 Hao and Wang, 1980: 172–88。

11. Zhou（2006）and Reinhardt（2007）对欧美通信技术可能破坏清政府主权的担忧提出了自己的观点。虽然在清代工业中，关于引进电报和蒸汽船是否有效的争论存在于各个领域，但是，正如 Zhou 所说，一般观点更多的是关于谁控制了这项技术以及如何使用这项技术 (2006:8)。

12. See the discussion in Kuo, 1978 : 496–97, and Hao and Wang, 1980: 156–72.

13. 有关海防与塞防政策辩论的讨论，见 Hevia, 2003: 172。

14. 其他关于清朝军备和训练发展的资料来源包括 Spector,1964:163; Kuo, 1978: 520–25, 537–42; Hao and Wang, 1980: 170; and Liu and Smith, 1980: 248–50, 257–58, 266–68.

15. See Liu and Smith, 1980 : 245, 268–69，以及他们引用的资料来源，其中包括美国和英国军事观察员的评估。

16. 关于 20 世纪第一个十年中日关系的发展，见 Reynolds, 1993。他指出，两国关系远远超出了军队的范畴；日本作为导师的吸引力之一在于，日本人已经将科学技术术语翻译成日文汉字，而日文汉字很容易转为中文。

17. 关于新军和军阀主义之间的联系，见 MacKinnon, 1973, 和 Dreyer, 1995。在对湖北和湖南的研究中，McCord 对军阀主义给出了更为细致的解释；见 1993。Also see the discussion in Zarrow, 2005 .

18. 引文出自 MacMunn, 1911 [1980]: 129, 这是一本关于印度陆军的著作。他还研究了军事种族；参看他 1933 年的作品。

19. 这是 1860 年后对印度陆军组成的常见解释；见 MacMunn, 1933 : 218–19。军队的实际规模随着时间的推移而变化，但是随着 1903 年基钦纳勋爵的重组，正规军的人数达到了 24 万人。他们分为 39 个骑兵团和 135 个步兵营，其中 17 个营由廓尔喀人组成。还有 12 个山地炮兵连，3 个工兵团，和一个叫做向导团的前线部队。除了正规军，印度半独立的土邦在 19 世纪 80 年代也被允许拥有自己的军队。在基钦纳勋爵改革时，20 个骑兵团和 14 个步兵营的 2 万人被指定为帝国勤务部队。西北边防军由侦察兵、民兵、警察组成，共 8 人；见，例如，MacMunn, 1911: 173–207; Mason, 1974 and Farwell, 1989。

20. 关于印度河流域的水利工程，见 Gilmartin, 1994。

21. See Mazumder, 2003 : 67–68, 130–38, and Mason, 1974 : 388.

22. 关于 1901 年印度陆军的海外和边境战役，见 Intelligence Branch [Simla], 1907–10。 See Trench on the Indian Army and World War I (1988). 印度陆军约有 75 万名成员部署在法国 (9 万 )、东非、美索不达米亚和埃及。35000 多人丧生，59000 人受伤。确切数字见 Memorandum on Indias Contribution to the War in Men, Materid,and Money（C.1919）in IOR L/ MIL/17/5/2/2381。

23. 荣赫鹏讲述了一个向导带领一个名叫 "史密斯" 的英国军官 ( 很可能是宾利提到的马克·贝尔 )，并在后者伪装失败时救了他一命的故事。1908:144–59。

24. 嫉妒是解释反对英国扩张的常见比喻。据英国观察人士称，中国的 "官吏" 或者说高级官员，与帕坦人有同样的特点。

25.See Chief of Staff's Division, 1906a . 该报告由 W.Mallenson 汇编，按地区组织，涵盖 1899-1906 年。据报道，北瓦济里斯坦和南瓦济里斯坦分别发生了 144 起和 170 起事件，包括偷窃动物、绑架勒索赎金、切断电报线在内的通信线路中断，以及谋杀军官。

26. 关于疯狂的毛拉在英属印度意识形态中的作用，见 Edwards, 1989。

27.See Rittenburg, 1988 : 41. 在国务大臣乔治·汉密尔顿就印度西北边境的军事行动与印度总督的通信中，汉密尔顿回顾了在起义爆发时，印度发来的电报中所描述的事件。他把这次爆发归咎于狂热的毛拉 (1898:176-77)。另见 East India(North-West Frontier),1901:6-7。这是起义后印度方面的正式函件，内容涉及沿边境部署军队的问题。Mills（1897 : 34–35), Shadwell (1898) and James (1898) 则提供了报纸记者对其狂热的报道。Davies（1932 : 96–97）回顾了起义发生 30 年后人们普遍认可的智慧。大约同时，北美 ( 苏族鬼魂衫 ) 和中国 ( 义和团护身符 )

都宣称有对欧美军队武器刀枪不入的圣人。

28. 虽然是秋天，但在许多战役报告中都提到了提拉山谷冲积土壤的肥沃。除了谷物，还有丰富的水果和核桃树。见 Shadwell, 1898: 165, 172–81; James, 1898 :156; and Holdich, 1901a : 359 的描述。

29. 霍尔迪奇用了整整一章的篇幅来描述提拉。他指出，在大多数情况下，在枪口下进行勘测和规划是很困难的。他的小组由皇家工兵部队的沃布上校、莱斯利（Leslie）中尉和喀麦隆人霍尔迪奇中尉 ( 可能是他的儿子之一 )，以及几个印度测量员组成；见 1901a: 351–65。

30. 战地记者的两篇报道描述了提拉山谷的毁灭。See Shadwell, 1898, and James , 1898 . 后者描述了"壮丽的景色"，看到马苏赛山谷（Massuzai Valley）被"一团滚滚的火焰"吞没（217）。也见 Hutchinson, 1898 , 特别是第 64, 111, 118, 162, 165, 191 和 208 页的论述 . 他引用了洛克哈特的话，大意是说他的部队已经遍布提拉的每一个地方，"偏远山谷中被摧毁的堡垒和塔楼在后代的脑海中挥之不去"(223)。

31. Shadwell (1898) and James（1898）的书中有很多关于房屋和塔楼被摧毁的记载。

32. See Shadwell, 1898 : 208, and James, 1898 : 182–83. 这些文件可能是 1898 年哈钦森复制的。摧毁一名被认定为"暴行"罪犯的住所，以及没收据称证明他有罪的文件，与在中国的第二次鸦片战争有相似之处；见 Hevia, 2003 : 58–59。

33. Warburton, 1900 : 302. 詹姆斯还提到，在缅甸和埃及，看到部落长老佩戴战役奖章；见 1898: 196。

34. 见 Nevill, 1912: 174–304. 我还借鉴了米勒从原始资料中对战役活动的重建；见 1977: 272–80。像大多数这样的描述一样，它在浪漫的英雄主义和原始的现实主义之间摇摆不定。米勒认为，正是宗教上的宽容，使得英国人没有摧毁清真寺。我怀疑更多的是担心后果。在提拉战役之前或之后，英国领导人没有对其他"狂热分子"的宗教场所进行破坏或亵渎。在英国的殖民战争中，攻击他人视为神圣的东西是一种重要的羞辱形式，见 Hevia, 2003。

35. Also see the studies of H. D. Hutchinson, 1898 , and Callwell, 1911.

36. 贝柳陪同彼得·拉姆斯登（Peter Lumsden）少校执行任务，担任口译。他指出，在圣人祠，信徒们会从毛拉那里购买"护身符"来抵御疾病，并受"邪恶之眼"、"神灵"或"精灵"的保护。他断言，这些符咒的威力与奉献者的供品的价值相当（1862:107-8）。他还编写了一本普什图语语法和词典，是最早研究阿富汗和山区部落的英国专家之一，因此他的著作经常被引用在军事报告中。除其他著作外，他还撰写了 *A General Report on the Yusufzais* (1864), *Afghanistan and the Afghans* (1879), *The Races of Afghanistan* (1880)and *An Inquiry into the Ethnography of Afghanistan* (1891)。

37. 杜普雷（Dupree）注意到一些圣人祠可以被赋予奇异的力量。贾拉拉巴德附近的一处专门治疗精神错乱；另一处治疗疯狗咬伤；在喀布尔北部的一个山谷里，大约有 40 个致力于生育；见 1973: 105。

38. 在托德关于中缅边界委员会的报告中，人们可以发现对当地民众信仰同样缺乏兴趣。缅甸人反对调查，就像愚昧和可塑性强的帕坦人一样，是由于部落迷信和外部势力的操纵（见 1899: 23)。

39. See Maj. Gen M. G. Gerard 1897，以下是本报告第 32 页的照片。

40. 在最后一章中，我将更多地谈谈非正规战争与反叛乱之间的关系。

41. 第 1 版由哈里森父子公司出版，哈里森父子公司是女王文书局办公室的官方机构，而第 2 版以陆军部情报部门的名义出版。第 3 版也是最后一版于 1906 年出版，哈里森父子公司也出版了这本书，并持续传播。它由 the General Staff, War Office, London, 1909 : Harrison and Sons, 1914: E. P. Publishing,Wakefield, England in1976; Greenhill Books, London, 1990; and the University of Nebraska Press, 1996 多次重印，它现在也可以在 Google Books 网站上找到。

42. 虽然还不清楚卡尔韦尔是否对 1909 年版的战地条例有所贡献，但第一卷中有一章名为"与未开化的敌人作战"，分为两部分，一部分在山区，另一部分在丛林中作战。See General Staff, War Office, 1909 : 191–212.

43. 卡尔韦尔从美国军队对平原印第安人、西班牙人在古巴、英国人和法国人在非洲和亚洲，以及德国人在非洲的军事行动中收录了一些例证。

44. 卡尔韦尔对军事档案中关键知识空白的识别可能与查尔斯·布拉肯伯里的乐观态度形成对比。回想一下，在第 4 章讨论阿散蒂战争之前，加尼特·沃尔斯利曾介绍过这类材料。

45. 这些断言在英国殖民军队中是司空见惯的。例如，内维尔指出"祖鲁人、土库曼人、阿拉伯人和美洲印第安人"都被认为坚信"复仇是强权的特权，忍耐是软弱的必然结果"(1912:374)。

46. 关于帝国的财政成本，见 Porter, 1968 : 25–34, 41 中的讨论。关于帝国和国民性，见 Pitts, 2005 : 254–57。在帝国对民主构成威胁的问题上，围绕维多利亚女王成为印度女皇的法案的辩论具有启发意义。例如，Sir Henry James's resolution against the Act in *Hansard's Parliamentary Debates, House of Commons*, May 11, 1876, vol. 229, cc. 370–474。也见 Knight, 1968。

47. 有关"大英国"概念的全面概述，请见贝尔，2007。参见西利关于血缘的论述，1883:184–85。

48. 引用参见 Seeley, 1883 : 179。西利是剑桥大学历史学教授。他的观点在 1882 年的一系列讲座中得到了表达，次年出版了《英格兰的扩张》一书。这部作品意义重大，尤其受到帝国支持者的欢迎，一直出版到 20 世纪 50 年代。关于英国偶然得到印度，见 Seeley, 1883 : 179。至于英国留在印度的必要性，西利是这样表述的。"把我们的政府从一个依赖它的国家撤出，而我们却使这个国家无法依靠其他任何东西，"他说，"这将是所有可想到的罪行中最不可原谅的，并可能造成所有可想到的灾难中最严重的。"(1883:196)

49. 莱尔后来将这篇题为《英国统治在印度的崛起》的文章扩展为 1893 年出版的一本书；Lyall, 1891a : 83。莱尔从西利引用的段落来自后者 1883 的作品，第 179 和 213 页。

50. 关于科学边界及其对印度国防的重要性，见 Curzon, 1888。

51. 寇松关于军事改革的备忘录和印度对其计划的批准，见 East India (North-West Frontier), 1901 : 115–21; 关于行政改革，见第 121–150 页。

52. 正如提交给议会的报告所言，"山谷中的每座堡垒和瞭望塔都被夷为平地，获得了大量的木材和饲料，绵羊、山羊和牛……损失惨重"；见 East India (North-West Frontier),1908: 115。关 于 早 期 的 战 役，见 East India (North-West Frontier), 1902。

53. 关于第三次阿富汗战争，见 East India (Afghanistan), 1919。在这些敌对行动期间，根据寇松改革重新组织的一个单位——开伯尔步枪团——由于忠诚问题而解散。关于 1936 年，见 East India: Waziristan, 1937。

54. 关于新的通信、运输和武器技术对边界的影响，见 Moreman, 1998 : 125–32。

55. 就像用地面部队摧毁帕坦村庄的正式命令一样，对他们的轰炸经过精心设计，其中包括飞机扔下传单警告，最后一次警告是印在红纸上。Government of India, Defence Dopartment，1941:1-7。文件在 IOR L/P&S/20/B308 中。

56. 见 Bruce, 1900 : 357–59。将近四十年后，理查德的儿子 C. E. 布鲁斯 (C. E. Bruce)——他本人也长期担任边境官员——写道，边境冲突仍然是一个严重的问题，因为印度的政府没有由衷接受桑德曼的制度 (1938)。

57. 约翰·麦肯齐（John Mackenzie）在他的《宣传与帝国》(*Propaganda and Empire*, 1984) 一书中探讨了所有这些问题。后来，麦肯齐主编、曼彻斯特大学出版社出版的"帝国主义研究丛书"出版了许多作品，讨论和分析了 19 世纪末和 20 世纪英国的帝国主义及其在众多场所的流行表现形式。例如，Summerfi-

eld (1986) and Russell (1992) 关于音乐厅的娱乐和歌曲；Bratton (1986) and J. Richards 关于青少年文学 (1992); Stearn (1992) 关于战地记者和媒体；以及 J. Richards (1986 and 2001) 关于电影。

58. 关于英国的博览会和展览，见 Hoffenberg, 2001。关于帝国主义和展览文化，见例如，Greenhalgh, 1988，Mitchell, 1989，Blanchard et al., 2008 中收录的文章。关于图片新闻，见 Jackson, 包括对《伦敦新闻画报》的详细讨论；见 1885: 302–14。

59. 要了解当代战地记者的英雄事迹，见 Bullard,1914。关于更关键的描述，见 Stearn, 1992。

60. 例外情况见诸如 Lynch, 1901: 311–17, 以及 Dillon, 1901 的论述。

61. 亨蒂为男孩子们写了一百多部作品，他创作的小说充满了种族偏见，内容涉及第一次阿富汗战争 ( *To Herat and Kabul* , 1902)、义和团运动 ( *With the Allies to Pekin* , 1904) 和西北边境 ( *Through Three Campaigns* , 1904)。虽然他写过关于弗雷德里克·罗伯茨的文章，但那不是关于阿富汗的，而是他在布尔战争中的战役 ( *With Roberts to Pretoria* , 1901)。根据珍妮特和彼得·菲利普斯的数据，亨蒂作品的销量高达每年 25 万本 (1978:166)。这些书不仅还在出版，而且似乎在进行家庭教育的家长中很受欢迎，这有点令人不安。

62. 注意，这里的剧本作者，像卡尔韦尔一样，认为殖民战争是一场与自然的战争。

63. 关于这些和其他通俗历史的例子，见 Jablonsky, 2000 : 7, 引自 Phillips and Phillips, 1978 : 164–66。

64. 这本书最初出版于 1897 年，经过了许多版本。我使用的是 1900 年版。

65. 参见《牛津国家传记词典》( *Oxford Dictionary of National Biography* ) 中她的传记。布鲁克－亨特后来被授予一枚战争勋章，被封为耶路撒冷圣约翰恩典夫人，以表彰她在南非的贡献。

66. 有关军人英雄和帝国男子气概的详细讨论，见 Dawson,1994：117–51。也见麦肯齐 (1992) 关于维多利亚时代的英雄和帝国神话的描述。

67. 在英国的展览，见 Durbach, 2008：81–88, 和 Greenhalgh, 1988。

68. 这句话出现在吉卜林的诗《退场赞美诗》中，这首诗是在 1897 年维多利亚女王登基 60 周年之际创作的。

69. 有关英国帝国题材电影的精彩讨论，见 Richards, 1986 :153–58。

70. 其他关于帝国安全问题的作品包括 *Frontiers of Empire*(1933) 和 *Small Wars of the Empire*(1933)。就像宾利所推荐的关于土著性格的作品一样，这些故事中哪些是事实，哪些是虚构，很难分辨。有些人有自己的名字，但大多数人只用 "X"、"Hathi" 或简单的首字母等化名。

71. See Bethell, ed., 1936 : 18–21, 102, 128, 146–49, 223–25 and 242. 虽然大多数文章提到了 "血仇"，但其中一篇题为《坚韧》的文章完全专注于这个主题 (123–42)。

72. 苏格兰高地人和帕坦人之间的比较主要集中在 "边疆礼仪" 方面；参见 Bethell, ed., 1936 : 1–5。

## 第 9 章 帝国安全与亚洲的转型

1. Henry Mortimer Durand to W. J. Cunningham, December 20, 1893; cited in Yunas, 2003: 26.

2. Chien, trans., 1993 : 102, 136, 144, 173–74 and 182. 薛福成还认为国际法是虚假的——那些拥有最强大武器的人以此占有他们想要的领土 (13)。

3. 马汉的 "亚洲问题" 的一系列文章最初发表在 1900 年《哈珀新月刊》（*Harper's New Monthly Magazine*）3、4、5 月的杂志上。同年晚些时候，这三篇文章和另外两篇以书的形式在英国出版；见 Mahan, 1900。上一段和下一段是他的观点的浓缩；见 1900: 26–29,44–45, 59, 63–69, 72–74 和 93。

4. 美国海外的军事和海军基地的确切数量还不清楚。见 Nick Turse, "Empire of Bases 2.0" at http://truth-out.org; 访问日期：2010 年 1 月 23 日。见 C. Johnson, 2004: 151–85。卡明斯 (Cumings, 2009) 提供了美国在太平洋军事机构的详细概述。

5. 多米诺理论似乎是由德怀特·艾森豪威尔（Dwight Eisenhower）提出的，他和马汉一样，认为只有通过志同道合的伙伴联盟才能实现遏制；见 Ambrose, 1991 : 141–42。

6. 关于涉及石油的安全问题，见 Klare, 2001。石油问题包括全球石油储备已见顶，石油短缺不可避免，这使得控制中东石油储备成为美国的一个国家安全问题。关于油价下跌，见 Deffeyes, 2001。

7. 我借鉴了 Oliver-Dee 的观点，见 2009 : 163–72。

8. 泛伊斯兰主义以及奥斯曼帝国和大英帝国的研究，见 Özcan,1997。关于战后瓦解奥斯曼帝国并结束哈里发制度，见 184–204。也见 Oliver-Dee, 2009: 109–37。

9. 正如印度总参谋部在 1919 年所说：

> 此外，要记住的是，由于中亚目前的不稳定局势，在缓冲区的北部边界存在强大而充满敌意的苏俄的问题在某种程度上又恢复了；不同之处在于，阿富汗不再是两个基督教帝国之间的缓冲地带，它可能成为一个从里海延伸至中国的泛伊斯兰联邦的产物。（第 1 页）

1919 年苏俄派团前往喀布尔后，布尔什维克和阿富汗之间联合的可能性上升；参见 IOR L/MIL/17/14/91 关于中亚、波斯和阿富汗的报告，该报告概述了 1919 年 11 月 1 日至 11 月 30 日之间发生的事件，标签为"机密"。

10. 关于"基地"组织的论述很多。詹姆斯·罗宾斯（James Robbins）对组织的目标和策略提供了一个有用的介绍；见 2002: 354–66。

11. 在 2000 年大选之前，一个名为"新的美国世纪计划"(Project for The

New American Century) 的新保守主义组织提出了政策建议，提出了布什政府的积极干预主义。见 www.newamericancentury.org/；访问日期：2011 年 1 月 27 日。

12. 关于作为美国安全利益一部分的中东民主化问题，参见 2003 年 2 月 3 日《亚洲时报》网络版《布什分享中东民主梦想》中小布什总统的评论：www.atimes.com/atimes/Middle_East/EB28Ak02.html；访问日期：2011 年 1 月 27 日。

13. 关于 19 世纪下半叶在中国的英国教育学，见 Hevia, 2003 。

14. *Red Dragon Rising by* Edward Timperlake and William C. Tippett II (Washington,DC: Regnery Publishers, 2002)，似乎是典型的可怕警告。更多平衡性的评估可以见 Yee, ed. 2010 , Womack, ed. 2010 , and Wills, ed. 2011 收录的论文。也可以参见我的讨论 2003: 323–26。

15. 最近五角大楼关于所谓"中国威胁"的声明，见 2010 年 8 月 26 日的《纽约时报》。

16. 在私人和政府大举投资前夕，社会科学研究委员会 (Social Science Research Council) 发布了一份关于美国大学区域研究现状的报告，见 Steward, 1950。

17. 最初，创建这所学校是为了集中教授东方语言 ( 见议会报告 ROOSL, 1909)。后来，东方与非洲研究学院的课程得以扩展，增加了关于非洲和非洲语言的课程。有关东方与非洲研究学院的历史，见 C. Phillips, 1967。

18. 1958 年 9 月 2 日作为第 85-864 公法开始生效。See United States Congress,1959：1580–1605 for the full provisions.

19. See Szanton, 2004：1–33. Also see Cumings, 1998. On China, see P. Cohen, 1984 ;Barlow, 1993；Farquhar and Hevia, 1993；and Marks, 1985.

20. See the essays in Shiffrin, ed. 1997，and Simpson, 1996. 辛普森还记录了连接学术界和美国冷战状态的各种项目。有关第二次世界大战期间区域研究发展的分析，见 Fenton (1947)。

21. 关于三个世界概念的起源，见 Pletsch, 1981。

22. See Waring, 1995：30。到 20 世纪 50 年代初，系统方法成为解决大型企业管理问题的一种标准方法。它通过新成立的专业组织及其期刊传播，被兰德公司等智库采用，被著名公立和私立大学的商学院采用，并应用于大型工业公司的生产规划和分析。

23. See Waring, 1995：30–36. 他提供了纳入系统方法的行政管理技术清单。

24. See 1978: 263. 利林菲尔德对那些认为系统理论是所有问题的解决方案的提倡者持极端批判的态度。在他看来，这是在社会管理中维持技术官僚精英地位的一种手段。

25. 关于系统理论与区域研究关系的分析，见 Latham,2000，especially 30–46。

26. 也许最著名的是，系统方法在越南通过一个名为"民事行动和革命发展支持"的项目来衡量"和平"效果。有关批判性分析见 McCoy, 2007：236–43; Gibson,1986：270–315; and Young, 1991：240–41。

27. 这两个手册都可以通过搜索 FM 3-24 和 FM 3-24.2 在网上找到。FM 3-24 也由芝加哥大学出版社出版。我引自 Petraeus and Amos, 2007。

28. See Petraeus and Amos, 2007，chapters 2, 6 and 8. 与卡尔韦尔相比，该手册还将更多的空间用于情报以及操作的规划和执行。

29. 苏联军队在阿富汗反叛乱战争中没有吸取教训，这就更奇怪了，因为苏联谋逆人员在 20 世纪 90 年代对战争的研究有英文版本。这本书由一位前美国陆军军官、堪萨斯州莱文沃思堡外国军事研究办公室成员莱斯特·格劳（Lester Grau）翻译，于 1996 年出版。也见 Jalali and Grau,1995，它基于对巴基斯坦白沙瓦、奎达和伊斯兰堡的前圣战者的采访。

30. 有关指标的概述，见 Gary Smith, "A Primer on Metrics" (2004), 该书分三部分在网上发布，www.intelligententerprise.com/showArticle.jhtml?articleID=177011632；另外两篇文章的地址是 ID=18300123 和 ID=18401434; 访问日期：2010 年 9 月 16 日。性

能方面的引用来自第一部分。

31. 关于叛乱和反叛乱的复杂性，见 *PRISM* 1.1(December 2009)，网址为 www.ndu.edu/press/prism.html；访问日期：2011 年 4 月 19 日。我非常感谢 Marilyn Young 让我注意到这本杂志。

32. See Petraeus and Amos, 2007 : 41 and 189.

33. *Tactics of Counterinsurgency*, FM 3–24.2, viii. 见 www.fas.org/irp/doddir/army/fm3 - 24 - 2. pdf；访问日期 :2011 年 1 月 25 日。

34. 我从基尔卡伦关于伊斯兰圣战国家的讨论中得出结论；见 2010: 200–201。在 Petraeus and Amos，2007:4–8 中也发现了这些决定性因素。基尔卡伦为北约驻阿富汗部队的前任指挥官麦克里斯特尔将军和现任指挥官彼得雷乌斯将军提供过建议。

35. 见 Petraeus and Amos, 2007，关于社会网络的分析。

36. 引用自 Matthew Arnold, "Improving the Coalition's Understanding of 'The People' in Afghanistan: Human Terrain mapping in Kapisa Province," *Small Wars Journal* , April 12, 2010. See http://smallwarsjournal.com/blog/2010/04/human-terrain-mapping-in-kapis/ , accessed January 24, 2011. On Human Terrain Teams ,see http://hts.army.mil , accessed September 19, 2010. 关于人文地形小组的目的和过程的更完整介绍见 Cpt. Nathan Finney, *Human Terrain Team Handbook*，Fort Leavenworth, Kans.: US Army, 2008, 可以在互联网上按照这个标题搜索。

37. See the *Chicago Tribune* , August 22, 2010, section 1, p. 25. 此外，还成立了女性接触小组，接触阿富汗妇女，结交朋友，搜集当地不满情绪和塔利班的信息。See the *New York Times* , March 6, 2010.

38. 有人可能读过克利福德·格尔兹（Clifford Geertz）的"粗略的描绘"，见 Geertz, 1973。

39.See González, 2009 and Wax, Griffen, González and Price, all in Kelly *et al* .,

2010，关于人类学在镇压叛乱中的应用的讨论和批评。

40. 在担任驻阿富汗美军司令期间，斯坦利·麦克里斯特尔（Stanley McChristal）将军既证实了"斩首"在阿富汗的行动是成功的，也证实了"斩首"是无效的。See *The Nation*, May 13, 2010 and *The Wall Street Journal* , June 12, 2010.

41.See Christopher Drew，"无人机在阿富汗扮演着越来越重要的角色，"www.nytimes.com/2010/02/20/world/asia/20drones.html；访问日期：2010 年 1 月 23 日。根据新美国基金会 (New America Foundation) 搜集的数据，无人机在巴基斯坦的袭击次数从 2009 年的 53 次增加到 2010 年的 118 次。参见 http://counterterrorism.newamerica.net/drones ；访问日期：2011 年 1 月 23 日。

42. 尽管有关于这类团队的报道，但完整的电报来自维基解密网站上公布的文件。See the reports in *Spiegelonline* , July 26, 2010, and The *Guardian* , July 25, 2010. Also see the *Chicago Tribune* , August 17, 2011, p. 35. 2011 年 8 月 12 日，这个故事的更详细内容也出现在 www.bloomberg.com 网站上。

43.See "The Secret Killers: Assassination in Afghanistan and Task Force 373," posted by Truth-out.org at www.truth-out.org/the-secret-killers-assassination-afghanistan-and-task-force-37362460；访问日期：2011 年 1 月 23 日。

44. 监管制度的一个关键部分是对数百万阿富汗人和山区进行视网膜般的扫描，参见 www.wired.com/dangerroom/2010/09/afghan-biometric-dragnet-could-snag-millions/；访问日期：2011 年 8 月 29 日。

45. "Taliban Seen Stirring Mob to Violence," *New York Times* , April 10, 2011. 由学术专家和退休安全官员组成的部落分析中心 (TAC) 等组织强化了普什图人的返祖性质。除了为那些想成为部落分析师的人提供在线课程外，他们的网站还出售罗伯特·约翰逊关于提拉战役的研究，宣称能够提供有关普什图人的观点，以及 C. E. Bruce（1938）和 Charles Callwell on Tirah (1911) 作品。即将推出的作品包括 "Pashtun Storytelling: A Clue to Their Violent Culture" 和 "Jirgas: How They Vary

from Tribe to Tribe"。参见 www.tribalanalysiscenter.com/；访问日期：2011 年 8 月 24 日。

46. 对于反叛乱的规划者来说，还有一个更广泛的专业领域，由具有类似学位和管理观点的人组成。兰德公司、布鲁金斯学会 (Brookings Institute) 和战略与国际研究中心 (Center for Strategic and International Studies，简称 CSIS) 等机构都定期就阿富汗和伊拉克的指标编制自己的分析报告，参见 www.brookings.edu/foreign-policy/afghanistan-index.aspx; www.rand.org/; http://csis.org/（访问日期：2011 年 1 月 27 日）。

47. See Bradley, 2009 , and Haas, 1998 .

48. 卡尔扎伊抗议的一些例子出现于 *Washington Post* , June 24, 2007;*USA Today* , November 5, 2008; *Washington Times* , April 19, 2009; and *Reuters*,August 5, 2010, 访问日期：2011 年 1 月 27 日。

49. 这些节目称作"阿富汗失去的声音"（"Lost Voices of Afghanistan"）能在网站收听，www.bbc.co.uk/worldservice/documentaries/2011/01/110120_afghanistan_lost_voices_tx.shtml；访问日期：2011 年 1 月 27 日。

参考书目

## NOTE ON ARCHIVAL SOURCES

The two primary archives drawn on in this study are the National Archives (hereafter, NA) and the India Office Records (IOR) of the British Library, both of which are in London. Sources in the National Archives include Foreign Office (FO) and War Office (WO) records. Those in the India Office Records are designated L/ and are followed by either a Political and Secret (P&S) or a Military (MIL) designation. Also from the India Office are files labeled ORB. Additional sources from the British Library are labelled as such in the bibliography.

## MANUSCRIPTS

Curzon Papers, British Library. Afghan Boundary Commission MSS EU F111/695/ F112/388/1–5.

## PARLIAMENTARY PAPERS

Central Asia No. 1. Correspondence respecting the Affairs of Central Asia. London: 1887.
Correspondence with Russia respecting Central Asia. London: 1873.
East India (Afghanistan). Papers Regarding the Hostilities with Afghanistan, 1919. London: 1919.
East India (North-West Frontier). Papers Regarding British Relations with the Neighboring Tribes of the North-West Frontier of India and Punjab Frontier Administration. London: 1901.
    Mahsud-Waziri Operations. London: 1902.
    Papers Regarding I. Orakzais: Request of certain clans to be taken under British administration; II. Zakka Khel Afridis: Operations; III. Mohmands: Operations. London: 1908.
East India: Waziristan. Tribal Disturbances in Waziristan. London: 1937.
First Report of the Royal Commission appointed to Inquire into the Present State of Military Education and into the Training of Candidates for Commissions in the Army. 1869.
First Report on the Education of Officers by the Director-General of Military Education. 1873.
Second Report on the Education of Officers by the Director-General of Military Education. 1876.

Third Report on the Education of Officers by the Director-General of Military Education. 1883.

Fourth Report on the Education of Officers by the Director-General of Military Education. 1889.

Fifth Report on the Education of Officers by the Director-General of Military Education. 1893.

Military Operations on the North-West Frontier of India. Papers Regarding British Relations with the Neighboring Tribes of the North-West Frontier of India and the Military Operations undertaken against them in 1897–98. 1898.

Minutes of Evidence Taken before the Royal Commission appointed to Inquire into the State of Military Education and into the Training of Candidates for Commissions in the Army; with Appendix. 1870.

Papers Relating to the Occupation of Kandahar. Afghanistan No. 2. 1881.

RCWSA. Report of His Majesty's Commissioners appointed to Inquire into the Military Preparations and Other Matters connected with the War in South Africa. 1903.

Report of the Board of Visitors to Inspect the Royal Military Academy Woolwich. Annually 1872–79.

Report of the Commissioners appointed to consider the Best Mode of Re-organizing the System for Training Officers for the Scientific Corps; together with an Account of Foreign and Other Military Education. 1857. House of Commons Sessional Papers.

ROOSL. Report of the Committee appointed by the Lord Commissioners of His Majesty's Treasury to consider the Organization of Oriental Studies in London. 1909.

RWORC. Report of the War Office (Reconstitution) Committee. Parts 1 and 2. 1904.


## ARCHIVAL DOCUMENTS

Anon., 1905. "Statement of Fanatical Outrages in the North-West Frontier Province and Baluchistan," Simla, 1 December. L/P&S/20/203.

Alison, Maj-Gen. A. 1878. "Memorandum on Major-General Hamley's Lecture." WO32/33

Alison, A. 1879. "Memorandum on the Choice of a Military Frontier for India on the North-West." WO33/32

Brackenbury, Charles B. 1874. "Report on the Departments of Foreign Staffs corresponding to the Intelligence Branch of the Quarter-Master-General's Department." WO33/28.

Brackenbury, Henry. 1887. Secret. "Russian Advances in Asia." L/P&S/18/657

Brackenbury, Henry and O. R. Newmarch. 1889. Secret. "Memorandum by Lieutenant-General Brackenbury, Director of Military Intelligence, War Office, and Major-General Newmarch, Military Secretary, India Office. WO33/49.

Browne, Col. 1900. "Short military report on Shanghai." L/P&S/20/177–2.

Brownlow, C. H. 1889. Secret. "Memorandum on Report of the Indian Mobilization Committee regarding the Strategical Situation in Central Asia." WO33/49.

Cameron, Col A. S. 1885. "The Defence of India. By Major-General Sir C. M. Macgregor. K.C.B., K.C.S.I., &c., Quarter-Master-General in India." WO33/43.

Clarke, George. 1904–7. "Memoranda & Notes by Sir George Clarke while Secretary of the Committee of Imperial Defense." British Library, BS 2001/2.

Director of Military Operations, General Staff, War Office. 1905. "Records of a Strategic War Game." WO33/364.

DuBoulay, Capt. N. W. H. and Lt. M. Ray. 1894. "Report on the Country Round Peking." L/P&S/20/18

East, Maj. C. J. 1878a. "Memorandum on the North-Western Frontier of India." WO33/32.

1878b "Memorandum on Major-General Hemley's Lecture." WO32/33.

General Staff, India. 1925. *Military Report on Afghanistan*. Delhi: Government of India Press.

General Staff, War Office. 1904. "Defence of India. Observations on a War Game played at Simla, 1903." NA CAB 38/5/43.

Grierson, James. 1886. "Analysis of General Kuropatkin's Scheme for the Invasion of India, 1886." WO106/6208.

1904. "Defence of India: Observations on the Records of a War Game played at Simla," 1903. NA CAB 38/5/43.

Grierson, James and Captain. B. T. Bell. 1901. "Miscellaneous reports regarding the China Expeditionary Force (Foreign Contingents)." L/MIL/17/20/14.

House of Parliament. 1887. *Central Asia No. 2.*

1888. *Central Asia No. 1.*

1888. *Central Asia No. 2.*

Isaac, William. 1957. "The History of the Development of the Intelligence Directorate of Military Intelligence, the War Office 1855–1939." WO106/6083.

Lebedeff, Capt. W. 1898. "To India: A Military Statistical and Strategical Sketch." Robert Michell, trans. L/P&S/18/A141.

Lysons, Daniel. 1878 "Memorandum on Major-General Hamley's Lecture." WO32/33.

Memoranda on the Boundaries of Afghanistan in the Upper Oxus: The Pamir Question. *c.* 1891. L/P&S/20/Memo 16.

Memoranda on the Central Asia Question. *c.* 1875. L/P&S/20/Memo 21.

Memoranda related to Central Asia. *c.* 1882. L/P&S/20/Memo 22.

Memoranda related to the Frontiers of Afghanistan. *c.* 1885. L/P&S/20/Memo 12.

Memorandum. Negotiations with the Russian Government for the Demarcation of the Boundary of Afghanistan since the Annexation of Merr, March 27, 1885. FO881/5086.

Michell, Robert. 1884. "Skobelef's Project of an Invasion of India." FO65/1202.

Rawlinson, Henry. 1868. "Memorandum on the Central Asian Question." L/P&S/18/C4.

Wolseley, Garnet. 1889. Secret, untitled memorandum. WO33/49.

Younghusband, F. E. 1887a. "Notes on the Chinese army and the Shanghai arsenal." L/P&S/20/287.

1887b. "Notes on the Coastal Defenses of China." L/P&S/20/269.

Younghusband, F. E. and Mark Bell. 1886. "Observations on N.E. China as a recruiting ground for transport and on the Chinese as foreign levies, transport attendants, hospital bearers and labourers." L/P&S/20/271.

## OFFICIAL PRINTED SOURCES

Army Headquarters, India. 1925. *Manual of Operations on the North-West frontier of India.* Calcutta: Government of India. [L/MIL/17/13/13].

Barrow, Maj. E. G. 1888. *Gazetteer of the Eastern Hindu Kush.* Simla: Printed at the Government Central Press.

1893. *The Military Geography of Afghanistan.* 2 vols. Simla: Government Printing Office. [Curzon Papers, MSS EU F111/690].

Barstow, Maj. A. E. 1928. *Sikhs.* Calcutta: Government of India Central Publications Branch. [L/MIL/17/5/2168].

Bell, Mark S. 1884. *China: Being a Military Report on the North-eastern portions of the Provinces of Chih-li and Shan-tung; Nanking and Its Approaches; Canton and Its Approaches; together with an account of the Chinese Civil, Naval, and Military Administration, etc., etc. and a Narrative of the Wars between Great Britain and China.* Simla: Government Central Branch Press. [L/P&S/20/ D28/1–3].

1888. *China. Reconnaissance Journey through the Central and Western Provinces from Peking through Shansi, Shensi, Kansuh, and Sinkiang to Ladakh and India.* Calcutta: Superintendent of Government Printing.

1889. *Turkey in Asia. Reconnaissance in Mesopotamia, Armenia, Kurdistan, and Azarbaijan in 1885–86.* Routes in Central Asia. Simla: Superintendent of Government Printing.

*Catalogue of Books in the Library of the Intelligence Branch of the Quarter Master General's Department in India. Classified Order.* 1901. Calcutta: Office of the Superintendent of Government Printing, India. [L/ MIL/17/11/49].

Chief of the General Staff, India. 1911. *Report of a Staff Tour, 1910.* Simla: Government Monotype Press. [WO279/526]

1912. *Report on a Staff Tour, 1911.* Simla: Government Monotype Press. [L/ MIL/17/11/46]

Chief of Staff's Division, Army Headquarters, India. 1906a. *List of Raids and Outrages committed on the North-West Frontier and in Baluchistan from July 1899 to July 1906.* Simla: Government Central Printing Office.

1906b *Military Report on Afghanistan.* Simla: Government Monotype Office.

1907 *Routes in Afghanistan, Compiled in the Intelligence Branch.* Calcutta: Superintendent of Government Printing. 16 vols. [L/PS/20/B223/1].

1907–8. *Gazetteer of Afghanistan.* 4th edn. Calcutta: Superintendent of Government Printing. 6 vols. [WO287/31–34].

1909a. *Eastern Bokhara – A Military and Geographic Description by Lt.-Col. Snyesaref, Russian General Staff.* Intelligence Branch, trans. Simla: Government Monotype Office. [L/P&S/20/A100].

1909b. *A Study of the Existing Strategical Conditions on the North-West Frontier of India.* Simla: Central Government Branch Press. [L/MIL/17/13/8].

Cole, Capt. E. H. 1905. *Military Report on the province of Fu-kien.* Simla: Government Monotype Office. [L/P&S/20/216].

Collen, E. H. H. 1878. *Report on the Intelligence Branch, Quarter-Master-General's Department, Horse Guards.* London: Harrison and Sons. [WO33/32].

Cunningham, Lt. Col. W. B. 1932. *Dogras.* Calcutta: Government of India Central Publication Branch. [L/MIL/17/5/2155].

D.A.O. 1907. *The Central Asia Railways in Russian Turkestan.* Simla: Government Nonotype Press. [L/P&S/20/A96].

Douglas, Capt. J. A. 1899. *Memorandum on the Power of Russia to Operate against Northern Afghanistan.* Simla: Government Central Printing Office. [Curzon Papers, MSS EU F111/695].

Evatt, Capt. J. 1924. *Garwalis.* Revised Lt-Col. K. Henderson. Calcutta: Superintendent Government Printing. [L/MIL/17/5/2157].

Fenton, A. B. 1894. *Routes in Upper Burma including the Chin Hills and Shan States, to which are added a number of routes leading from lower Burma and Siam into these districts.* Compiled for the QMG of the Madras Army. Madras: Printed by the Superintendent, Government Press.

*Frontier Warfare – India.* 1939. Delhi: Government of India Press.

General Staff, India. 1910. *A Dictionary of the Pathan Tribes of the North-West Frontier of India.* Calcutta: Superintendent Government Printing, India. 2nd edn. [L/MIL/17/13/6].

1912. *Strategical Epitome of Routes on and beyond the North-West Frontier of India.* Simla: Government Monotype Press. [L/P&S/20/B252].

1913. *Hyder Ali's Invasion of the Carnatic, 1780–1784.* Simla: Government Monotype Press. [L/MIL/17/11/47].

1914a. *Military Report on the Country between the Kaibar and the Kurram.* Simla: Government Monotype Press.

1914b. *Military Report on Russian Turkestan.* Simla: Government Monotype Press. [L/P&S/A117/1].

1914c. *Who's Who in Afghanistan.* Simla: Government Monotype Press. 4th ed. [L/P&S/20/B220/1].

1919. Strategical considerations affecting the Alignment of the North-West Frontier of India. Simla: Government Central Printing Office. [L/P&S/20/B298].

1920. *Notes on Mountain Warfare.* Calcutta: Superintendent Government Printing. [L/MIL/17/5/2205].

1935. *Military Report on Afghanistan.* Delhi: Government of India Press. [L/MIL/17/13/102].

1936. *Military Report on Wazirisation 1935.* 5th edn. Calcutta: Government of India Press.

General Staff, War Office. 1906. *The Russo-Japanese War.* London: Harrison and Sons. 5 vols.

1908. *Handbook of the Military Forces of China*. London: Harrison and Sons.

1909. *Field Service Regulations*. 2 vols. London: Harrison and Sons.

1910. "Strategic and tactical notes on the province of Chiang-Su (Northern and Southern)." [L/MIL/17/20/2].

1912. *Staff Manual, War, Provisional*. London: Harrison and Sons.

Gerard, Maj-Gen. M. G. 1897. *Report of the Pamir Boundary Commission*. Calcutta: Office of the Superintendent of Government Printing.

Government of India, Defence Department. 1941. "Instructions governing the employment of Armed Forces in the maintenance of Tribal Control on the North West of India and Baluchistan." Simla: Government of India Press. [IOR L/P&S/20/B308].

Grierson, James. 1888. *The Armed Strength of the German Empire*. London: Harrison and Sons.

Grierson, James. 1894. *Handbook of the Military Forces of Russia*. London: Harrison and Sons.

Harris, Maj. A. P. D. 1901. *Report on the Muhammadans in the Cis-Sutlej Punjab, Northwestern Provinces, Oudh, North-Western Bengal, Central India and Rajputana*. Calcutta: Superintendent of Government Printing. [L/P&S/20/225].

Intelligence Branch [NCC]. 1904. *Military report on the manufacture and importation of arms and munitions of war in the Chinese Empire*. Tientsin: Field Printing Section, 1st Sappers and Miners. [L/P&S/20/185].

Intelligence Branch [Simla]. 1877–78. *Routes in Asia*. Calcutta: Office of the Superintendent of Government Printing. 6 vols.

1893–94. *Russia. Routes from Russian Central Asia towards Afghanistan and India, 1893 and 1894*. Simla: Quartermaster General's Department, Intelligence Branch. 3 vols. [L/P&S/20/145].

1894. *Routes from Russian Central Asia towards Afghanistan and India, 1893 and 1894*. Simla: Quartermaster General's Department-Intelligence Branch.

1895a. *Military Report on Western Yün-nan*. Compiled by Capt. H. R. Davies. Rangoon: Superintendent of Government Printing, Burma.

1895b. *Hand-book of Yunnan*. Compiled by Capt. H. Bower and Capt. F. C. Colomb. Calcutta: Office of the Superintendent of Government Printing. [L/P&S/20/96].

1899a. *Catalogue of Secret and Confidential Works*. Simla: Government Central Printing Office. [L/MIL/17/11/48].

1899b. *A Dictionary of the Pathan Tribes of the North-West Frontier of India*. Calcutta: Office of the Superintendent, Government Printing, India.

1900a. *Short military report on the province of Chih-li*. Simla: Government Central Printing Office. [L/P&S/20/196].

1900b. *Short Military Report on the defences of Canton River and city*. Simla: Government Central Printing Office [L/P&S/20/111].

1900c. *Short military report on the Yang-tze, its defences, treaty ports, and adjacent provinces*. Simla: Government Central Printing Office. [L/P&S/20/177–1].

1900d. *Note on a British Advance into Yunnan*. Simla: Government Central Printing Office. [WO106/71].

1901. Catalogue of Books in the Library of the Intelligence Branch of Quarter Master General's Department in India. Classified Order. Calcutta Office of the Superintendent of Government Printing, India. [L/ML/17/11/49]

c. 1901. "Extracts from Reports of the Working of the Intelligence Branch in Recent Campaigns (1895 to 1901)." [WO 106/290].

1906. Routes in Waziristan. Calcutta: Department of Government Printing.

1907–10. *Frontier and Overseas Expeditions from India.* Compiled in the Intelligence Branch, Division of the Chief of Staff, Army Headquarters, India. Simla: Government Monotype Press. 6 vols.

Intelligence Branch [War Office]. 1882a. *Russian Advances in Asia. No. III. 1876, 1877, 1878.* London: Harrison and Sons. [WO33/38].

1882b. *Russian Advances in Asia. No. IV. 1879, 1880, 1881.* London: Harrison and Sons. [WO33/38].

Intelligence Division [War Office]. 1890. *Russian Advances in Asia. No. VI.* London: Harrison and Sons. [WO33/55].

MacGregor, Charles M. 1871a. *Central Asia. Part II. A Contribution towards the better Understanding of the Topography, Ethnology, Resources and History of Afghanistan.* Calcutta: Superintendent of Government Printing.

1871b. *Central Asia. Part IV. A Contribution towards the better Understanding of the Topography, Ethnology, Resources and History of Persia.* Calcutta: Superintendent of Government Printing.

1871c. "Notes on a Staff College." *Proceedings of the United Services Institute of India* 1. 2. 64–65

1873. *Central Asia. Part I. A Contribution towards the better Understanding of the Topography, Ethnology, Statistics and History of the North-West Frontier of British India.* 3 vols. Calcutta: Superintendent of Government Printing.

1875. *Central Asia. Part III. A Contribution towards the better Understanding of the Topography, Ethnology, Resources and History of Belochistan.* Calcutta: Superintendent of Government Printing.

1879. *Narrative of a journey through the province of Khorassan and on the n. w. frontier of Afghanistan in 1875.* London: W. H. Allen & Co. 2 vols.

1884. [Confidential] *The Defence of India: A Strategical Study.* Simla: Government of India Central Branch Press.

Maitland, Pelham. 1888. *Records of the Intelligence Party, Afghan Boundary Commission of 1885–86. Maitland Diary,* vol.2. Simla: Central Government Printing Office. [MSS EU 112/388/1].

1891. *Records of the Intelligence Party, Afghan Boundary Commission of 1885–86. Reports on Tribes, namely, Sirik Turkomans, Chahar Aimak Tribes, and Hazras,* vol. 4. Simla: Central Government Printing Office. [MSS EU 112/388/2].

Mason, Capt. A. H. 1893. *Report on the Waziri Tribe.* Simla: Government Central Printing Office. [L/P&S/20/B104]

*Mountain Warfare Notes.* 1921. Poona: Scottish Mission Press. [L/MIL/17/5/2206].

Norie, Maj. E. E. M. 1995 [1903]. *Official Account of the Military Operations in China 1900–1901.* Reprint edition. Nashville, Tenn.: The Battery Press.

*Quarterly Indian Army List.* 1880–1910. Calcutta: Office of the Superintendent of Government Printing, India.

Rawlinson, Henry Seymour. 1921. *Waziristan and the Lessons of the Last 60 Years.* Simla: Government of India Press.

Rennick, Maj. F. 1903. *Military report on the province of Che-jiang.* Simla: Government Central Printing Office. [L/P&S/20/180].

—— 1905. *Military Report on the province of Kiang-si.* Simla: Government Central Printing Office. [L/P&S/20/151].

Ridgeway, Maj. R. T. I. 1910. *Pathans.* Calcutta: Superintendent Government Printing India.

Robertson, William R. 1895. *Gazetteer of Afghanistan.* 3rd edn. Simla: Intelligence Branch, Quartermaster General's Department. 5 vols.

St. John, O. B. C. 1885. *Note on Afghanistan as a Theatre of War.* Simla: Government Central Branch Press. [ORB.30/5523].

Tod, J. K. 1899. *Report of the Intelligence Officer with the Southern Party, Burma-China Boundary Commission, 1898–1899.* Simla: Government Central Printing Office.

Topographical and Statistical Department. 1873. *Russian Advances in Central Asia, 1873.* London: Printed at the War Office. [WO106/174].

Turner, Maj. F. C. 1904. *Military report and general information concerning the dependency of Wei-Hai-Wei.* London: Eyre and Spottiswoode. [L/P&S/20/177–4].

Tweddell, Capt. F. 1902. *Military report on Kiang-su.* Calcutta: Superintendent of Government Printing. [L/P&S/20/158].

US War Department, Adjutant General's Office. 1900. *Notes on China.* Washington, DC: US Government Printing Office.

Wingate, A. W. S. 1900. *Short account of a journey in Yün-nan.* Simla: Government Central Printing Office. [L/P&S/20/65].

—— 1906. *Military Report on the Defenses of the Yang-tzu Region.* London: Eyre and Spottiswoode. [WO106/25–3].


## BOOKS AND ARTICLES

Agamben, Giorgio. 2009. *What is an Apparatus?* Stanford University Press.

Alder, G. J. 1963. *British India's Northern Frontier, 1865–95.* London: Longmans.

Ambrose, Stephen. 1991. *Rise to Globalism: American Foreign Policy since 1938.* New York: Penguin, 6th edn.

Andrew, Christopher. 1985. *Secret Service: The Making of the British Intelligence Community.* London: Heinemann.

—— 1987. "Secret Intelligence and British Foreign Policy 1900–1939," 9–28. In C. Andrew and J. Noakes, eds. *Intelligence and International Relations.* University of Exeter Press.

—— 1992. "The Nature of Military Intelligence," 1–16. In Keith Nelson and B. J. C. McKercher, eds. *Go Spy the Land.* Westport, Conn. and London: Praeger.

Andrew, Christopher and David Dilks, eds. 1984. *The Missing Dimension: Governments and Intelligence Communities in the Twentieth Century.* Urbana and Chicago: University of Illinois Press.

Arden-Close, Charles F. 1926 [1969]. *The Early Years of the Ordnance Survey.* Reprinted from the *Royal Engineers Journal.* New York: Kelly.

Arnold, Matthew. 2010. "Improving the Coalition's Understanding of 'The People' in Afghanistan: Human Terrain mapping in Kapisa Province," Small Wars Journal, April 12, 2010. http:/smallwarsjournal./com/blog/2010/04/human-terrain-mapping-in-kapis. Accessed January 24, 2011.

*Asia Times.* February 3, 2003: www.atimes.com/atimes/Middle_East/EB28AK02.html; accessed January 27, 2011.

Barlow, Tani. 1993. "Colonialism's Career in Postwar China Studies." *Positions* 1.1: 224–67.

Barnes, Arthur. 1902. *On Active Service with the Chinese Regiment.* 2nd edn. London: Grant Richards.

Bayly, Christopher. 1996. *Empire and Information.* Cambridge University Press.

Beckett, Ian. 2002. "'Selection by Disparagement': Lord Esher, the General Staff and the Politics of Command, 1904–1914," 41–56. In David French and B. H. Reid, eds. *The British General Staff: Reform and Innovation c. 1890–1939.* London and Portland. Ore, Frank Cass.

Bell, Duncan. 2007. *The Idea of Greater Britain: Empire and the Future of World Order, 1860–1900.* Princeton and Oxford: Princeton University Press.

Bell, Mark S. 1890. "The Defence of India and Its Imperial Aspects. *Journal of the Royal United Services Institution* 34.154: 939–68.

    1890. "China in Central Asia." *Asiatic Quarterly Review* 9 (January–April): 327–47.

    1895. "China's Future." *The Imperial and Asiatic Quarterly Review,* new series 9, 17: 326–348.

    1897. "The Fourth Arm." *Journal of the Royal United Services Institution* 41.2: 1511–25.

    1899. "General Reconnaissances: Their Objects and Value, *Etc.*: Together with Personal Experiences Put Forward to Guide Those about to Start on Them." *Journal of the Royal United Services Institution* 43.1: 603–31.

Bellew, Henry. 1862. *Journal of a political mission to Afghanistan, in 1857, under Major (now Colonel) Lumsden: with an account of the country and people.* London: Smith, Elder and Co.

Best, Anthony. 2002. *British Intelligence and the Japanese Challenge in Asia, 1914–1941.* New York: Palgrave McMillan.

Best, Geoffrey. 1989. "The Militarization of European Society," 13–29. In John R. Gillis, ed. *The Militarization of the Western World.* New Brunswick and London: Rutgers University Press.

Bethell, L. A., ed. 1936. *"Blackwood" Tales From the Outposts: Tales of the Border, III.* Edinburgh and London: William Blackwood and Sons Ltd.

Black, C. E. D. 1898. "The Indian Survey report for 1895–96." *Geographical Journal* (January): 58–61.

Blanchard, Pascal *et al.*, eds. 2008. *Human Zoos: Science and Spectacle in the Age of Colonial Empires*. Liverpool University Press.

Bond, Brian. 1960. "The Effects of the Cardwell reforms in Army Organization, 1874–1904," *Journal of the Royal United Services Institute* 105: 515–24.

——— 1972. *The Victorian Army and the Staff College, 1854–1914*. London: Eyre Methuen.

Boulger, D. C. 1900. *China*. New York: P. F. Collier.

Bowker, Geoffrey C. 2005. *Memory Practices in the Sciences*. Cambridge, Mass. and London: MIT Press.

Brackenbury, Charles B. 1876. "Intelligence Duties of the Staff Abroad and at Home." *Journal of the Royal United Services Institution* 19: 242–67.

Bradley, Mark. 2009. *Vietnam at War*. Oxford University Press.

Bratton, J. S. 1986. "Of England, Home, and duty: the image of England in Victorian and Edwardian juvenile fiction," 73–93. In John MacKenzie, ed. *Imperialism and Popular Culture*. Manchester University Press.

Brewer, John. 1988. *The Sinews of Power: War, Money and the English State, 1688–1783*. Cambridge, Mass.: Harvard University Press.

Brice, Christopher M. 2009. "The Military Career of General Sir Henry Brackenbury 1856–1904: The Thinking Man's Soldier." Unpublished PhD Thesis. De Montfort University, Leicester, UK.

Bronsart von Schellendorff, Paul. 1893. *The Duties of the General Staff*. 3rd edn. Corrected and Revised by Col. Meckel. Trans. W. A. Hare. London: Her Majesty's Stationery Office.

Brooke-Hunt, Violet. 1914. *Lord Roberts*. London: James Nisbet and Co.

Brower, Daniel. 1994. "Imperial Russia and Its Orient: The Renown of Nikolai Przhevalsky." *Russian Review* 53: 367–81.

Bruce, C. E. 1938. *Waziristan, 1936–1937*. Aldershot: Gale and Polden.

Bruce, Richard I. [1900] 1977. *The Forward Policy and Its Results*. Reprint ed. Quetta: Gosha-e-Adab.

Brzezinski, Zbigniew. 1997. *The Grand Chessboard: American Primacy an Its Geostrategic Imperative*. New York: Basic Books.

Buchanan, R. A. 1986. "The Diaspora of British Engineering." *Technology and Culture*. 27.3: 501–24.

Bucholz, Arden. 1991. *Moltke, Schlieffen, and Prussian War Planning*. New York and Oxford: Berg.

——— 2001. *Moltke and the German Wars, 1864–1871*. Houndmills, Basingstoke: Palgrave.

Bullard, F. Lauriston. 1914. *Famous War Correspondents*. Boston: Little, Brown and Co.

Burn, W. L. 1964. *The Age of Equipoise: A Study of the Mid-Victorian Generation*. New York: W. W. Norton & Co.

Burton, Antoinette, ed. 2005. *Archive Stories*. Durham, NC, and London: Duke University Press.

Callwell, Charles. 1892. *Military Report on North-Eastern Turkey in Asia*. London: Harrison and Sons.

——— [1906] 1996. *Small Wars: their principles and practices*. Reprint, 3rd edn. Lincoln: University of Nebraska Press.

1911. *Tirah*. London: Constable and Co.

Chien, Helen Hsieh, trans. 1993. *The European Diaries of Hsieh Fucheng*. New York: St. Martin's Press.

Churchill, Winston. 1990 [1898]. *The Story of the Malakand Field Force*. New York and London: W. W. Norton and Co.

Cohen, Eliot, Conrad Crane, Jan Horvath and John Nagl. 2006. "Principles, Imperatives, and Paradoxes of Counterinsurgency." *Military Review* (March–April): 49–53.

Cohen, Emmeline. 1965 [1941]. *The Growth of the British Civil Service, 1780–1939*. London: Frank Cass & Co.

Cohen, Paul. 1978. "Christian Missions and Their Impact to 1900," 543–90. In J. K. Fairbank, ed. *The Cambridge History of China*, 10.1. London and New York: Cambridge University Press.

　1984. *Discovering History in China: American Historical Writing on the Recent Chinese Past*. New York: Columbia University Press.

Cohn, Bernard. 1996. *Colonialism and Its Forms of Knowledge*. Princeton University Press.

Colquhoun, Archibald. 1901. *Russia Against India*. London and New York: Harper.

Colquhoun, J. A. S. 1874. "Essay on the formation of an Intelligence Department for India." *Proceedings of the United Services Institute in India* 4.18: 1–73.

Conolly, Arthur. 1838. *Journey to the North of India*. London: Richard Bentley. 2 vols.

Cooper, Frederick and Ann Stoler, eds. 1997. *Tensions of Empire*. Berkeley: University of California Press.

Corrigan, Philip and Derek Sayer. 1985. *The Great Arch*. Oxford: Basil Blackwell.

Cumings, Bruce. 1998. "Boundary Displacement: Area Studies and International Studies During and After the Cold War," 159–88. In Simpson, Christopher, ed. *Universities and Empire*. New York: The New Press.

　2009. *Dominion from Sea to Sea: Pacific Ascendancy and American Power*. New Haven and London: Yale University Press.

Curzon, George N. 1888. "The 'Scientific Frontier' an Accomplished Fact." *Nineteenth Century* 23.136: 900–917.

　1889a. *Russia in Central Asia in 1889 and the Anglo-Russian Question*. Reprint edn. Boston: Elbiron Classics, 2006.

　1889b. "The Fluctuating Frontiers of Russia in Asia." *Nineteenth Century*. 25.144: 267–83.

　1892. *Persia and the Persian Question*. London: Longman, Green, and Co.

　1896. *Problems of the Far East, Japan, Korea, China*. Westminster: A. Constable and Co.

Davies, C. Collin. 1932. *The Problem of the North-West Frontier, 1890–1908*. Cambridge University Press.

Dawson, Graham. 1994. *Soldier Heroes: British Adventure, Empire and the Imagining of Masculinities*. London and New York: Routledge.

Deffeyes, Kenneth. 2001. *Hubbert's Peak: The Impending World Oil Shortage*. Princeton University Press.

Deng, Peng. 1997. *Private Education in Modern China*. Westport, Conn.: Praeger.

Dilke, Charles. 1890. *Problems of Greater Britain*. 2 vols. London: Macmillan.

1899. *The British Empire*. London: Chatto and Windus.

Dillon, Edward. 1901. "The Chinese Wolf and the European Lamb." *Contemporary Review* 79: 1–31.

Dobson, Sebastian, intro. 2000. *Russo-Japanese War: Reports from Officers Attached to the Japanese Forces in the Field*. 5 vols. London and Tokyo: Ganesha Publishing and Edition Synapse.

Drea, Edward. 2009. *Japan's Imperial Army*. Lawrence: University of Kansas Press.

Drew, Christopher. 2010. "Drones are Playing a Growing Role in Afghanistan." www.nytimes.com/2010/02/20/world/asia/20drones.html. Accessed January 23, 2010.

Dreyer, Edward. 1995. *China at War, 1901–1949*. London and New York: Longman.

Dupree, Louis. 1973. *Afghanistan*. Princeton University Press.

1976. "Saints and Cults in Afghanistan." *South Asia Series* 20.1. Hanover, N.H.: American Universities Field Staff.

Dupuy, T. N. 1984. *A Genius for War: The German Army and the General Staff, 1807–1945*. Fairfax, Va.: Hero Books.

Durbach, Ndja. 2008. "London, Capital of the Exotic Exhibitions from 1830 to 1860," 81–88. In Pascal Blanchard *et al.*, eds., *Human Zoos: Science and Spectacle in the Age of Colonial Empires*. Liverpool University Press.

Edney, Matthew. 1997. *Mapping an Empire: The Geographical Construction of British India, 1765–1843*. University of Chicago Press.

Edwards, David. 1989. "Mad Mullahs and Englishmen: Discourse in the Colonial Encounter." *Comparative Studies in Society and History* 31.4: 649–70.

Elman, Benjamin. 2006. *A Cultural History of Modern Science in China*. Cambridge, Mass.: Harvard University Press.

*Encyclopaedia Britannica*. 1910–1911. New York: The Encyclopaedia Britannica Company. 11 edn.

Emmett, Robert C. 1976. "Gazetteers of India: Their Origins and Development during the Nineteenth Century." Unpublished MA Thesis, University of Chicago.

Farquhar, Judith and James Hevia. 1993. "Culture and Post-war American Historiography of China." *Positions* 1.2: 486–525.

Farwell, Brian. 1989. *Armies of the Raj*. New York: W.W. Norton & Co.

Fenton, William. 1947. *Area Studies in American Universities*. Washington, DC: American Council on Education

Fergusson, Thomas. 1984. *British Military Intelligence, 1870–1914*. London: Arms and Armour Press.

Finney, Capt. Nathan. 2008. *Terrain Team Handbook*. Fort Leavenworth, Kans.: US Army.

Foucault, Michel. 1979. *Discipline and Punish*. New York: Pantheon.

2007. *Security, Territory, Population*. New York: Palgrave Macmillan.

2008. *The Birth of Biopolitics*. New York: Palgrave Macmillan.

French, David and B. H. Reid, eds. 2002. *The British General Staff: Reform and Innovation c. 1890–1939*. London and Portland, Ore.: Frank Cass.

Froude, James. 1886. *Oceana, or England and Her Colonies*. London: Longmans, Green and Co.

Geertz, Clifford. 1973. *The Interpretation of Cultures*. New York: Basic Books.

*Geographical Journal*. 1899. "The Proceedings of the Pamir Boundary Commission." *Geographical Journal* 13.1 (January): 50–56.

Geyer, Michael. 1989. "The Militarization of Europe, 1914–1945," 65–102. In John R. Gillis, ed. *The Militarization of the Western World*. New Brunswick and London: Rutgers University Press.

Gibson, James. 1986. *The Perfect War: Technowar in Vietnam*. New York: Atlantic Monthly Press.

Gillis, John R., ed. 1989. *The Militarization of the Western World*. New Brunswick and London: Rutgers University Press.

Gilmartin, David. 1994. "Scientific Empire and Imperial Science: Colonialism and Irrigation Technology in the Indus Basin." *Journal of Asian Studies* 53.4: 1127–49.

Gilmour, David. 1994. *Curzon, Imperial Statesman*. New York: Farrar, Straus and Giroux.

Gleichen, Edward. 1932. *A Guardsman's Memories*. Edinburgh and London: William Blackwood & Sons Ltd.

Goldman, Lawrence. 1983. "The Origins of British 'Social Science': Political Economy, Natural Science and Statistics, 1830–1835." *Historical Journal* 26.3 (September): 587–616.

González, Roberto. 2009. *American Counterinsurgency: Human Science and Human Terrain*. Chicago: Prickly Pear Press.

2010. "Indirect Rule and Embedded Anthropology: Practical, Theoretical and Ethical Concerns". In John D. Kelly, Beatrice Jauregui, Sean Mitchell and Jeremy Walton, eds. *Anthropology and Global Counterinsurgency*. University of Chicago Press.

Gooch, John. 1974. *The Plans of War: The General Staff and British Military Strategy c. 1900–1916*. London: Routledge & Kegan Paul.

Gordon, Colin, ed. 1980. *Power Knowledge*. New York: Pantheon Books.

Gordon, Stewart N. 1969. "Scarf and Sword: Thugs, Marauders, and State Formation in Eighteenth Century Malwa." *Indian Economic and Social History Review*. 6: 403–29.

Grau, Lester, trans. and ed. 1996. *The Bear Went over the Mountain: Soviet Combat Tactics in Afghanistan*. Washington, DC: National Defense University Press.

Greenhalgh, Paul. 1988. *Ephemeral Vistas*. Manchester University Press.

Griffen, Marcus. 2010. "An Anthropologist among the Soldiers," 215–30. In John D. Kelly, Beatrice Jauregui, Sean Mitchell and Jeremy Walton, eds. *Anthropology and Global Counterinsurgency*. University of Chicago Press.

Gudgin, Peter. 1999. *Military Intelligence: A History*. Stroud: Sutton Publishing.

Haas, Kristin Ann. 1998. *Carried to the Wall*. Berkeley: University of California Press.

Hakala, Walter. 2005. *From Sepoy to Film Istar: Texting and Re-Texting an Afghan Mythic Space*. www.freewebs.com/sluggishslug/afghanistan/sipahi. pdf. Accessed August 13, 2011.

Halsey, Stephan. 2007. "European Imperialism and the Evolution of Chinese Statecraft, 1850–1927." Unpublished Dissertation, University of Chicago.

Hanna, Henry B. 1895a. *Can Russia Invade India?* Indian Problems No. 1. Westminster: A. Constable.

1895b. *India's Scientific Frontier. Where is it? What is it?* Indian Problems No. 2. Westminster: A. Constable.

1896. *Backwards or Forwards?* Indian Problems No. 3. Westminster: A. Constable.

Hao, Yen-ping and Erh-Min Wang. 1980. "Changing Views of Western Relations, 1840–95," 142–201. In J. K. Fairbank and K. C. Liu, eds. *The Cambridge History of China*, vol II, Part 2. Cambridge University Press.

Headrick, Daniel. 1981. *Tools of Empire*. Oxford and New York: Oxford University Press.

2000. *When Information Came of Age: Technologies of Knowledge in the Age of Reason and Revolution, 1700–1850*. Oxford and New York: Oxford University Press.

Henderson, David. 1916. *The Art of Reconnaissance*. 3rd edn. London: John Murray.

Hevia, James. 1995. *Cherishing Men from Afar: Qing Guest Ritual and the Macartney Embassy of 1793*. Durham, NC: Duke University Press.

Hevia, James L. 1998. "The Archive State and the Fear of Pollution: From the Opium Wars to Fu-Manchu." *Cultural Studies* 12.2: 234–64.

2003. *English Lessons: The Pedagogy of Imperialism in Nineteenth Century China*. Durham, NC: Duke University Press.

Hittle, J. D. 1961. *The Military Staff: Its History and Development*. Harrisburg, Pa.: Stackpole Co.

Hoffenberg, Peter. 2001. *An Empire on Display*. Berkeley: University of California Press.

Holdich, Thomas H. 1885a. "Afghan Boundary Commission; Geographical Notes." *Proceedings of the Royal Geographical Society* 7.1 (January): 39–44.

1885b. "Afghan Boundary Commission; Geographical Notes, II." *Proceedings of the Royal Geographical Society* 7.3 (March): 160–66.

1885c. "Afghan Boundary Commission; Geographical Notes, III." *Proceedings of the Royal Geographical Society* 7.5 (May): 39–44.

1885d. "The Geographical Position of Mashhad (Meshad)." *Proceedings of the Royal Geographical Society* 7.11 (November): 735–37.

1899. "The Use of Practical Geography Illustrated by Recent Frontier Operations." *Geographical Journal* 13.5: 465–77.

[1901a] 2001. *The Indian Borderland, 1880–1900*. Reprint ed. Chestnut Hill, Md.; Adamant Media Corporation.

1901b. "The Geography of the North-West Frontier of India." *Geography Journal* 18.5: 461–75.

Hopkirk, Peter. 1994. *The Great Game*. New York: Kodansha.

Howe, Irving, ed. 1982. *The Portable Kipling*. New York: Penguin.

Hutchinson, H. D. 1898. *The Campaign in Tirah, 1897–1898*. London: Macmillan.

1899. *Military Sketching made easy, Military Maps explained*. London: Gale & Polden. 5th edn.

Hutchinson, H. D. and H. A. Sawyer. 1886. *Military Sketching Made Easy and Military Maps Explained*. Chatham: Gale & Polden.

Hutchinson, H. D. and R. F. Pearson. 1916. *Military Sketching made easy and Military Maps explained*, 7th edn. Aldershot: Gale and Poldon.

Intelligence Department [Simla]. 1907. *The Second Afghan War. Abridged Official Account*. London: John Murray.

Irvine, Dallas. 1938a. "The French and Prussian Staff System before 1870." *Journal of the American Military History Foundation* 2.4: 192–203.

1938b. "The Origin of Capital Staffs." *Journal of Modern History* 10.2: 161–79.

Jablonsky, David. 2000. "Churchill's Initial Experience with the British Conduct of Small Wars: India and the Sudan, 1897–98." *Small Wars and Insurgencies* 11.1: 1–25.

Jackson, Mason. 1968 [1885]. *The Pictorial Press*. Detroit: Gale Research Co.

Jalali, Ali Ahmad and Lester Grau. 1995. *The Other Side of the Mountain: Mujahideen Tactics in the Soviet-Afghan War*. Quantico, Va.: United States Marine Corps Study and Analysis Division.

Jansen, Marius. 2000. *The Making of Modern Japan*. Cambridge, Mass.: Belknap Press.

James, Lionel. 1898. *The Indian Frontier War*. New York: Chalres Scribner's Sons.

Johnson, Chalmers. 2004. *The Sorrows of Empire*. New York: Metropolitan Books.

Johnson, Robert A. 2003. "'Russians at the Gates of India'? Planning the Defence of India, 1885–1900." *Journal of Military History* 67: 697–744.

2006. *Spying for Empire*. London: Greenhill Books.

2009. *The 1897 Revolt and Tirah Valley Operations from the Pashtun Perspective*. Williamsburg, Va.: Tribal Analysis Center.

Kaye, John. 1867. *Lives of Indian Officers*. London: Strahan. 2 vols.

Kelly, John D., Beatrice Jauregui, Sean T. Mitchell, and Jeremy Walton, eds. 2010. *Anthropology and Global Counterinsurgency*. University of Chicago Press.

Kennedy, Thomas. 1978. *The Arms of Jiangnan*. Boulder, Co.: Westview Press.

Keppel, Arnold. 1911 [1987]. *Gun Running and the Indian North-west Frontier*. Delhi: Gian Publishing House.

Kilcullen, David. 2010. *Counterinsurgency*. Oxford University Press.

Kipling, Rudyard. 1901. *Kim*. New York: Doubleday and Co.

Klare, Michael. 2001. *Resource Wars: The New Landscape of Global Conflict*. New York: Owl Books.

Knight, L. A. 1968. "The Royal Titles Act and India." *Historical Journal* 11.3, 488–507.

Kocha, Jürgen. 1980. "The Rise of Modern Industrial Enterprise in Germany," 77–116. In Alfred Chandler and Herman Daems, eds. *Managerial Hierarchies: Comparative Perspectives on the Rise of the Modern Industrial Enterprise*. Cambridge, Mass., and London: Harvard University Press.

Kochanski, Halik. 2002. "Planning for War in the Final Years of *Pax Britannica*," 9–25. In David French and B. H. Reid, eds. *The British General Staff: Reform and Innovation c. 1890–1939*. London and Portland. Ore.: Frank Cass.

Komer, Robert. 1970. "Clear, Hold and Rebuild." *Army*, May: 16–22.

Kovacs, Arpad. 1946. "French Military Institutions before the Franco-Prussian War." *American Historical Review* 51.2: 217–35.

1949. "French Military Legislation in the Third Republic, 1871–1940." *Military Affairs* 13.1: 1–13.

Kuo, Ting-yee. 1978. "Self-strengthening: the Pursuit of Western Technology," 491–542. In J. K. Fairbank, ed. *The Cambridge History of China*, 10.1. London and New York: Cambridge University Press.

Lackey, Scott. 1995. *The Rebirth of the Hapsburg Army: Frederick Beck and the Rise of the General Staff*. Wesport, Conn.: Greenwood Press.

Lamarre, Thomas. 1998. "Bacterial Cultures and Linguistic Colonies." *Positions* 6.3: 597–635.

Latham, Michael. 2000. *Modernization as Ideology: American Social Science and "Nation Building" in the Kennedy Era*. Chapel Hill and London: University of North Carolina Press.

Latour, Bruno. 1990. "Drawing Things Together," 19–68. In Michael Lynch and Steve Woolgar, eds., *Representations in Scientific Practice*. Cambridge, Mass.: MIT Press.

Lee, Jonathan. 1996. *The "ancient supremacy": Bukhara, Afghanistan, and the battle for Balkh, 1731–1901*. New York: E. J. Brill.

Lilienfeld, Robert. 1978. *The Rise of Systems Theory: An Ideological Analysis*. New York: John Wiley & Sons.

Liu, Kwang-Ching and Richard J. Smith. 1980. "The Military Challenge: the northwest and the coast," 202–73. In J. K. Fairbank and K. C. Liu, eds. *The Cambridge History of China*, 11. 2. Cambridge University Press.

Liu, Lydia. 2004. *The Clash of Empires*. Cambridge, Mass.: Harvard University Press.

"Lost voices of Afghanistan." 2011. www.bbc.co.uk/worldservice/documentaries/2011/01/110120_afghansitan_lost_voices_tx.shtml. Accessed January 27, 2011.

Luvaas, Jay. 1959. *The Military Legacy of the Civil War*. University of Chicago Press.

Lyall, Alfred. [1882] 1976. *Asiatic Studies, Religious and Social*. 2 vols. New Delhi: Cosmo Publications.

1891a. "Frontiers and Protectorates." *Nineteenth Century* 30: 312–28.

1891b. "The Rise of British Dominion in India." *Macmillan's Magazine*. 64.380: 81–94.

Lynch, George. 1901. *The War of Civilizations*. London: Longman, Green.

McCord, Edward. 1993. *The Power of the Gun: The Emergence of Modern Chinese Warlordism*. Berkeley: University of California Press.

McCoy, Alfred. 2007. "Torture in the Crucible of Counterinsurgency," 230–22. In Lloyd Gardner and Marilyn Young, eds. *Iraq and the Lessons of Vietnam*. New York and London: The New Press.

McDermott, J. 1979. "The Revolution in British Military Thinking from the Boer War to the Moroccan Crisis," 99–117. In Paul Kennedy, ed. *The War Plans of the Great Powers*. London: George Allen & Unwin.

MacKenzie, John. 1984. *Propaganda and Empire*. Manchester University Press.

1992. "Heroic Myths of Empire," 109–38. In John MacKenzie, ed. *Popular Imperialism and the Military*. Manchester University Press.

MacKinnon, Stephen. 1973. "The Peiyang Army, Yüan Shih-k'ai, and the Origins of Modern Chinese Warlordism." *Journal of Asian Studies* 33.3: 405–23.

1980. *Power and Politics in Late Imperial China*. Berkeley: University of California Press.

MacMunn, George. [1911] 1980. *The Armies of India*. Reprint edn. Delhi: Gian Publications.

1924. "The Quartermaster General's Department and the Administrative Service in India from the Mutiny to the Present Time." *Journal of the United Service Institution* 70: 101–26.

1930. *Behind the Scenes in Many Wars*. London: John Murray.

1933. *The Martial Races of India*. London: Sampson Low, Marston & Co.

1936 [1931]. *The Romance of the Frontier*. London: Jonathan Cape.

McNeill, William. 1982. *The Pursuit of Power*. Chicago: University of Chicago Press.

Mahan, Alfred T. [1900] 2005. *The Problem of Asia and its effect upon International Policies*. Reprint edn. Boston: Elibron Classics.

Malleson, G. B. 1885. *The Russo-Afghan Question and the Invasion of India*. London: George Routledge and Sons.

Mangan, J. A. 1986. *The Games Ethic and Imperialism*. New York: Viking.

Marks, Robert. 1985. "The State of the China Field or the China Field and the State." *Modern China* 11.4: 461–509.

Marshall, Alex. 2006. *The Russian General Staff and Asia, 1800–1917*. London and New York: Routledge.

Marvin, Charles. [1882] 1984. *The Russian Advance Toward India: Conversations with Skobeleff, Ignatieff, and other distinguished Russian Generals and Statesmen on the Central Asian Question*. Reprint edn., Peshawar: Saeed Book Bank.

1884. *Reconnoitering Central Asia: Pioneering Adventures in the Region lying between Russia and India*. London: W. Swan Sonnenschein & Co.

Mason, Philip. 1974. *A Matter of Honour*. London: Jonathan Cape.

Mayer, David. 1992. "The World on Fire ...: Pyrodramas at Belle Vue Gardens, Manchester, c. 1850–1950," 179–97. In John MacKenzie, ed. *Popular Imperialism and the Military*. Manchester University Press.

Mazumder, Rajit. 2003. *The India Army and the Making of the Punjab*. Delhi: Permanent Black.

Metcalf, Barbara. 1982. *Islamic Revival in British India: Deoband, 1860–1900.* Princeton University Press.

Miller, Charles. 1977. *Khyber: British India's North West Frontier: The Story of an Imperial Migraine.* New York: Macmillan Publishing Co.

Mills, C. Wright. [1956] 2000. *The Power Elite.* Oxford and New York: Oxford University Press. 5th ed.

Mills, Woosam. 1897. *The Pathan Revolt in North-West India.* Lahore, India: The "Civil and Military Gazette" Press.

Mitchell, Allan. 1981. "'A Situation of Inferiority': French Military Reorganization after the Defeat of 1870." *American Historical Review* 86.1: 49–62.

———. 1984. *Victors and Vanquished: The German Influence on Army and Church in France after 1870.* Chapel Hill and London: University of North Carolina Press.

Mitchell, Timothy. 1989. "The World as Exhibition." *Comparative Studies in Society and History* 31.2: 217–36.

———. 2002. *Rule of Experts.* Berkeley: University of California Press.

Mockler-Ferryman, A. F. 1903. *Military Sketching and Reconnaissance.* London: Edward Stanford.

Montgomerie, T. G. 1867–68. "Report on the Trans-Himalayan Explorations in Connexion with the Great Trigonometric Survey of India during 1865–7." *Proceedings of the Royal Geographic Society of London* 12.3: 146–75.

———. 1869. "Reports of the Trans-Himalayan Explorations during 1867." *Journal of the Royal Geographic Society of London.* 39: 146–87.

Montgomery, R. J. 1965. *Examinations: An Account of their Evolution as Administrative Devices in England.* London: Longmans, Green and Co.

Moran, Neil. 2005. *Kipling and Afghanistan.* Jefferson, N.C.: McFarland & Co.

Moreman, T. R. 1998. *The Army in India and the Development of Frontier Warfare, 1849–1947.* London: Macmillan Press Ltd.

———. 2002. "Lord Kitchener, the General Staff and the Army in India," 57–74. In David French and B. H. Reid, eds. *The British General Staff: Reform and Innovation c. 1890–1939.* London and Portland. Ore.: Frank Cass.

———. n.d. "The Arms Trade on the N.W. Frontier of India 1890–1914." www.king-emperor.com/Articles-Frontier-Armstrade-a3.htm. Accessed March 9, 2011.

Morgan, Gerald. 1981. *Anglo-Russian Rivalry in Central Asia, 1810–1895.* London: Cass.

Morris, Capt. C. J. 1933. *Gurkhas.* Delhi: Manager of Publications.

Nagl, John. 2005. *Learning to Eat Soup with a Knife.* University of Chicago Press.

Nevill, H. L. 1912. *Campaigns on the North-west Frontier.* London: John Murray.

Nish, Ian. 1987. "Japanese Intelligence 1894–1922," 127–44. In C. Andrew and J. Noakes, eds. *Intelligence and International Relations.* University of Exeter Press.

Nye, Joseph. 2004. "The Decline of America's Soft Power: Why Washington Should Worry." *Foreign Affairs* 83.3 (May–June): 16–20.

Oliver-Dee, Sean. 2009. *The Caliphate Question: The British Government and Islamic Governance.* Lanham, MD.: Lexington Books.

Özcan, Azmi. 1997. *Pan-Islamism: Indian Muslims, the Ottomans and Britain (1877–1924).* Leiden: E. J. Brill.

Paget, W. H. and A. H. Mason. 1884. *A Record of Expeditions against the North-West Frontier Tribes since the Annexation of the Punjab.* London: Whiting and Co.

Partriarca, Silvana. 2003. *Numbers and Nationhood: Writing Statistics in Nineteenth-Century Italy.* Cambridge University Press.

Persson, Gudrun. 2004. "Reforming Military Intelligence," 151–67. In David Schimmelpenninck van der Oye and Bruce Menning, eds. *Reforming the Tsar's Army: Military Innovation in Imperial Russia from Peter the Great to the Revolution.* Cambridge University Press.

Petraeus, David and James Amos. 2007. *The U.S. Army-Marine Corps Counterinsurgency Field Manual.* University of Chicago Press.

Phillips, Cyril. 1967. *The School of Oriental & African Studies, University of London, 1917–1967.* London: School of Oriental & African Studies.

Phillips, Janet and Peter Phillips. 1978. *Victorians at Home and Away.* London: Croom Helm.

Pick, Daniel. 1993. *The War Machine.* New Haven: Yale University Press.

Piggott, Francis S. G. 1950. *Broken Thread.* Aldershot: Gale and Polden Ltd.

Pitts, Jennifer. 2005. *A Turn to Empire: The Rise of Imperial Liberalism in Britain and France.* Princeton University Press.

Pletsch, Carl. 1981. "The Three Worlds or the Division of Social Scientific Labor, circa 1950–1975." *Comparative Study of Science and Society* 23.4: 565–90.

Poovey, Mary. 1998. *A History of the Modern Social Fact: Problems of Knowledge in the Sciences of Wealth and Society.* Chicago and London: University of Chicago Press.

———. 2004. "Ambiguity and Historicism: Interpreting *Confessions of a Thug.*" *Narrative* 12.1: 3–21.

Porter, Bernard. [1968] 2008. *Critics of Empire: British Radicals and the Imperial Challenge.* London and New York: I. B. Tauris.

Porter, Whitworth. 1889. *History of the Corps of Royal Engineers.* London: Longmans, Green, and Co. 2 vols.

Powell, Ralph L. 1955. *The Rise of Chinese Military Power, 1895–1912.* Princeton University Press.

Pratt, John. *War and Politics in China.* London, 1943

Presseisen, Ernst. 1965. *Before Aggression.* Tuscon: University of Arizona Press.

Preston, Adrian. 1969. "Sir Charles MacGregor and the Defence of India, 1857–1887." *Historical Journal* 12.1: 58–77.

Price, David. 2010. "Soft Power, Hard Power, and the Anthropological 'Leveraging' of Cultural 'Assets': Distilling the Politics and Ethics of Anthropological Counterinsurgency," 245–60. In John D. Kelly, Beatrice

Jauregui, Sean Mitchell and Jeremy Walton, eds. *Anthropology and Global Counterinsurgency.* University of Chicago Press.

Puckett, G. T. 1874. "On the organization of an Intelligence Department." *Proceedings of the United Services Institute in India* 4.19: 123–28.

Raj, Kapil. 2006. *Relocating Modern Science: Circulation and the Construction of Scientific Knowledge in South Asia and Europe.* New Delhi: Permanent Black.

Rawlinson, George. 1898. *A Memoir of Major-General Sir Henry Creswicke Rawlinson.* London: Longman's, Green and Co.

Rawlinson, Henry. 1875. *England and Russia.* London: J. Murray.

Rawlinson, John L. 1967. *China's Struggle for Naval Development, 1839–1895.* Cambridge, Mass.: Harvard University Press.

Reader, William J. 1966. *Professional Men: The Rise of the Professional Classes in Nineteenth-Century England.* London: Weidenfeld & Nicolson.

Reinhardt, Anne. 2007. "Sovereignty and Space; The Steamship in Qing China." Unpublished paper, Association for Asian Studies Annual Meeting.

Forthcoming. *Navigating Imperialism in China: Steamship, Semi-colony, and Nation, 1860–1937.*

Reynolds, Douglas. 1993. *China, 1898–1912: The Xinzheng Revolution and Japan.* Cambridge, Mass.: Harvard University Press.

Rich, David A. 1996. "Imperialism, Reform and Strategy: Russian Military Statistics, 1840–1880." *Slovanic and Eastern European Review* 74.4: 621–39.

1998. *The Tsar's Colonels: Professionalism, Strategy, and Subversion in Late Imperial Russia.* Cambridge, Mass.: Harvard University Press.

2004. "Building Foundations for Effective Military Intelligence: Military Geography and Statistics in Russian Perspective, 1845–1905," 168–88. In David Schimmelpenninck van der Oye and Bruce Menning, eds. *Reforming the Tsar's Army: Military Innovation in Imperial Russia from Peter the Great to the Revolution.* Cambridge University Press.

Richards, Jeffrey. 1986. "Boys Own Empire: feature films and imperialism in the 1930s," 140–64. In John MacKenzie, ed. *Imperialism and Popular Culture.* Manchester University Press.

1992. "Popular Imperialism and the image of the army in Juvenile Literature," pp. 80–108. In John MacKenzie, ed. *Popular Imperialism and the Military.* Manchester University Press.

2001. "Imperial heroes for a post-imperial age: films and end of empire," 128–44. In Stuart Ward, ed. *British Culture and the End of Empire.* Manchester University Press.

Richards, Thomas. 1993. *The Imperial Archive.* New York: Verso.

Ridgeway, West. 1887. "The New Afghan Frontier." *Nineteenth Century* 128: 470–82.

Rittenburg, Stephen. 1988. *Ethnicity, Nationalism, and the Pakhtuns.* Durham, NC: Carolina Academic Press.

Robbins, James. 2002. "Bin Laden's War," 354–66. In Russel Howard and Reid Sawyer, eds. *Terrorism and Counterterrorism.* Guildford, Conn: McGraw Hill.

Roberts, Francis. 1878. *Military Surveying and Sketching.* Woolwich: Boddy & Co.

Roberts, Frederick. 1865. *Routes in the Bengal Presidency*. Calcutta: Bengal Central Press.

Roberts, Frederick S. 1900. *Forty-one Years in India*. New York: Longmans, Green & Co. 2 vols.

Robertson, K. G. 1987. *British and American Approaches to Intelligence*. New York: St. Martin's Press.

Robertson, William R. 1921. *From Private to Field-Marshall*. Boston and New York: Houghton Mifflin Co.

Rudolph, Jennifer. 2008. *Negotiating Power in Late Imperial China*. Ithaca: Cornell University Press.

Russell, Dave. 1992. "'We carved our way to glory': the British soldier in music hall song and sketch, *c.* 1880–1914," 50–79. In John MacKensie, ed. *Popular Imperialism and the Military*. Manchester University Press.

Safadi, Alison. 2010. "*From Sepoy to Subadar/Khvab-o-Khayal* and Douglas Craven Phillott." *Annual of Urdu Studies* 25: 42–65.

Said, Edward. 1994. *Culture and Imperialism*. New York: Vintage Books.

Sandes, Edward W. C. 1935. *The Military Engineer in India*. Chatham: Institute of Royal Engineers.

Schadwell, L. J. 1898. *Lockhart's Advance Through Tirah*. London: W. Thacker & Co.

Shadwell, Leonard. 1898. *Lockhart's Advance Through Tirah*. London: Thacker & Co.

Schafer, Edward. 1977. *Pacing the Void*. Berkeley: University of California Press.

Schimmelpenninck van der Oye, David. 2001. *Toward the Rising Sun: Russian Ideologies of Empire and the Path to War with Japan*. DeKalb, Il.: Northern Illinois Press.

　　2004. "Reforming Military Intelligence," 133–50. In David Schimmelpenninck van der Oye and Bruce Menning, eds. *Reforming the Tsar's Army: Military Innovation in Imperial Russia from Peter the Great to the Revolution*. Cambridge University Press.

Schafer, Edward. 1977. *Pacing the Void*. Berkeley: University of California Press.

Schimmelpenninck van der Oye, David and Bruce Menning, eds. 2004. *Reforming the Tsar's Army: Military Innovation in Imperial Russia from Peter the Great to the Revolution*. Cambridge University Press.

Scott, James. 1998. *Seeing Like a State*. New Haven: Yale University Press.

Scott-Moncrieff, George K. 1916. *The Royal Engineers Field Service Pocket Book*. Chatham: W. & J. Mackay. 3rd edn.

Searle, Geoffrey. [1971] 1990. *The Quest for National Efficiency*. London and Atlantic Highlands, NJ: The Ashfield Press.

"The Secret Killers: Assassination in Afghanistan and Task Force 373." www.truth-out.org/the-secret-killers-assassination-afghanistan-and-task-force-37362460. Accessed January 23, 2011.

Seeley, John. [1883] 1920. The *Expansion of England: Two Courses of Lectures*. Boston: Little, Brown & Co.

Shephard, Ben. 1986. "Showbiz Imperialism: The Case of Peter Lobengula," 94–112. In John MacKenzie, ed. *Imperialism and Popular Culture*. Manchester University Press.

Shiffrin, André, ed. 1997. *The Cold War and the University*. New York: The New Press.

Sifry, Micah and Christopher Cerf, eds. 2003. *The Iraq War Reader: History, Documents, Opinions*. New York: Touchstone.

Simpson, Christopher. 1996. *Science of Coercion*. Oxford University Press.

—— ed. 1998. *Universities and Empire*. New York: Free Press.

Skeen, Andrew. 1932. *Passing it On: Short Talks on the Northwest Frontier of India*. Aldertshot: Gale & Polden.

Skelton, R. A. 1962. "The Origins of the Ordnance Survey of Great Britain." *Geographical Journal* 128.4: 414–26.

Slotkin, Richard. 1990. "The Continuity of Forms: Myth and Genre in Warner Brothers' *The Charge of the Light Brigade*." *Representations* 29: 1–23.

Smith, Gary. 2004. "A Primer on Metrics." www.intelligententerprise.com/showArticle.jhtml?articleID=177011632 (part 1); ID=18300123 (part 2); ID=18401434 (part 3). Accessed September 16, 2010.

Smith, Richard J. 1978. "The Reform of Military Education in Late Ch'ing China, 1842–1895." *Journal of the Royal Asiatic Society, Hong Kong Branch*. 18: 15–40.

—— 1994. "Li Hung-chang's Use of Foreign Military Talent: The Formative Period, 1862–1874," 119–44. In Samuel Chu, and K. C. Liu, eds. *Li Hung-Chang and China's Early Modernization*. Armonk, NY: M. E. Sharpe.

Smyth, John. 1961. *Sandhurst*. London: Weidenfeld and Nicolson.

Spiers, Edward M. 1992. *The Late Victorian Army, 1868–1902*. Manchester University Press.

Spector, Stanley. 1964. *Li Hung-chang and the Huai Army*. Seattle: University of Washington Press.

Stearn, Roger. 1992. "War Correspondents and Colonial War, c. 1870–1900," 139–61. In John MacKenzie, ed. *Popular Imperialism and the Military*. Manchester University Press.

Steward, Julian. 1950. *Area Research: Theory and Practice*. New York: Social Science Research Council.

Stoler, Ann. 2009. *Along the Archival Grain*. Princeton University Press.

Strachan, Hew. 2002. "The British Army, the General Staff and the Continental Commitment, 1904–14," 75–94. In David French and B. H. Reid, eds. *The British General Staff: Reform and Innovation c. 1890–1939*. London and Portland, Ore.: Frank Cass.

Streets-Salter, Heather. 2004. *Marital Races*. Manchester University Press.

Summerfield, Penny. 1986. "Patriotism and Empire," 17–48. In John MacKenzie, ed. *Imperialism and Popular Culture*. Manchester University Press.

Sweetman, John. 2002. "Towards a Ministry of Defence: First Faltering Steps, 1890–1923," 26–40. In David French and B. H. Reid, eds. *The British General Staff: Reform and Innovation c. 1890–1939*. London and Portland, Ore.: Frank Cass.

Szanton, David. 2004. "Introduction: The Origin, Nature and Challenges of Area Studies in the United States,' 1–33. In David Szanton, ed. *The Politics of Knowledge: Area Studies and the Disciplines*. Berkeley: University of California Press.

*Tactics of Counterinsurgency*, FM 3–24. 2, viii. www.fas.org/irp/doddir/army/fm3-24-2.pdf. Accessed January 25, 2011.

Talbert, Richard. 2010. *Rome's World: The Peutinger Map reconsidered*. Cambridge University Press.

"Taliban Seen Stirring Mob to Violence." *New York Times*. April 10, 2011.

Thornton, Thomas H. [1895] 1977. *Colonel Sir Robert Sandeman*. Reprint edn. Quetta: Gosha-e-Adab.

Timperlake, Edward, and William C. Tippett II. 2002. *Red Dragon Rising*. Washington, DC: Regnery Publishers.

Trench, Charles. 1985. *The Frontier Scout*. London: Jonathan Cape.

——— 1988. *The Indian Army and the King's Enemies, 1900–1947*. London: Thames and Hudson.

Tribal Analysis Center. Forthcoming. "Pashtun Storytelling: A Clue to their Violent Culture."

——— "Jirgas: How they vary from Tribe to Tribe." Forthcoming.

Trouillot, Michel-Rolph. 2003. *Global Transformations: Anthropology and the Modern World*. New York: Palgrave Macmillan.

Tucker, Albert. 1963. "Army and Society in England 1870–1900: A Reassessment of the Cardwell Reforms." *Journal of British History* 2.2: 110–41.

Tucker, Alexander. [1895] 1979. *Sir Robert G. Sandeman, K.C.S.I., peaceful conqueror of Baluchistan*. Reprint ed. Lahore: Tariq Publishing House.

Turse, Nick. "Empire of Bases 2.0." http:/truth-out.org. Accessed January 23, 2010.

United States Congress. 1959. *United States Statutes at Large containing the Laws and Current Resolutions Enacted During the Second Session of the Eighty-fifth Congress of the United States of America 1958*. Vol. 72, Part 1: Public Laws and Reorganization Plans. Washington, DC: United States Government Printing Office.

Vagts, Alfred. 1967. *The Military Attaché*. Princeton University Press.

Vambery, Armin. 1864. *Travels in Central Asia*. London: J. Murray.

——— 1885. *The Coming Struggle for India*. London: Cassell.

Van Dyke, Carl. 1990. *Russian Imperial Military Doctrine and Education, 1832–1914*. New York: Greenwood Press.

Vander Byl, C. F. 1901. *Practical Military Sketching*. London: Gale & Polden.

Villiers-Stuart, Col. J. P. 1925. *Letters of a Once Punjab Frontier Force Officer to His Nephew*. London: Sifton Praed & Co.

Von Trotha. 1878. *Die mobilmachung der Russischen Armee vor und wahrend des Krieges*. Berlin: E. S. Mittler.

Wauchope, Gladys, ed. 1929. *The Ulster Branch of the Family of Wauchope*. London: Simpkin Marshall Ltd.

Warburton, Sir Robert. 1900. *Eighteen Years in the Khyber, 1879–1898*. London: John Murray.

Waring, Stephen. 1995. "Cold Calculus: The Cold War and Operations Research." *Radical History Review* 63: 28–51.

Westad, Arne. 2007. *The Global Cold War*. Cambridge University Press.

Wilkinson, Spencer. 1891. *The Brain of an Army*. London: Macmillan and Co.

Wills, John E., ed. 2011. *Past and Present in China's Foreign Policy: From "Tribute System" to "Peaceful Rise."* Portland, Me.: Merwin Asia.

# 索 引

图书在版编目(CIP)数据

"安国之道":英国的殖民情报系统及其在亚洲的
扩张/(美)何伟亚(James Hevia)著;徐萍译. --
北京:社会科学文献出版社,2024.11
　书名原文:The Imperial Security State:British
Colonial Knowledge and Empire-Building in Asia
　ISBN 978-7-5228-3293-7

　Ⅰ.①安… 　Ⅱ.①何… ②徐… 　Ⅲ.①殖民主义-军
事情报-情报工作-军事史-英国-1880-1940 　Ⅳ.
①E561.416

　中国国家版本馆 CIP 数据核字(2024)第 041421 号

## "安国之道"
### ——英国的殖民情报系统及其在亚洲的扩张

著　　者／〔美〕何伟亚(James Hevia)
译　　者／徐　萍

出 版 人／冀祥德
责任编辑／刘　娟
责任印制／王京美

出　　版／社会科学文献出版社·甲骨文工作室(分社)(010)59366527
　　　　　地址:北京市北三环中路甲 29 号院华龙大厦　邮编:100029
　　　　　网址:www.ssap.com.cn
发　　行／社会科学文献出版社(010)59367028
印　　装／三河市东方印刷有限公司

规　　格／开 本:889mm×1194mm　1/32
　　　　　印 张:11.875　字 数:264 千字
版　　次／2024 年 11 月第 1 版　2024 年 11 月第 1 次印刷
书　　号／ISBN 978-7-5228-3293-7
著作权合同
登 记 号／图字01-2024-4243 号
定　　价／79.00 元

读者服务电话:4008918866